Heiko R. Blum

Unter der Mitarbeit von Sigrid Schmitt

Götz George
Beruf:
Schauspieler

Zur Erinnerung an
Theodor Kotulla und Rudolf Noelte

HENSCHEL

Sie können uns 24 Stunden am Tag erreichen unter:

http://www.dornier-verlage.de
http://www.henschel-verlag.de

Vom selben Autor ist im Henschel Verlag bereits
erschienen:
Meine zweite Heimat Hollywood. Berlin 2001
ISBN: 3-89487-401-5

Bibliografische Information
Der Deutschen Bibliothek
Die Deutsche Bibliothek verzeichnet diese Publikation
in der Deutschen Nationalbibliografie; detaillierte bibliografische Daten sind im Internet über http://dnb.ddb.de
abrufbar.

ISBN 3-89487-457-0

Lektorat/Redaktion: Grischa Lewandowski/Rolf Thissen
Umschlaggestaltung: P. Agentur für Markengestaltung
Titelbild: photoselection/Jim Rakete
Gestaltung und Satz: Ingeburg Zoschke
Druck und Bindung: Westermann Druck Zwickau
Printed in Germany

Gedruckt auf alterungsbeständigem Papier mit chlorfrei
gebleichtem Zellstoff

Inhalt

Vorwort

Ende der Achtzigerjahre konnte man auf jeder deutschen Medienparty dieselbe Frage hören. Sie lautete: Wo sind eigentlich die Stars des deutschen Films geblieben? Ja, ohne Stars kann man ja auch kein erfolgreiches Kino machen, antworteten dann die Umstehenden wie auf Bestellung. Als hätte es nur Trickfiguren auf der Leinwand gegeben. Nein, die Schauspieler waren nie der Grund für die Krisen des deutschen Films. Ganz im Gegenteil: Sie waren die ersten Opfer, als sich der Autorenfilm der Sechzigerjahre vom ungeliebten »Opakino« der Nachkriegszeit absetzte. Trotzig besetzte Fassbinder wichtige Rollen mit diesen aus der Mode geratenen Gesichtern der Fünfziger- und Sechzigerjahre, mit Eddie Constantine, Ivan Desny, Brigitte Mira oder sogar dem Schlagersänger Bruce Low, der geradezu aufblühte in seinen Händen. Doch hat sich dies irgendjemand zum Beispiel genommen?

Das populäre deutsche Kino, das wir seit dem Untergang des Autorenfilms kennen, liebt es jugendlich. Zwar hat es so viele ebenso beliebte wie talentierte Gesichter hervorgebracht, dass ihnen Heiko R. Blum und seine Tochter Katharina Blum ein ganzes Buch widmen konnten. Doch denkt man an die vielen unwürdigen Altersrollen, die sogar Weltstars wie Maria Schell oder Hardy Krüger im Fernsehen spielen mussten (von der vom Kino vergessenen Generation Bernhard Minettis, Camilla Horns oder Marianne Hoppes ganz zu schweigen), merkt man, was die Misere der deutschen Filmkultur ausmacht. Jeder Edgar-Wallace-

Film hat in den Nebenrollen mehr Sinn für den Reichtum einer mehrere Generationen umfassenden Schauspielkultur als der durchschnittliche Filmförderungsfavorit. So lange deutsche Filmemacher nur in den Altersgrenzen der eigenen Generation denken, wird es keine Kontinuität im deutschen Film geben können. Schlimmer noch: Man wird auch das Leben niemals in seiner Ganzheit abbilden können. Lebte sein Vater noch, hat Götz George einmal gesagt, hätte er vielleicht »als absolute Anerkennung seiner Kunst einen Tatort-Kommissar angeboten bekommen.«

Götz Georges Filmkarriere hat diese chronische Treu- und Geschichtslosigkeit des deutschen Films rein äußerlich nichts anhaben können, und das hat nicht nur mit seiner sprichwörtlichen Alterslosigkeit zu tun: Im November 2003 ist es fünfzig Jahre her, dass sein erster Film WENN DER WEISSE FLIEDER WIEDER BLÜHT erschien. Aber wenn er nicht nur drei Epochen des deutschen Kinos überlebt hat, sondern nach wie vor sein wichtigster Star ist, dann auf Grund einer ganz besonderen Verknüpfung von Talent, Glück, Offenheit und Verweigerung, der es nachzugehen lohnt.

So wenig ihm dieser Status auch selbst bedeuten mag, ist er doch inzwischen geradezu das Musterbeispiel dessen, was einen Star definiert. Denn mit dem Startum ist es eine vertrackte Sache. Während ein erfolgreicher Bühnenschauspieler in der Regel für seine Wandlungsfähigkeit und Vielseitigkeit gerühmt wird, basieren Filmkarrieren zunächst auf dem genauen Gegenteil. Stars repräsentieren einen kleinen Ausschnitt dessen, was man früher einmal das Allgemein-Menschliche genannt hat. Sie besetzen einen Typ, den jeder zu kennen meint, tun dies aber auf eine unverwechselbare Weise, bis schließlich das Vorurteil, das ihrem Rollenbild zu Grunde gelegen haben mag, ersetzt ist durch eine individuelle Ausprägung. Kommt dann noch eine charismatische Wirkung dazu, die, ihren Hervorbringern selbst oft unerklärlich, auf dem zweidimensionalen Filmstreifen entsteht, trägt ein Star auch einen schlechten Film. Was geht uns James Stewart an, John Wayne oder Bruce Willis, und trotzdem interessieren wir uns immer für ihr Tun.

Stellt sich dieses Phänomen aber einmal ein, zweifelt der Star in der Regel an dieser schwer fassbaren Qualität. Verstärkt durch die Missgunst all derjenigen Kollegen, denen der charismatische Anteil an der ganzen Angelegenheit fehlt, obgleich sie vielleicht ebenso viel Talent besitzen, konzentrieren sich erfolgreiche Schauspieler nun auf das, was ihnen ursprünglich im Weg stand: Wandlungsfähigkeit und Vielseitigkeit. Dennoch muss man sich eingestehen, dass es auch große Stars gibt, die nicht das Zeug zum Charakterfach haben. Nehmen wir zum Beispiel Robert Redford, der sich einmal sogar für die Rolle des Rasputin bewarb, um wenigstens einmal im Leben den Schurken zu spielen.

Götz George charakterisiert nichts mehr als der anhaltende Selbstzweifel gegenüber dem Teil des Ruhms, den man scheinbar geschenkt bekommt. Dieser Hunger nach dem anderen, dem Selbsterreichten, ist über die Jahre zum Teil seines Rollenbildes geworden. Er ist Teil der besonderen Energie seines Spiels und jener Rastlosigkeit, die Actionszenen natürlich erscheinen lässt und Kammerspielauftritte mit einer fast gespenstischen Spannung aufladen kann. Aber auch diese Energie, die eine darstellerische Energie ist, hat natürlich etwas Gottgegebenes, oder, in diesem Fall, Vererbtes.

Und da schließt sich der Kreis: In den letzten Jahren ist Heinrich George in Götz Georges Spiel nicht mehr zu übersehen. Nicht allein in einer beiläufig vermittelten Tiefe; da ist auch dieses Quäntchen zu viel Luft beim Sprechen, das Heinrich George eine besondere Aura von Arbeit und Lebenserfahrung verlieh. Heinrich Georges Figuren waren der erlebten Wirklichkeit ein entscheidendes Stück näher gerückt. Und wo es schon ein wenig Luft zu viel gab bei der rauhen Stimme, da gab es auch ein leichtes Übermaß an Kraft in den sensiblen Momenten.

In einem Film wie HITLERJUNGE QUEX kann einen Georges Einbruch des Wirklichen innerhalb des Artefakts der Propaganda schon erschrecken. Ausgeprägte Empfindsamkeit und eine manchmal gewalttätige männliche Energie: Dieses seltene Doppel hat Götz George von seinem Vater geerbt. Anders kann man sich auch nicht erklären, dass er in den frühen Sechzigerjahren als jugendlicher Liebhaber in Komödien wie Hoffmanns LIEBE WILL GELERNT SEIN ebenso erfolgreich war wie als Actionheld im europäischen Western.

Talent, Glück, Offenheit – und Verweigerung. Götz George ist nicht komplett ohne sein Unbehagen gegenüber dem Mittelmaß. Dennoch beeindruckt gerade in den Sechzigerjahren sein positiver Zugang zum Unterhaltungskino, ob seine Meister nun Kurt Hoffmann oder Jess Franco hießen. Nebenbei nutzte George die Glücksmomente, die die Filmindustrie jener Zeit entgegen ihrem schlechten Ruf eben doch noch bereit halten konnte: Mit William Dieterle oder Wolfgang Staudte zu drehen – und dann einen herrlichen Karl-May-Film wie DER SCHATZ IM SILBERSEE. Und zugleich ambitionierte Projekte wie Edwin Zboneks verkanntes NS-Drama MENSCH UND BESTIE.

Götz Georges Genre-Filmen aus dieser Zeit sieht man an, wie viel Spaß man auch mit einem von der intellektuellen Kritik verachteten Kino haben kann. Diesen Spaß hatte er den meisten, die es besser wussten, voraus. Hätte es mehr Götz Georges gegeben, das deutsche Kino stünde heute vielleicht ohne seine verordneten Brüche zwischen Hoch- und Trivialkultur da. Es hätte die Kunst, und es hätte das Genre. Götz George hat sich von beidem die Rosinen genommen, und man kann vor Neid erblassen,

wie viel er dabei gelernt haben muss. Es klingt verrückt, so etwas über einen amtierenden Actionhelden zu sagen, aber neben Artur Brauner ist Götz George der letzte Repräsentant einer kontinuierlichen deutschen Filmgeschichte.

Daniel Kothenschulte, Dezember 2002.

Zum Buch

Ein neues Buch über Götz George? Ja und nein. Meine Mitarbeiter und ich haben uns – gemeinsam mit dem Protagonisten – bemüht, dem neuen Image und den neuen Vorlieben Götz Georges gerecht zu werden. Er hat in den letzten Jahren vorwiegend mit jungen Regisseuren gearbeitet – und sie kommen in diesem Buch zu Wort.

Bewusst haben wir den neuen Teil, angefangen vom Abschied des Schimanski-TATORTS über die Rückkehr der ebenso beliebten wie erfolgreichen Fernsehfigur und den neuen George mit den Gesprächen zu den Kino- und Fernsehfilmen junger Regisseure, an den Anfang gesetzt.

Götz George ist älter und reifer geworden, und das spiegelt sich in seinen Rollen wider: Vom Kindermörder Fritz Haarmann in Romuald Karmakars DER TOTMACHER über die beiden Rollen der Kölner Clochards (in TRIO und GOTT IST TOT) ist er immer mehr Charakterdarsteller geworden.

Götz George hatte für die Rolle des Haarmann 1995 bei den Filmfestspielen in Venedig die »Coppa Volpi« als bester Hauptdarsteller erhalten, wodurch eine amerikanische Major Company der deutschen Filmbranche gezeigt

hat, wie man selbst einen so schwierigen Film beim Publikum zum Erfolg bringen kann. Später hat George für den gleichen Film den Bundesfilmpreis erhalten, und bei der Oscar-Vergabe war DER TOTMACHER ein chancenreicher Konkurrent im Wettbewerb um den Ausland-Oscar. Und wenn man so will, hat die deutsche Kinobranche durch den Kinoerfolg dieses Opus gelernt und ist mutiger geworden.

Es ist schon seltsam, wie Geschichten und Geschicke ihren Lauf nehmen: Der historische Fritz Haarmann war Vorbild für die Figur des Franz Biberkopf aus Alfred Döblins Roman BERLIN ALEXANDERPLATZ, den Vater Heinrich George in Phil Jutzis Film gespielt hat, und für Peter Lorres Mörder in dem Film M von Fritz Lang, einem der berühmtesten deutschen Filme, und dieser Haarmann hat gleichermaßen Künstler wie George Grosz und Alfred Hrdlicka in ihren Werken inspiriert. Götz George selbst spielte die berühmte Rolle des Franz Biberkopf 1977 in einem Dokumentarbericht des Sender Freies Berlin.

Nachdem TATORT-Kommissar Schimanski 1991 den Dienst quittiert hatte, kam Götz George fünf Jahre später als Horst Schimanski auf den Bildschirm zurück und ist bis heute dort erfolgreich geblieben.

Vom Auschwitz-Lagerkommandanten Rudolf Höß über den schmalzigen Galan Graf in Frank Beyers wunderbarem Einbrecherfilm DER BRUCH bis zum Haarmann und Mengele ist Götz George den Weg des Charakterdarstellers konsequent weitergegangen: Der Schauspieler überrascht in diesen Filmen – wie längst auf der Bühne – durch sein genaues, zurückhaltendes Spiel: wenige Gesten, genaue Bewegungen und ein konsequenter Sprachduktus. Dieser Weg soll in einer Art Rückblende an den neuen George anschließen. Der Leser erfährt dort das Wichtigste über George und seine berühmte Familie, seine Anfänge, sein rascher Aufstieg zum Kino- und später zum Fernsehstar, sowie die Gespräche mit Filmregisseuren und Schauspielerkollegen, die in den Achtzigerjahren geführt worden sind.

Götz George und ich widmen dieses Buch dem jüngst verstorbenen, gemeinsamen Freund Theo Kotulla und dem von uns beiden verehrten großen Regisseur Rudolf Noelte.

Heiko R. Blum, Köln, im Februar 2003

Vorspann

Roger Willemsen und Götz George im Gespräch nach der Kinopremiere DER TOTMACHER

Roger Willemsen

Du hast mal von deinem eigenen Vater gesagt, du hättest geweint, als du ihn spielen sahst. Kann dir das bei deinem eigenen Film auch passieren?

Nein, nein. Ich habe ja keine Hochachtung vor mir, die Hochachtung vor meinem alten Herrn war unermesslich. Das war wirklich Genialität pur. Ich bin der Sohn und es ist schön, dass ich den Namen weiterführe. Aber das ist was anderes, eine andere Zeit, eine andere Aufgabe und wir haben einen anderen Background. Und vor allem ist das Wichtigste: Er war besessen. Das kannst du heute als Schauspieler nicht sein. Ich mag den Beruf wahnsinnig gern, aber besessen, das bin ich nicht.

Also ich erinnere mich, als ihr in einer Baracke gedreht habt, da hattest du im Textbuch ein Foto deines Vaters?

Ja immer, andere haben etwas anderes, bei mir ist es der Vater. Das muss gestattet sein.

Aber es brauchte eine ganze Weile, um mit dir zu reden, du warst weg, nicht ansprechbar?

Das ist die Konzentration, das ist die Liebe zum Beruf, das ist die Voraussetzung, wenn du den Zampano spielst. Das ist große Konzentration, da finden Geburtswehen statt bei einer solchen Rolle. Es schmerzt, weil du nicht

weißt, wie spielst du das, reichst es auch, ist es genug, was du da machst? Das ist ein permanentes Zweifeln.

Ist das der Film, den du deinem Vater zeigen würdest?

Ach, das ist wieder so eine journalistische Frage. Man darf das auch nicht zu hochheben. Es war eine Aufgabenstellung, glaube ich, mit einem sehr tollen Text und einer wunderbaren Crew. Mit Jürgen Hentsch zu spielen war fabelhaft. Da habe ich etwas gemacht, was eigen ist, aber das ganze Thema ist eigen, und da habe ich das Ziel der Klasse erreicht. Das würde mein Vater anerkennen … Er hat ein großes Selbstwertgefühl gehabt. Das braucht man auch, sonst kommt man ja nicht vor den Vorhang, aber dann muss man es wieder wegnehmen, denn sonst können fürchterliche Dinge passieren.

Ich meine, man sieht dem Film an, dass du Theatererfahrung hast, und da steckt so was drin wie die Arbeit mit Rudolf Noelte.

Ja natürlich, mein Guru. Ich habe immer gesagt, wenn ich etwas erreichen kann, dann möchte ich einmal mit diesem Mann zusammenarbeiten. Als er mich wirklich von heute auf morgen engagierte und fragte: »Möchtest du bei mir den Danton spielen?« Da war für mich das Ziel der Klasse erreicht. Ich habe gesagt: Ich muss gut sein, der Mann, das ist sicherlich einer der größten, den wir haben, wenn der mich eines Tages engagiert – und ich kannte ihn ja persönlich nicht. Mehr wollte ich nicht erreichen.

Weißt du, man muss sich für sein Leben ein Ziel stecken und nicht immer mehr wollen, denn wenn du immer mehr willst, gehst du kaputt, das schaffst du nicht. Das geht nicht. Dieses Ziel habe ich erreicht, und was danach kam, war dann auch schön. Sicher ist es auch ein Ziel, das ich erreicht habe, für mich im klei-nen Rahmen, dass das Publikum es annimmt. Darin sind ja mehrere verwickelt: da ist ein Regisseur, gute Schauspieler und vor allem ein Verleih, der den Film verstanden hat und den Film ganz sensibel hochstemmt. Darin sind die Amerikaner, wie die amerikanische Warner, gut, die können das besser. Eine große Hilfe waren auch die Italiener, die haben den Film eingeladen und dem Film einen Anschub gegeben, und wenn man vom Ausland angeschoben wird, reagiert die Presse bzw. das Feuilleton anders.

Was bleibt dir nach all dem Trubel und Aufregungen in den letzten Wochen und Monaten hängen?

Ach vieles, das war eine aufregende Zeit. Mit dem kleinsten Film habe ich die größte Begeisterung entfacht. Und ich habe wirklich viele große Filme, also Filme mit großem Budget gemacht. Mit dem kleinsten Film den größten Erfolg zu haben muss uns Deutsche zum Nachdenken zwingen. Es geht auch in kleinem Rahmen, wenn man Vertrauen zu sich, zu einem Stoff, zu den Menschen hat, dann funktioniert das.

(Auszug aus WILLEMSENS WOCHE, November 1995)

Gestern, Heute, Morgen

Eine andere Zeit

Frühjahr 1996. Götz George steht in Duisburg wieder vor der Kamera. Er kehrt im Herbst nach fünf Jahren Pause als Horst Schimanski auf den Bildschirm zurück. 1991, als er sich endgültig entschied, den Duisburger TATORT-Kommissar Horst Schimanski den Dienst quittieren zu lassen, entstand nachfolgendes Gespräch.

Horst Schimanski gibt es nicht mehr – was bedeutet das für dich?

Sicher ist das ein ganz wichtiger Einschnitt für mich: zehn Jahre Schimanski. Ich bin zehn Jahre älter geworden und habe mich in die Figur hineingelebt. Das war für mich eine der wesentlichsten Rollen, eine belastbare Figur, über die man sehr viel transportiert hat – politisch wie sozialkritisch. Das wird es so schnell nicht mehr geben, weil das Fernsehen in kleineren Kategorien denkt, sich nach den Sehgewohnheiten der Zuschauer richtet, und denen hat man ja bestimmte Sehgewohnheiten anerzogen. Das sieht man an den ganzen Kabelkanälen. Die sind zum Teil so grauenvoll, aber die ARD und auch das ZDF wollen konkurrenzfähig bleiben.

Ist es nicht ein Irrtum, sich nach unten einzupendeln?

Doch natürlich. Das ist ein Erziehungsprozess. Welche Bücher gebe ich unseren Schülern? Wenn ich ihnen schlechte Bücher gebe, dann werden diese gelesen. Genau das ist im Dritten Reich passiert, und ebenso ist es mit dem Medium Fernsehen: Jeder will die Zuschauer auf seine Seite ziehen. Wenn man dem Publikum nur Schrott vorsetzt, dann hat es zum Fernsehspiel – das gerade bei uns eine große Tradition hat – überhaupt keinen Zugang mehr.

*Der letzte Schimanski-*TATORT *war noch einmal ein gutes Drehbuch.*

Ja, weil es eine Aufarbeitung ist von all dem, was letztlich passiert war. Hinzu kommt, dass die beiden Autoren, Axel Götz und Thomas Weßkamp, Spaß an der Figur hatten und sie kapiert haben. Es gab ja viele Autoren, die wollten einfach nur mit der Figur Schimanski Geld verdienen. Dazu kamen noch Produzenten bei der Bavaria, die die Figur nie verstanden haben. Als wir mit Schimanski anfingen, hatte man sich viel mehr um die Figur, ihren Hintergrund und ihre Handlungen gekümmert. Als Schimanski aber von allein funktionierte, hängten sich Autoren ran. So gab es oft schwache Bücher, und wir mussten manchmal auch drehen, weil wir dem Sender gegenüber Termine einzuhalten hatten. Und da muss ich doch sagen, dass ich immer das eigentliche Störmoment war, der Knüppel im Getriebe, und so sackte das Ganze nie ganz ab. Auch hat sich jeder Regisseur wirklich Mühe gegeben und wollte es sich selbst beweisen. Mit jedem einzelnen Regisseur hatte ich ein ganz fabelhaftes, wenn

*Götz George und
Cathérine Wilkening in
»Morlock – Der Tunnel«*

auch immer ganz unterschiedliches Verhältnis, und wir haben uns wirklich jedes Mal gemeinsam die Figur und die Bücher erkämpft. Was dann herausgekommen ist? Nun, eineinhalb Stunden Unterhaltung mit einer Art authentischem Hintergrund.

Es gibt jetzt eine neue Serie, MORLOCK. *Ursprünglich war wohl gedacht, dass Thomas Weßkamp die neue Serie schreiben sollte. Ist es nicht eine gewisse Gefahr, wenn jetzt wieder andere Autoren darangehen?*

Nein. Mir hätte es auch gefallen, aber das geht einfach nicht, solche Kaliber am Stück zu schreiben. Da müssen auch andere Autoren ran. Denn MORLOCK ist eine ganz extrem komplexe Geschichte, wo viel recherchiert werden muss. Bei Schimanski konntest du dir eine Kriminalgeschichte ausdenken, einen sozialen oder politischen Hintergrund suchen und die Figur einsetzen. Das erste Buch ist ja auch immer das schwerste. Da muss man überlegen, wo läuft die Figur hin, wie kann ich sie erweitern, und – das ist ja das Schwierige bei einer neuen Figur – wir müssen ihr erst einmal einen Charakter geben.

Bei der ersten Folge braucht man dafür Zeit, und das ist für das Publikum schwierig. Man weiß ja, eine solche neue Figur wird nicht unbedingt gleich angenommen, weil ein Eingewöhnungsprozess nötig ist. Wenn die Figur einmal steht, kann man direkt in die Geschichte hineinspringen.

Noch vor fünfzehn Jahren, zur Zeit der guten alten Fernsehspieltradition, hätten die Leute einfach eineinhalb Stunden vor der Röhre gesessen und die Geschichte verfolgt. Heute gibt es das nicht mehr. Das kann noch so spannend sein, und dennoch wird zwei, drei, vier Mal umgeschaltet. Und dann sind sie raus. Sie tun sich selber keinen Gefallen, aber die Leute sind einfach überfordert, sie sind nervöser geworden und schalten hin und her. Für uns ist das überhaupt fast nicht mehr zu bewältigen. Deswegen ist Fernsehen im Grunde genommen eine tot geborene Sache.

Also doch lieber Kino?

Ja, doch da sind die Zuschauerzahlen bei uns so fürchterlich, dass man als Produzent gar keinen Mut mehr hat, Geld einzubringen. Es ist eine völlig verfahrene Situation. Für meine Begriffe, eine sehr idealistische Aufgabe, so eine neue Figur wie den MORLOCK mit neunzig Minuten rauszubringen. Das ist schwer für den Produzenten, die Autoren und die Schauspieler. Wir geben mit dem Schimanski eine sehr gute Figur ab und treten sozusagen ins Ungewisse.

Warum nicht mehr Schimanski?

Der gehörte irgendwie in die Achtzigerjahre, und wir müssen jetzt eine Figur haben, die kälter ist, die sich der Situation von heute anpasst. Es ist ja alles kälter geworden, die Geschäfte, unser ganzes Umfeld. Es gibt keine Warmherzigkeit mehr, und da braucht man eine Figur, die das reflektiert. Anhand einer Figur wie Morlock kann man dem Zuschauer zumindest vorspielen, wie das Leben heute ist, wenn wir es schaffen sollten, wirklich realitätsbezogene Geschichten zu erfinden. Und das war ja die Aufgabenstellung. Nicht irgendwelche, an den Haaren herbeigezogene Geschichten, sondern Handlungen, die in unserem sozialen Umfeld passieren – vor allem auch in Zusammenhang mit den neuen Bundesländern.

Ihr habt es aber bei den Schimanski-TATORT-Folgen trotz des geringen Fernsehetats immer wieder geschafft, dass dieser Kammerspieleindruck, der wie ein Schatten über fast jedem Fernsehspiel hängt, nicht aufkommt.

Ja, weil wir Fantasie aufgebracht haben. Wir haben uns hingesetzt und haben aus den dramaturgisch schwächeren Büchern versucht, das Beste herauszuholen. Ein gutes Buch kostet die Hälfte an Kraft. Ich muss allerdings sagen: Es war beim WDR und bei der Bavaria ein Freiraum für uns da, wofür ich mich bedanken möchte. Es war auch eine mutige Zeit und für mich eine ganz kreative Phase, wo ich sehr viel gelernt habe, woran ich gerne zurückdenke und wovon ich mich schon sehr traurig verabschiede.

Aber natürlich verliert man schon den Mut bei all diesen Medien- und Boulevard-Beschüs-

sen, weil das Publikum überhaupt nicht mehr der Maßstab ist. Man kann es sehen bei der Einschaltquote, aber mit den ganzen Angriffen, das lässt einen ja letztlich nicht kalt, und dann verliert man irgendwann die Lust. Schließlich braucht man auch seine Streicheleinheiten und will manchmal auch hören: Das ist prima, was ihr da gemacht habt.

Ich kann eine Kritik wegstecken, aber als der Sender zweihundert Negativ-Briefe bekam, brach die Welt zusammen. Ich rede immer von mir, aber natürlich betrifft das uns alle. Wenn einmal das Wort Scheiße fiel, haben sie schon mit den Ohren gewackelt, und das Wort vögeln war sowieso untragbar. Aber das ist die Wirklichkeit: Wir werden immer brutaler, immer offener, sexistischer, aber bei so einer Figur, die doch viel differenzierter war, regte man sich auf.

Horst Schimanski ist wieder da

Im Frühjahr 1996 entstand in Duisburg die erste Folge einer neuen Fernsehreihe: SCHIM-ANSKI – DIE SCHWADRON. Für November sind die Dreharbeiten für die zweite Folge geplant. 1997 sollen zwei, vielleicht auch drei weitere SCHIMANSKI-Folgen gedreht werden. Und bei Erfolg geht's noch weiter. Horst Schimanski ist jetzt nicht mehr ein Duisburger Kommissar. Bei der Mordkommission hat er endgültig gekündigt und kehrt jetzt als Einzelkämpfer zurück.

Der erfolgreiche TATORT-Kommissar der ARD, heiß geliebt vom Publikum und von der Presse oft gescholten, hatte 1991 nach 29 Fällen den Dienst quittiert. Die Rückkehr war – in kluger Voraussicht – nicht ganz ausgeschlossen worden. »Jetzt muss das TATORT-Publikum ohne Schimmi auskommen«, zitierte ich damals den TATORT-Regisseur Hajo Gies, »es sei denn,

Götz George als Schimanski in »Die Schwadron«

die Duisburger Kripo holt ihn nach ein paar Jahren für einen ganz vertrackten Fall zurück, und sei es unter anderen Voraussetzungen.« Das ist nun geschehen.

Schimanski, inzwischen Boxtrainer in Belgien, wird im Auftrag von Ilse Bonner, der leitenden Oberstaatsanwältin am Oberlandesgericht Düsseldorf, zurückbeordert. Ein Mafia-Krieg gefährdet die Sicherheit im Ruhrgebiet. Christian Thanner, sein ehemaliger Kollege und Freund, gehört zu den Opfern des Verbrecherrings. (Der Thanner-Darsteller Eberhard Feik starb 1993.) Jetzt soll Schimanski noch einmal eingreifen.

Fernsehspiel-Chef Gunther Witte, eine Reihe bewährter WDR-Autoren und Götz George hatten sich schon vor dem Abschied des TAT-ORT-Kommissars eine geeignete Nachfolgefigur für den quotensicheren Fernsehstar überlegt. Doch nach nur vier Folgen wurde die Reihe MORLOCK aus dem Programm genommen. Es war wohl noch zu früh.

Das folgende Gespräch mit Götz George wurde im Sommer 1996 geführt.

Man suchte weiter nach einer Figur, die dem Image des Götz George nahe kam?

Ja, aber immer, wenn man einer Figur ganz nahe war, sah sie wie Schimanski aus. Und dann erklärte ich mich nach einigem Zögern bereit, als Schimanski zurückzukehren. Ich höre manchmal: Da ist ein neuer Kommissar, der hat Köpfchen und muss nicht durch die Tür springen. Dann weiß ich immer: Jetzt bin ich gemeint, aber das Durch-die-Tür-Springen schafft ja auch kein anderer, und wenn das dramaturgisch gefordert ist, mache ich das. Es ist eben die Art, wie Schimanski Türen öffnet. Die Leute wollen das sehen. Köpfchen haben wir genug. Wir haben auch dickbäuchige Kommissare, aber wir haben keine wirklichen Haudegen, keine sportlichen Kommissare. Sicher, er geht etwas rüde mit der Umwelt um, aber das hat mit ihm etwas zu tun. Er geht eben nicht immer gesetzestreu vor, aber es ist eine lebendige Figur.

Es wäre unsinnig gewesen, bei dem Mangel an guten Fernsehfiguren auf den krisensicheren Typ zu verzichten.

Duisburg ist mir in den zehn Jahren als Schimanski näher gekommen, und die Beziehung zu dieser Stadt hat bei mir nie nachgelassen. Hier wird eins zu eins gelebt und eins zu eins gesprochen. Da kommen Kumpel während der Dreharbeiten und sehen uns arbeiten und sagen: Ihr malocht ja richtig. Und wenn die zweite Schicht auftaucht, meinen die wiederum: Ihr seid ja immer noch da. Wir machen hier etwas, was ganz nahe am Menschen und der Region dran ist.

Wieder einmal hast du dir bei einem Stunt eine Beule geholt, doch das gehört ja inzwischen dazu.

Es werden von Schimanski bestimmte Dinge erwartet, und ich muss jedes Mal entscheiden, ob ich das leisten kann. Wenn ich auf die Schnauze falle und wirklich mal nicht drehen kann, dann ist das für den Produzenten härter als für mich, weil ihm der Drehtag verloren geht.

Duisburg, der Schauplatz der neuen SCHIMANSKI-*Filme, hat sich verändert – und die Situation im Revier auch.*

Wir leben in einer neuen Zeit, inzwischen ist vieles passiert, hier und in der Republik nach der Wende, und darauf müssen und wollen wir eingehen.

Was ist anders beim neuen Schimanski?

Es fehlte dem alten Schimanski die Auseinandersetzung mit dem neuen Deutschland. Aber auch Duisburg hat sich verändert, ist moderner, gepflegter, auch glatter geworden. In den Achtzigerjahren war die Stadt gestandener, persönlicher, und jetzt ist hier so etwas wie eine Kö entstanden.

Ist es wichtig für dich, dass SCHIMANSKI *nicht mehr als Serie von sechs oder acht Folgen gedreht wird?*

Ich will nicht mehr unter dem Druck stehen, eine neue Folge abliefern zu müssen, auch wenn das Drehbuch schlecht ist. Die Geschichten, die Bücher müssen stimmen. Wir dürfen uns nicht mehr von den Sendeterminen hetzen lassen. Das Neue am neuen Schimanski ist die Tatsache, dass er voll in Duisburg entsteht und nicht mehr wie früher in München im Atelier.

Hast du heute noch Zeit zum Theaterspielen?

Zeit ist nicht das richtige Wort. Ich habe Tourneetheater gemacht, und die Leute auf dem Land haben alles gesehen, die Hoppe, den Quadflieg. Sie sind für schwere Stücke wie den PLATONOW nicht mehr zu gewinnen. Da sitzen sie im Zuschauerraum und möchten am liebsten per Fernbedienung einen anderen Kanal einschalten. Es geht halt nur noch Boulevard.

Macht Schimanski immer noch Spaß?

Das folgende Gespräch mit Götz George fand im Dezember 2001 statt.

Wie sieht es aus? Macht Schimanski immer noch Spaß?

Ja, es macht noch Spaß. Das hängt damit zusammen, dass da eine neue Konstellation auf einen zukommt, mit neuen und jungen Regisseuren. Gestern habe ich mit Nico Hofmann geredet, der sagte: »Es ist schön, wie du die jungen Leute an dich bindest, wie Matthias Glasner und Andreas Kleinert.« Die wollen ja alle noch lernen, und ich lerne dabei auch sehr viel.

Gerade jemand wie Kleinert, der ja noch in der DDR ausgebildet wurde, kennt eine andere Schule und ist ein anderes Arbeiten gewöhnt. Aber die Filmbranche ist international. Du kannst mit einem kurdischen Regisseur arbeiten, es sind eigentlich immer die gleichen Riten. Der eine achtet mehr auf dieses, der andere mehr auf jenes, der eine ist mehr ein optischer Mensch, der andere ist mehr ein Kammerspielmensch wie der Kleinert. Er achtet sehr darauf, wie seine Schauspieler zusammen funktionieren, weil jeder seine persönliche Qualität hat. Das finde ich einfach schön, weil das nicht zu einer Fließbandarbeit verkommt. Auch bei so einer Figur wie Schimanski muss man zumindest nach vielen Jahren einen Ehrgeiz entwickeln.

Arbeitet Chiem noch am Drehbuch mit?

Nein, er kommt ja immer nur sporadisch, und dann setzen wir uns hin und machen unsere Szenen – zumindest – drehfertig.

Wie ist das mit den jungen Kollegen im Team, das klappt ja jetzt auch alles ganz gut.

Ja, der erste Assistent war Stefan Wink, Er

hatte aber kein Interesse an SCHIMANSKI, was er ja auch gesagt hat. Er wollte ein Sprungbrett haben, um Filmkarriere zu machen. Das sind so die unerfreulichen Begleiterscheinungen. Es macht mir keinen Spaß, mit Leuten zu arbeiten, die selber sagen, dass sie Aufmerksamkeit brauchen, und abspringen, wenn sie dann Filmangebote bekommen.

Julian Weigend ist der neue Assistent. Er kommt vom Theater, hat sich sehr präzise entwickelt und über den SCHIMANSKI auch andere Angebote bekommen. Die Regisseure haben ihn ernst genommen und sehr oft und unterschiedlich eingesetzt. Das ist wichtig für einen Schauspieler, dass er nicht auf einen Typ festgenagelt wird. Er hat ganz unterschiedliche Rollen gespielt, sie perfekt gemeistert und ist ein angenehmer und bescheidener Kollege.

Bei den Jungen ist mir schon oft aufgefallen, dass sie emotional sehr aufgeladen sind und deshalb Gefühle erzeugen können, die von ihnen verlangt werden. Aber das ist unkontrolliert und in der Schauspielerei musst du kontrolliert sein. Du musst immer die rote Lampe brennen haben und nicht völlig ausrasten wie Klaus Kinski. Du musst sehr genau wissen, was du machst und wie du es einsetzt. Du musst mit den Mitteln, die dir zur Verfügung gestellt sind, sehr genau und sehr präzise arbeiten. Und

Götz George in »Schtonk!«

wenn junge Leute die ganze Theaterausbildung überspringen und gleich in diesem technischen Apparat von Fernsehen und Film eingesetzt werden, wo du sehr genau auf Technik achten musst, dann bin ich mir nicht sicher, ob das länger als zehn Jahre hält.

Das hängt auch davon ab, wie sie sich verbrauchen lassen, und einige scheinen da sehr pfleglich mit ihrer Situation umzugehen – wie etwa Franka Potente.

Ja, das weiß man nie, aber es kann auch funktionieren.

Was hast du gemacht, bevor du jetzt GOTT IST TOT drehst?

Ich war in Leipzig und habe für den MDR einen Film mit Gabi Kubach gedreht, die Komödie LIEBE IST DIE HALBE MIETE. Je älter ich werde, desto mehr werde ich mit der Vokabel Liebe konfrontiert.

Wie ist das überhaupt mit dem Komödienfach?

Ich habe immer gesagt, gleich welchen Film du machst, es ist immer eine große Portion Humor drin. Na ja, SCHULZ UND SCHULZ und SCHTONK!, das machte halt großen Spaß. Man darf aber eines nicht vergessen: Es muss in jedem Film ein Stück Humor geben. Und das war auch ein Prinzip meines Vaters gewesen, der in all seinen Rollen, was auch immer er gespielt hat, immer versuchte, den Humor herauszuarbeiten. Und wenn er eine richtige Komödie machte, und das hat mein Vater auch gemacht, dann war er halt unschlagbar, hat dem Affen ohne Ende Zucker gegeben.

Wie schaffst du es, nicht zu viel zu geben?

Weil ich mich sehr genau kontrolliere und ja auch um die Gefahr weiß. Vor zwanzig Jahren habe ich da noch nicht mit umgehen können. Also, wenn ich heute eine Knalltüte spiele, dann muss ich sehr genau darauf achten, wie ich das tue. Und da bremse ich mich oft selber aus. Auch wenn jemand sagt, du kannst dir noch ein bisschen mehr erlauben, da ist noch was drin, sage ich: Nein. Man muss das im Ganzen sehen. Du musst dein Drehbuch sehr genau im Kopf haben, um zu wissen, wo du ausufern kannst und wann du dich wieder zurücknehmen musst. Das ist wie eine Partitur. Und da ich ja das Drehbuch vom ersten Tag an kenne, weiß ich, was möglich ist.

Also wäre da bei LIEBE IST DIE HALBE MIETE *eine Gefahr?*

Das ist nun etwas ganz anderes. Die Amerikaner nennen es *tragic comedy*. Die Amerikaner bedienen das, wir Deutschen weniger. Es sind ja quasi zwei Filme. Aber das ist ja völlig legitim, wie eine Geschichte ihren Fortgang erfährt, bedeutet ja, dass das spaßig anfängt und dann in einer absoluten Katastrophe endet.

Hast du mal wieder ein Angebot für einen größeren Kinofilm?

Das wird kurzfristig entschieden. Ich habe gesagt: Ich mache, wenn überhaupt, einen Kinofilm im Jahr. Heute stimmt man über ein Projekt nicht frühzeitig ab, weil sie nie genau wissen, ob sie dieses Projekt, was ja immer mit Arbeit und Geld verbunden ist, nicht doch wieder umstoßen. Deswegen kommen Kinoprojekte sehr kurzfristig auf dich zu. Und dann musst du sehen, ob du frei bist oder nicht.

Ich habe das Kinoprojekt GOTT IST TOT gemacht, weil ich gesagt habe: Das ist eigentlich meine Freizeit, die hatte ich mir ausbedungen. Dann habe ich gesagt: Okay, dann mache ich das, aber es geht von meinen eigentlichen Ferien ab, die ich mir redlich verdient habe. So muss man das sehen. Große Filme sind nicht in Planung. Mit Recht nicht, weil die Produzenten einfach nicht wissen, was jetzt im Moment gespielt wird, was die Leute sehen wollen.

Aber man kann doch Dinge auffangen.

Das haben wir mit Schimanski immer gemacht, aber heutzutage ist es gang und gäbe, dass man einen TATORT nicht mehr als Räuber- und Gendarmenspiel auswertet, sondern man hat immer irgendeine Message drin, genauso wie SCHIMANSKI immer eine Message hatte. Wir haben ganz früh mit dem Neonazi-Problem oder anderem angefangen. Das kannst du ohne weiteres machen, dass du Stellung beziehst. Und wenn du auch einen klaren Trennungsstrich machst, dann musst du nur eine Geschichte erfinden, in der ganz klar gesagt wird, dass wir dieses Thema bedienen wollen.

Nun ist das aber vielleicht ein Minderheitenthema, was die Leute unter Umständen nicht kapieren. Da ist mir eine Dokumentation lieber, die den Zuschauer an den Islam heranführt, ich meine auch die Muslime. Jetzt wissen wir, wo Afghanistan liegt, das haben wir ja beim Russlandfeldzug gar nicht mitbekommen. Da hat's geknallt, und die haben zehn Jahre gekämpft, aber jetzt haben wir eine gewisse Aufmerksamkeit auf dieses Land gelenkt. Das ist viel spannender, als wenn man jetzt eine fiktive Geschichte erzählt. Da sollten wir uns lieber um die Neonazis kümmern. Aber das ist ja auch schon abgegessen. Mit den Muslimen umzugehen, glaube ich, traut sich keine Produktion, weil sie sich sagen: Um Gottes willen, wir beziehen Stellung, und dann brauchen wir nur zu warten, bis wir von der Gegengruppe, also von Sympathisanten der Gegengruppe, boykottiert werden. Und bloß weil wir irgendwo Stellung für die Muslime beziehen wollen, die ja auch in Deutschland leben.

Man ist ja auch privat durch diese ganzen Sachen berührt und beängstigt.

Es ist ein Einschnitt, der ganz groß ist. Es wird so viel gesagt, so viele Spezialisten habe ich überhaupt noch nicht erlebt wie in den letzten Monaten. Die viele Trauer bekommt auch etwas fürchterlich Aufgesetztes. Jeder erzählt seine Geschichte vom 11. September, weil auch jeder einen danach fragt. Hoffentlich hat das ganze Unglück bewirkt, dass wir uns irgendwann an den Tisch setzen und sagen: Wie kommen wir uns nahe? Es ließe sich ja nebeneinander leben.

Wie siehst du die europäische Kinosituation im Moment?

Die ist genauso unsicher wie sie wirkt. Wir Deutschen werden es nie schaffen, dass sich der deutsche Film erholt. Er ist in sich kaputt, weil wir uns gegenseitig bekämpfen. Wir fragen, wie der Film gelaufen ist, und wenn einer sagt, ganz schlecht, ist man eher froh als unglücklich. Wir Deutschen haben so einen fürchterlichen Neidkomplex. Wir pflegen auch untereinander keinen freundschaftlichen Umgangston.

Auch unter den Schauspielern gibt es ungeheuren Neid. Es bilden sich immer Gruppen, die sich mögen, das ist ganz klar. Mit Schauspielern klappt es immer dann, wenn man sich in einer Produktion bewährt hat, dann freut man sich, wenn man sich wieder trifft. Aber dieses ganze Umfeld – Schauspieler, Regisseure, Produzenten –, da ist etwas, was ich nie verstehen werde. In Frankreich und Italien ist das völlig anders. Das merkt man immer, wenn man in Cannes und Venedig ist. Die gehen aufeinander zu und können auch miteinander reden. Hier bilden sich Grüppchen, und das merkst du auch innerhalb einer Produktion.

Kunst kann immer nur funktionieren, wenn man sich einig ist und es eine freundschaftliche Basis gibt, aber wenn jeder jeden bekämpft, dann funktioniert das nicht. Immer mal ein oder zwei Publikumsfilme machen, das ist okay. Aber wenn wir sagen, DER SCHUH DES MANITU ist der absolute Knüller der letzten Jahre, kann der ja auch lustig sein, dann sage ich mir: Und? In der Top Ten waren immer Komödien. Das wird bei uns nie funktionieren. Wir werden unser Geld ausgeben, Spaß beim Filmemachen haben, und wenn wir einfach siebzig oder hundert Zuschauer haben bei einem ernst zu nehmenden Film, dann ist das eben so.

War das jetzt Zufall, dass es vor Jahren doch einige Filme gab, die ein Millionenpublikum erreichten. Da waren drei, die die Million überschritten haben. Doris Dörrie mit BIN ICH SCHÖN?, dann hat Rothemund einen Film gemacht, und dann gab es DAS LEBEN IST EINE BAUSTELLE, der darunter lag, aber es war immerhin ein Achtungserfolg.

Ja das waren redliche und gute Filme, und wenn ein Film billig ist, kann er schon bei 500.000 Gewinn machen. Ich rede mal über die Schmerzgrenze, also die Drei-Millionen-Grenze kriegen wirklich nur die Knallfilme oder damals WINNETOU.

Wie ist es mit Theater?

Ich habe keine Lust mehr, es geht ja alles den Bach runter. Da gibt es Leute, die versuchen etwas. Sie sind aber nicht mehr so wie Noelte, der sich sehr klar an ein Stück hält, oder Peter Stein. Wenn ich heute ins Theater gehe, habe ich nicht das Gefühl, dass ich jetzt wieder spielen muss. Ich gehe raus und bin völlig irritiert und denke, stell dir vor, du hättest da gestanden …

Es gibt auch komödiantische Leute wie den Ciulli in Mühlheim.

Zu denen habe ich keinen Kontakt. Ich bin immer so beschäftigt, bei mir ist alles schon so weit im Voraus geplant – was mache ich im nächsten Jahr, wann habe ich Zeit? Und wenn man Theater plant, muss man auch nur für das Theater verfügbar sein. Ich bewundere das, wie manche Kollegen das auch in schöner Konsequenz machen. Sylvester Groth hat den HAMLET in Leipzig gespielt und Thomas Thieme, der Chauffeur in LIEBE.MACHT.BLIND, den FAUST in Weimar. Armin Rhode spielt RICHARD in Bochum. Aber sie haben eine persönliche Bindung an die jeweiligen Theater. Ich habe das ein bisschen schleifen lassen, bin jetzt Berliner und habe mich aber um das Berliner Theater am wenigsten gekümmert, weil es mir nie Brot und Arbeit gegeben hat.

Wenn du so einen großen Popularitätsschub erlebt hast wie ich, dann wirst du, wenn du zum Theater zurückgehst, wiederum ganz anders beurteilt. Du kannst in diesem Land damit rechnen, dass du immer Prügel bekommst, aber bei einer bestimmten Größenordnung und Popularität darfst du die Nase gar nicht mehr rausstrecken, dann bekommst du sowieso immer wieder Prügel. Um dem allen zu entgehen, habe ich gesagt, dass ich mich auch immer mehr zurückziehe. Ich bin ja schon so verschüchtert, dass ich keine Zeitungen mehr kaufe, es steht sowieso nur Schwachsinn drin. Je unauffälliger du bist, umso besser ist es. Ich wollte gar nicht mit der Presse arbeiten, weil ich über diesen Beruf ganz automatisch verurteilt werde.

Schauspieler sind das langweiligste, was es gibt. Sie leben in ihrem Kokon, in ihren Produktionen. Ich fahre nach den Produktionen immer weg, und während der Produktion bin ich ganz in das Buch vertieft.

In Amerika ist das ein ganz anderes Arbeiten, und wenn ich dann hierher komme, spüre ich die unglaublichen Entbehrungen. Da bin ich zwar auch in einem klimatisierten Wohnwagen, warte die meiste Zeit meines Lebens, bis ich dran komme, und dann wird mir sehr präzise gesagt, was ich zu machen habe. Das bin ich auch bereit zu tun, dafür kriege ich dann auch dementsprechend die Gage. Aber ich habe gar nicht die Möglichkeit, kreativ mitzuarbeiten.

Deswegen will ich hier lieber weniger Gage erhalten und bin dafür glücklicher, weil ich im Regisseur einen Ansprechpartner habe, mit dem ich mich auch auseinander setzen kann, und weil mich eine gewisse Klientel noch ernst nimmt.

In Amerika gibt es ja auch noch andere Größenordnungen.

Sicher, aber nicht für einen Deutschen. Die, die das Sagen haben, sind Robert De Niro und Dustin Hofmann und wie sie alle heißen. Sie haben ein viel größeres Bestimmungsrecht als wir hier. Hier wird dir schon sehr viel vorgeschrieben und du musst dein Recht erkämpfen und du musst immer wieder darauf hinweisen: Ich stehe an erster Stelle des Films und ich verliere unter Umständen meinen Namen, wenn wir uns nicht vertragen. In Amerika sorgt schon der Agent eines Stars dafür, dass er nicht Kopf und Kragen verliert.

Ich habe hier auch Filme gedreht, wo mich ein guter Regisseur so unter Druck gesetzt hat, dass ich letztlich schlecht gewesen bin. Du kannst dich auch nicht dagegen wehren, weil sie das Sagen haben. So etwas muss man schon im Vorfeld bekämpfen und klar machen, wenn wir uns nicht vertragen sollten, gehen wir auseinander.

Es ist alles etwas kleinkarierter in diesem Lande, dadurch aber auch übersichtlicher. Dadurch, dass ich heute mit jungen Regisseuren arbeite, ist der Umgangston ein ganz anderer, eher eine gegenseitige Ehrerbietung. Weil ich auch weiß, dass der Regisseur die Last hat, muss ich ihn auch unterstützen. Er greift auf meine Erfahrung zurück und sieht, dass ich schon zweiundfünfzig Jahre in dem Geschäft bin, und wenn er hinhört, kann er noch etwas lernen.

Du lässt ja auch nicht den Star raushängen.

Nein, das wirst du bei all den altgedienten Schauspielern nicht finden. Du wirst auch auf Grund deiner Kondition und deines Alters viel bescheidener und konzentrierst dich wirklich auf das Wesentliche. Außerdem, man muss eben Spaß an der Arbeit haben, und wenn ich morgens um sechs arbeiten gehe, freue ich mich. Und wenn dann der Tag produktiv ist und Fantasien freigesetzt werden, freue ich mich erst recht. Und wenn du mich heute mal ein halbes Jahr darben lässt und sagst: Ich habe keine Produktion für dich, dann bin ich sicherlich der unglücklichste Mensch, weil ich mich gar nicht zu beschäftigen weiß.

Gibt es gestandene Regisseure, mit denen du gerne arbeiten würdest?

Ich weiß keinen, ich habe so wunderbare Erfahrungen mit den jungen gemacht. Das kommt natürlich auf das Thema an. Wenn du große Massen bewegen willst, brauchst du schon einen gestandenen, erfahrenen Mann. Es gibt junge Regisseure, die wunderbare kleine Filme machen und auch dafür prädestiniert sind. Ich habe mich immer auf neue Regisseure eingelassen, bis auf Hajo, da hat sich das so angeboten. Nach fünfzehn Regiearbeiten macht es immer noch Spaß zusammenzuarbeiten. Man darf aber auch nicht sagen, ich verlass mich jetzt auf den alten Hajo, sondern wir müssen auch immer wieder neu antreten.

Ich habe immer neue Regisseure kennen gelernt, und jeder hatte ein ganz anderes Temperament. Du musst dann eine noch größere Aufmerksamkeit freisetzen, damit du sie und ihre Arbeit kapierst. Was wollen sie? Wo liegt ihr Hauptaugenmerk? Sind das mehr technische Regisseure, sind das mehr Schauspielerregisseure, sind das Leute, die alles können, sind es temperamentvoll starke Regisseure oder eher ruhige? Das ist immer sehr schwierig. Aber nach einer Woche merkst du oft schon: Aha, der ist so gelagert, den musst du so nehmen, einen anderen musst du wieder anders nehmen. Das ist aber immer spannend, treibt einen voran und hält einen jung, soweit es möglich ist.

Der andere Götz George

Götz George und Klaus J. Behrendt in »Mein Vater«

Gerade in den letzten Jahren begegnet uns Götz George immer wieder in ungewohnten Rollen. Er spielt meist Menschen, die am Rande der Normgesellschaft leben oder durch eine Krankheit ihrem Umfeld entgleiten. Vielfach wird die Frage nach der so genannten Normalität offen gestellt.

Und auch der neue Schimanski ist anders, gleichwenn er immer noch am Rande der Legalität agiert. Er verhält sich ruhiger, ist gestandener und gibt sich weniger hektisch.

In DER ANWALT UND SEIN GAST spielt er einen Mann, dem man nachsagt, er sei ein gefährlicher Mörder, oder in GOTT IST TOT einen Stützeempfänger, der seinem Wohnmobil nachtrauert.

In MEIN VATER zerbricht das Familiengefüge an der Alzheimer-Krankheit des Vaters, der mehr und mehr in ihr versinkt. Es ist diese Melange aus kurzer geballter Kraft, wie sie da ist und da sein kann. Das laute, starke Lachen, der Schub einer Kraft, die dann aber ganz schnell verblasst. Der Körper: die eingezogenen Schultern, die kleinen, aber wachsamen Augen, mit Vorsicht um die Ecke schauend, und dann diese neue, wieder gewonnene Stärke in seiner Haltung.

»Wie klein bist du«, sagt die Frau zu ihrem Mann in GOTT IST TOT, als sie ihm eine Flunkerei nachweist. Er braucht diese kleine Lebenslüge und lässt sich weiter treiben, und runzelt die Stirn, wenn er nachdenkt. Man hat seinem Kopf einen Haarschnitt verpasst, der ihm eine gewisse Geschlossenheit verleiht, und auf dieser gewissermaßen beschränkten Nomenklatur spielt Götz: wieder diese kleinen listigen Augen mit ihrem beobachtenden Blick, die etwas schiefe Schulter und die zurückgenommene Haltung.

In dem Film GOTT IST TOT spielt George einen Menschen, der in seinem Milieu geblieben ist. Habitus, Aussehen, die strubbeligen Haare, die Zigarre, die etwas ungelenk gewordenen Bewegungen charakterisieren ihn als jemand, der einmal gearbeitet hat und die Arbeit noch immer hochhält. Doch nun lebt er von der Stütze, und weil er keinen Besitz haben darf, wird ihm sein Wohnwagen, der für ihn das Zentrum seines Lebens ist, entzogen. Die kleine Lebenslüge zerbricht vollkommen, als sein Sohn aus dem Gefängnis zurückkehrt und erfährt, dass sein eigener Vater ihn in den Knast gebracht hat.

Fabelhaft, wie Götz George diese Figur spielt, die ständig mit einer sich ändernden Lebenssituation konfrontiert wird, aber nicht in der Lage ist, sich selber zu verändern.

All diese Rollen irritieren den Zuschauer, aber sie zeigen den neuen Götz George, der, wie so schon oft in seiner langen Schauspielkarriere, hier seine Qualitäten als vielseitiger Charakterdarsteller unter Beweis stellt.

Nach Hause in die Fremde oder Eine aus der Bahn geworfene Familie

Klaus Behrendt alias Jochen hetzt die Stufen herunter. Sergej Moya, sein Filmsohn Oliver, rennt hinterher. Im Erdgeschoss des neu gebauten Einfamilienhauses lodert und qualmt es. »Stopp!«, ruft Regisseur Andreas Kleinert, »Ulrike [Krumbiegel] war zu spät zu sehen.« Proben-Wiederholung.

Die dreiköpfige Filmfamilie geht gemeinsam die Treppen hoch und muss noch einmal zeigen, wie sie mitten in der Nacht bemerkt, was Vater Richard im Erdgeschoss angestellt hat, und wie sie einmal mehr zu Hilfe eilen muss.

Das Feuer hat Richard vor wenigen Minuten gelegt. Im gestreiften Schlafanzug hat er da gestanden, seltsam hilflos. Mit stark ergrautem Haar und fahl geschminktem Gesicht spielt George einfühlsam diesen Richard, der gar nicht mehr zu begreifen scheint, was er tut, was mit ihm geschieht, ganz so, als ob er das Feuer nicht einmal wahrnimmt. Der ehemalige Busfahrer ist an Alzheimer erkrankt, sein Zustand in dieser Szene des Films bereits weit fortgeschritten.

In Dormagen sind die Dreharbeiten zu dem Film ZURÜCK NACH HAUSE IN DIE FREMDE (Fernsehtitel: MEIN VATER) am Ende. Es ist die Geschichte einer Krankheit, aber auch die eines Generationskonflikts. Ein Film mit sozialkritischer Dimension.

Der zweiundvierzigjährige Stahlarbeiter Jochen und seine Frau Anja haben sich den Traum eines eigenen Hauses verwirklicht, bis die Krankheit des Vaters wieder alles umwirft. »Ich habe leider schon lange keine Eltern mehr, aber bei vielen meiner Freunde stellt sich eben diese Frage: Was geschieht mit Vater oder Mutter, wenn sie schwer krank werden, gepflegt werden müssen?«, sagt Behrendt, der die Geschichte mit entwickelt hat. Natürlich fühlten die meisten eine moralische Verpflichtung und wollten die Eltern nicht ins Pflegeheim abschieben, gerade wenn wie in dem Film der Vater den Sohn beim Hausbau finanziell unterstützt hat. Pflegeheime seien schließlich auch schwer zu finanzieren, und natürlich nimmt Jochen seinen Vater auf, als die Diagnose Alzheimer eindeutig ist.

Doch der Film zeigt auch, welche Konflikte innerhalb der Familie entstehen. »Mein Vater war ein sehr dominanter Mensch, das macht es nicht einfacher«, berichtet Behrendt über die Rolle. Nach und nach braucht Richard immer mehr Hilfe, alles dreht sich irgendwann nur noch um den Kranken. Hinzu kommen die schmerzlichen Erfahrungen, dass Richard Menschen, die er liebt, nicht mehr erkennt oder verwechselt: etwa seine Freundin mit seiner verstorbenen Frau.

Andreas Kleinert lotet die Momente sehr fein aus bis hin zur Tragikomik, wenn Richard beispielsweise einen Bus »entführt«. Die junge Familie droht irgendwann auseinander zu brechen. Behrendt ist dabei sehr wichtig, dass es sich um eine ganz durchschnittliche Familie handelt, die stellvertretend zeigt, wie allein gelassen und überfordert viele mit dem Konflikt sind. »Alzheimer ist eine unvorstellbare Krankheit«, sagt der Schauspieler, der genau recherchiert hat. Behrendt möchte mehr Zeit für solche Projekte haben, entwickelt auch gerne selbst Filmstoffe. (Andrea Militzer)

Götz George im Gespräch zu MEIN VATER

Was hat Sie an dieser Rolle eines Alzheimer-Kranken gereizt? Haben Sie lange überlegt?

Nein, ich musste überhaupt nicht lange nachdenken. Ich hatte mich zuvor schon zwei Jahre lang mit einem anderen Alzheimer-Stoff beschäftigt und an einem Drehbuch geschrieben. In Deutschland gibt es nicht mehr so oft die Gelegenheit, in anspruchsvollen Projekten mitzuspielen. Wenn man die Chance hat, muss man bei Filmen wie diesem zugreifen.

Wie haben Sie sich auf die Rolle vorbereitet?

Wir haben sehr genau recherchiert. Außerdem kenne ich einen Fall aus meinem Freundeskreis. Die Liebesanbindung der Kranken spielt eine sehr wichtige Rolle, dadurch schreitet die Krankheit nicht ganz so rapide voran. Allerdings verläuft sie bei jüngeren Patienten generell schneller als bei Älteren. Letztlich trifft das Schicksal, das wir im Film beschreiben, alle Schichten unserer Gesellschaft. Für sie alle ist es eine ungeheure Anstrengung. Und früher oder später schiebt man die Kranken sowieso ins Heim ab, und dort sterben sie ohne Liebesanbindung sehr schnell.

Wie setzen Sie den Fortgang der Krankheit im Film um?

Wir müssen diesen jahrelangen Prozess natürlich raffen. Das machen wir nicht etwa über das Dokumentieren von Jahreszeiten. In dem Film zeigt sich das eher am Verfall des Hauses.

Nach welchen Kriterien wählen Sie heute Ihre Rollen aus?

Ich muss mich in einer Produktion geborgen fühlen. Es gibt viele schlechte Drehbücher, aber wenn gute Kollegen und Regisseure zusagen und wenn ich einen Ansatzpunkt im Drehbuch finde, mache ich mit.

Kürzlich sogar ohne Gage. In dem Kinofilm GOTT IST TOT von Regisseur Kadir Sözen, der eine Sozialstudie des Kölner Arbeiterviertels Ehrenfeld geschrieben hat. Kurzfristig hat uns die Filmstiftung NRW unter die Arme gegriffen, und so konnten wir die Produktion zu Ende führen. Im Fernsehen ist wenig Platz für anspruchsvolle Projekte. Das liegt an den extrem schlechten Sehgewohnheiten der Zuschauer. Alles geht nur noch über die Marktanteile. Schauspieler müssen sich heute gut überlegen, was sie spielen. Den großen Einstieg im Film erreicht man kaum noch ohne das Fernsehen, andererseits darf man sich nicht im Fernsehen verheizen lassen. Junge Schauspieler müssen eine gute Mischung finden. Das Theater ist immer noch die Mutter von allem. Denn eigentlich ist Fernsehen der Tod.

Aber Ihnen ist die Auswahl blendend gelungen: von Komödien über Action-Filme bis hin zu anspruchsvollen Kammerstücken. Dabei haben Sie sowohl fürs Kino als auch für private und öffentlich-rechtliche Sender gedreht.

Ich hatte Glück und bin in den Siebziger- und Achtzigerjahren in eine Nische gerutscht und konnte mich beweisen. Aber heute ist die Quote das Entscheidende, ob der Film nun gut oder schlecht ist. Sind die Marktanteile niedrig, war man schlecht. Dabei hatte man selbst das Gefühl, gute Arbeit geleistet zu haben. Wenn aber bei einem normalen SCHIMANSKI die Quote hoch war, dann war man angeblich besonders gut. Das ist doch wirklich verrückt.

Schauspielerei ist eine ständige Suche. Wenn ich beispielsweise mal einen Schwulen spiele [wie in dem Film DAS TRIO], dann kommt hinterher garantiert jemand zu mir und sagt: »Als Schimanski ham'se mir aber besser gefallen.« Schauspieler bekommen hier heutzutage keine Anerkennung mehr.

Was hat sich Ihrer Meinung nach denn verändert?

Man beurteilt einen Schauspieler nicht mehr so wie in den früheren Jahren. Gute und schlechte Produktionen werden fast immer gleichermaßen bemessen, wenn der Marktanteil stimmt. Die eigentliche Anerkennung für mich kommt mehr aus dem Ausland. Und das Älterwerden hat einen eigenen Spannungsspiegel, der immer interessanter wird. Die Vaterrolle in NACH HAUSE IN DIE FREMDE ist für mich eine größere Herausforderung als SCHIMANSKI. Älter werden ist an sich schon nicht so schön. Es zwickt und schmerzt doch schon mehr. Und dann sehen Sie mich an in diesem Kostüm mit den weißen Haaren und so, das mich um viele Jahre älter macht. Aber: Ich bin dreiundsechzig Jahre und will noch lange weiterdrehen, und ich wähle gut aus, was ich jetzt mache. Ich kann mir spannendere Rollen wie diese aussuchen und arbeite immer noch sehr viel.

Also bietet das Alter, positiv gewendet, für Sie mehr Freiheiten?

Ich glaube, diese Frage mit Ja beantworten zu können. Abgesehen von der finanzielle Freiheit, die man mit dem Rentenalter erreicht haben sollte, kommt die künstlerische Freiheit dazu. Du machst eben nur das, was dir wertig erscheint. Aber arbeiten muss ich, das ist mein Lebenselixier. Nur die künstlerische Anerkennung ist bei unseren europäischen Nachbarn um vieles größer. Sie lieben Ihre Künstler.

Fehlt Ihnen hier die mediterrane Lässigkeit?

Ja. Ich meine, in Italien oder Frankreich darf ein älterer Schauspieler auch mal eine Affäre haben. Das findet dort niemand aufregend. Man gönnt es ihm. Mir geht hier dieses ständige Denunziantentum auf den Geist. Wenn ich aus Italien wiederkomme und man fragt mich, was ich von der neuesten Scheidung halte, kann ich sagen: Aha, die haben sich scheiden lassen, und wer ist das? Nur so halte ich das aus.

Sie arbeiten gerne mit jungen Regisseuren. Können Sie denen etwas von Ihrer Erfahrung weitergeben?

Nee, das habe ich früher mal versucht. »Jugend forscht« habe ich das dann genannt. Aber heute ist das nicht mehr nötig. Junge Regisseure haben sich meist sehr intensiv mit dem Medium auseinander gesetzt. Aber auch das wird nicht so recht anerkannt. Es ist schwierig geworden mit guten Filmen. Viele Schauspieler drängen in Serien, weil man dann eine feste Aufgabe hat und sein festes Auskommen. Aber das will ich nicht mehr.

(Mit Götz George sprach Andrea Militzer)

Andreas Kleinert am Set

Gespräch mit Andreas Kleinert

Kleinert hat mit Götz George einen Schimanski-TATORT gedreht und danach den Film MEIN VATER.

Wie ist es zu Ihrer Zusammenarbeit mit Götz George gekommen?

Das begann relativ banal: Colonia Media bot mir den SCHIMANSKI als Regisseur. Ich kam in eine Drehbuchbesprechung, da war Götz dabei, und wir haben uns gleich gut verstanden. Er hat zu mir gesagt, ich würde ja nur überall herumkritisieren und alles schlecht finden. Und da haben wir gleich einen Nenner zueinander gefunden, denn er war auch sehr kritisch mit dem Buch umgegangen und ich war wahrscheinlich noch einen Zahn schärfer. So haben wir gleich zueinander gefunden. Oft gibt es ja einen Konkurrenzkampf zwischen Regisseur und Schauspieler, und ich habe ihm gleich klar gemacht, dass ich vor ihm sehr große Achtung habe, sein Werk gut kenne und dass ich gar nicht auf dieses Spielchen scharf bin.

Also, ich weiß, dass er ein großer Schauspieler ist, und das hat er dann auch dadurch gemerkt, wie ich mit ihm umgehe. Er hat immer diese Sprüche drauf mit seiner Art Witz, den man nur versteht, wenn man ihn ein bisschen kennt. Die Journalisten sind oft erschrocken, wenn er solche Witze reißt. Zu mir hat er auch gesagt: »Ach, du bist ja aus dem Osten, das kannst du ja sowieso nicht wissen.« Aber damit habe ich kein Problem. Wir haben nicht diesen Männerkampf, den es so oft gibt: Wer ist denn hier der Stärkere? Nur ein einziges Mal bei den zwei Filmen, die wir gemeinsam gemacht haben, gab es zwischen uns Krach, der Gott sei Dank nur eine halbe Stunde gedauert hat. Das war am letzten Drehtag vom SCHIMANSKI. Obwohl die Dreharbeiten wirklich so schön verlaufen waren, verhielten wir uns da, ich weiß auch nicht, was in uns gefahren war, für eine halbe Stunde wie die bockigen Kinder. Und danach war alles vergessen. Dabei ging es nur um das Arrangement, wo jemand steht, und da haben wir uns gezankt wie die Besenbinder. Und das war der einzige Punkt, wo wir mal richtig aneinander geraten sind.

Eine solche Stimmung kam bei MEIN VATER nie auf. Da musste er ja auch sehr zurückgenommen spielen, und er ist da auch ein ganz anderer Typus Mann. Machmal saß er wie ein alter Großvater da, sodass ich ihm manchmal geradezu hoch helfen wollte. Er hat da auch ein sehr schönes Foto gemacht, und da schrieb er dann für seine Frau Marika drauf: Von deinem Opa. Er wirkte wirklich so wie der Großvater in der grauen Strickjacke, ein richtiger Alter, der gar nichts mit Götz George zu tun hat.

Bei uns hat das wohl deshalb auch gleich so gut geklappt, weil wir ganz verschieden sind, ein ganz anderer Typ Mann. Dadurch ist es auch nicht zu einem Konkurrenzkampf gekommen. Bei Klaus Behrendt und ihm ist es sicher viel komplizierter, weil sie beide ein ähnliches Klischeetrauma haben, den Supermann – obwohl sie beide wirklich viel weicher sind.

Wie war das überhaupt, ich kann mir das ziemlich schwierig vorstellen, mit Götz und Behrendt?

Während des Drehens waren beide sehr kollegial, sehr friedlich. Sie sind beide keine Rampensäue. Keiner hat versucht, dem anderen die Hauptrolle streitig zu machen. Freilich gab es von Anfang an das Problem, dass das Buch ursprünglich für Klaus Behrendt geschrieben worden ist. Als ich in die Geschichte hineinkam und gesagt habe, es sei einfach idiotisch, wenn wir jetzt Götz George haben, einen Klaus-Behrendt-Film zu machen. Man müsse wirklich die Figur von George stärker machen.

Die ganze Vorgeschichte gab es in den ursprünglichen Fassungen nicht. Dort sieht man eben nur diesen alten, schwerkranken Mann, quasi in der Endphase. Man steigt ziemlich spät in die Geschichte ein, und ich habe gesagt: Man muss ihn von Anfang an sehen, wie er noch gesund ist und sich peu à peu vom alten Leben entfernt. Dadurch ist die Rolle viel größer und beide Rollen sind gleichberechtigt. Im Vor- und Abspann ging es letztlich immer darum, wer steht vorne und wer steht hinten, und das habe ich dadurch gelöst, dass ich im Wasser beide Namen obenauf liegen ließ, sodass es keinen ersten und keinen zweiten gab. Das sind dann eher die Probleme. Es gab nur ein einziges Mal eine kleine Auseinandersetzung, wo ich dachte, wie ich sie dazu bringe, dass sie

morgen am Drehort wieder nebeneinander sitzen können.

Auch bei der Pressekonferenz zu MEIN VATER haben sie sehr schön übereinander und miteinander gesprochen. Klaus ist auch an der Sache gewachsen, und so bin ich ganz froh mit der Geschichte.

War bei dem Film von Anfang an klar, dass Götz den Vater von Behrendt spielt?

Das war von Anfang an klar. Entstanden ist ja das Ganze aus einer merkwürdigen Konstellation. Götz und MTM Produktion hatten mich schon angesprochen für SMALL WORLD von Martin Suter. Das war auch eine Alzheimer-Geschichte, an der Götz lange geschrieben hatte. Sie kamen nicht weiter, und Götz wollte erst selber Regie führen. Zuerst sollte es bei der ARD laufen, dann kam es zu SAT 1 und dann kam MTM zu mir.

Mir wurden verschiedene Fassungen vorgelegt ohne Namen, und ich sollte sagen, welche mir am besten gefällt. Es war für mich ziemlich eindeutig: Die Fassung, auf die ich tippte, war von Götz – Gott sei Dank.

Und so kam es dazu, dass wir hoffnungsvoll waren. Wir hatten auch bereits Co-Produzenten in der Schweiz und in Italien, und das Projekt war sehr weit fortgeschritten. Ich machte Besetzungsvorschläge, und wir waren guten Mutes, im Februar letzten Jahres drehen zu können. Da kam dann plötzlich die Nachricht, die man uns vielleicht lange vorenthalten hatte, dass SAT 1 den Diogenes Verlag nicht bezahlt hatte und die das als Grund genommen haben, aus dem Vertrag auszusteigen. Und damit war alles hinfällig. Die ganze Arbeit war umsonst.

Parallel dazu hatten wir beide die Angebote von Colonia Media. Götz meinte schon sehr viel früher, dass das nichts mehr werden würde. Aber ich hatte immer noch eine kleine Hoffnung, dachte, so schlimm kann es ja nicht kommen, wir waren schließlich schon so weit.

Und dann merkte auch ich, dass da nichts mehr zu holen wäre, und bin dann auch umgeschwenkt, und wir haben uns auf den neuen Alzheimer-Stoff gestürzt, der jetzt MEIN VATER heißt.

Am Anfang war das schwierig. Wir sagten immer: Da war das doch so und so, aber glücklicherweise war das eine ganz andere Geschichte. Jüngst wurde das wieder aufgeputscht wegen einer Nachricht in der *Hör Zu*. Die Mutter des Schweizer Autoren las das, dass wir jetzt MEIN VATER nach dem Roman SMALL WORLD gemacht hätten. Das ist völliger Quatsch, aber jetzt hat sich das beruhigt. Das sind wirklich ganz unterschiedliche Geschichten. SMALL WORLD ist eine Kriminalgeschichte, und der Film spielt außerdem in einem ganz anderen sozialen Milieu. Das hat überhaupt nichts mit diesem eher kammerspielartigen Stoff zu tun.

Meinen Sie, es wird noch zu SMALL WORLD kommen?

Manchmal glauben wir, es wird noch etwas daraus, dann wieder nicht. Wir sind gerade mit Nico Hofmann dran, es noch einmal auf die Beine zu stellen. Dann sind wir wieder verzweifelt, weil das Buch jetzt gerade englischsprachig herausgekommen ist, und wie alle Verlage hofft auch Diogenes auf Amerika. Mir ist schon oft passiert, dass bei deutschen Büchern, die ich gerne verfilmt hätte – und wo bis heute nichts passiert ist – die Verlage immer wieder auf Amerika hoffen. Das ist oft so bescheuert und blockiert unsere Filmlandschaft, weil die Verlage überhaupt nicht kooperativ sind. Natürlich bringt Amerika mehr Geld, aber ehe es dann gar nicht gemacht wird … Die Amerikaner haben tausend Optionen, und wir können die Filme nicht machen.

Sollte das ein Kinofilm werden?

Kino mit Fernsehkooperation und mit einem überschaubaren Budget. Wenn Sie das lesen: Es ist Götz wie auf den Leib geschrieben. Das ist ein armer Schlucker, der von einer reichen Familie wie ein Kaspar Hauser gehalten wird. Man hält ihn am Leben, obwohl er immer wieder Mist baut. Er ist Alkoholiker, und man erfährt im Verlauf des Films immer mehr, warum sie diesen Mann schützen und ihn eigentlich verstecken und isolieren. Das ist eine wirklich spannende Kinogeschichte. Für Götz wäre das ideal, mit irren Rollen, wo er richtig großes Kino machen kann – was man ja im deutschen Kino so ein bisschen vermisst. Nicht klein popelig, sondern mal mit einer richtigen Aura, mit einer richtigen Eleganz und Größe. Aber mal sehen, wir kämpfen.

MEIN VATER wäre auch eine schöne Kinogeschichte.

Ja, das ist immer so schade. Die Verleihsituation ist wirklich grauenhaft. Die mittleren Verleihe sind alle weggebrochen. Es gibt nur noch die ganz großen, die auf die festen Nummern setzen. Und dann gibt es noch ein paar ganz kleine, die es wiederum schwer haben, sich durchzusetzen. Für die deutsche Filmlandschaft ist das eine Katastrophe. Man braucht für jede Förderung schon eine Verleihgarantie, und dazu ist man oft gar nicht in der Lage. Der Stoff ist unglaublich preiswert, deshalb waren auch alle sehr glücklich.

Dabei ist es eine tolle Besetzung, und die ist hervorragend geführt. Klaus Behrendt habe ich lange nicht mehr so gut gesehen und Ulrike Krumbiegel ist auch eine tolle Schauspielerin. Sie war auch in Frank Beyers DER BRUCH dabei.

Sie wurde jetzt, nachdem viele das Band gesehen haben, wieder viel besetzt.

Haben Sie noch andere Projekte für den Götz?

Ach wissen Sie, wenn man mit solchen Schauspielern gearbeitet hat, dann denkt man immer wieder, wenn man etwas schreibt, ob das nicht eine Rolle für ihn wäre. Er ist jedenfalls

Götz George mit Klaus J.
Behrendt in »Mein Vater«

immer, wenn ich an einen Stoff gehe, in meinem Herzen, meinem Bewusstsein. Das wirklich konkrete Projekt ist immer noch SMALL
WORLD, weil das für ihn das Richtige wäre. Das
könnte kaum einer so spielen und wäre ideal
für ihn. Die Rolle ist so komisch, so skurril, das
wäre noch einmal ein richtiger Schlag. Und
deswegen hoffen wir noch immer darauf,
schließlich ist Nico Hofmann noch dabei.

Es kann auch sein, dass ich wieder einen
SCHIMANSKI mache, weil es ein sehr gutes Buch
gibt von dem Autor Mario Giordano, der DAS
EXPERIMENT geschrieben hat.

SCHIMANSKI hat Ihnen offensichtlich Spaß ge-
macht.

Ja, das hat Spaß gemacht, vor allem weil
man bei SCHIMANSKI sehr viel Freiheiten hat.
Ein Regisseur freut sich immer, wenn er die
Möglichkeit hat, größer zu denken, und SCHIM-
ANSKI ist ja auch ein größeres Sujet als der
TATORT. Die Krimigeschichte ist nicht so wahn-
sinnig wichtig, und Krimis ist man ja inzwi-
schen leid. Bei SCHIMANSKI geht es immer um
mehr. Mittlerweile gibt es viele Seitenfiguren.
Das ist schon eine Herausforderung.

Der nächste Stoff spielt im jüdischen Milieu
in Antwerpen und Düsseldorf. Das ist unheimlich aktionsreich, aber auch modern erzählt.
Man kann so etwas machen, wie damals, als er
einmal nach Jugoslawien gehen musste. Das
finde ich schon spannend, dass man versucht,
mutige und gute Autoren zu bekommen. Götz
meckert mit Recht häufig an den Büchern herum. Das ist sein hoher Anspruchsgedanke.

Aber der SCHIMANSKI ist auch immer ein
bisschen gefährdet, weil sie sagen, der sei teurer
als ein TATORT und der sei außerdem immer
noch einen Tick erfolgreicher als der SCHIMAN-
SKI. Sie gehen davon aus, weil der WDR-TATORT
so wahnsinnig erfolgreich ist, dass der SCHIM-
ANSKI immer ein bisschen dahinter liegt. Das ist
nicht viel, aber so denken die Verantwort-
lichen: man steckt so viel hinein, und das
kommt dann heraus. So banal ist dieses Denken. Als wir damals SCHIMANSKI gedreht haben,
hieß es immer, vielleicht ist das auch der letzte.
Das war auch der Grund für den Streit, weil
über uns dieses Damoklesschwert hing.

Nun hat er sich so lange über den TATORT hinaus
gehalten, dass es jetzt nicht so gravierend ist,

wenn er eines Tages verschwindet. Das wäre dann ein normaler Zusammenbruch.

Das stimmt, aber er gehört irgendwie in die deutsche Krimilandschaft. Er ist so ein Denkmal, und alle Kommissare, die jetzt hereinfluten, messen sich letztlich daran. Es gibt ja wenige auffällige Kommissarfiguren. Wer spricht schon heute über Felmy und und und. Daran denkt man gar nicht. Schimanski ist eine Legende.

Wie finden Sie eigentlich die Grundfiguren, die Kommissare, die Frau und was dazugehört?

Sachen, die ritualisiert sind, haben immer ihren Reiz, und man muss aufpassen, dass man Ritualen nicht verfällt, und muss versuchen, immer ein wenig gegenzusteuern. Ich habe versucht sein Verhältnis zur Frau und zu Hunger ein bisschen voneinander abzusetzen, dass nicht alles so übereindeutig wird und man schon nach fünf Minuten weiß, wo es langgeht. Und so ähnlich ist es auch mit Hänschen. Man muss sehen, dass das die Geschichte nicht überlagert, weil man nur noch das Ensemble bedient. Ich bin immer sehr dafür auszudünnen, ich hoffe, dass man nicht dazu kommt, eines Tages noch mehr Figuren einzuführen, denn das schleppt man auf ewig mit.

Das war ja damals mit Feik so gut, weil es immer wieder andere Zusammenstellungen gab und immer neue Ideen und unterschiedliche Konflikte ausgetragen wurden.

Ja, das war wahnsinnig. Ich meine, das war sicherlich das Ideale und alles, was man dann versuchte, war zu viel. Da gab es noch eine Staatsanwältin und und und; das war dann zu viel. Man macht es dadurch nicht besser. Gut, wenn man sich jetzt auf zwei, drei Beziehungen festlegt und das andere weglässt. Das ist oft schrecklich, bei vielen Krimis bekommt noch die Pathologin eine große Rolle, und dann hat sie noch einen Ehemann, der dann auch noch mitgezogen werden muss.

Wird Götz eigentlich gemäß seiner Qualitäten als Schauspieler eingesetzt?

Natürlich nicht. Das betont er immer zu Recht, dass hier sehr selten etwas für Schauspieler geschrieben wird. Also, ich würde ihn auch gerne Mal auf der Theaterbühne sehen. Es wäre schon gut, wenn gezielt Rollen für ihn geschrieben werden, auf die er sich freuen kann. Denn zwischendurch muss er ja auch mal Sachen machen, mit denen er nicht so glücklich ist, und darunter leiden alle Schauspieler.

Dabei hat er den Vorteil, dass er wirklich Angebote bekommt. Es gibt auch viele berühmte Schauspieler, die nicht solche Angebote bekommen, die herumsitzen und froh sind, wenn sie irgendwo einmal durchs Bild laufen dürfen. Das ist schon eine dramatische Situation.

Aber das war schon immer so, dass die Deutschen mit der Kritik die Leute misshandeln, dass man sie nicht gemäß ihrer Bedeutung behandelt, wie es die Franzosen machen. Da kann auch einer Legende mal was danebengeraten, und das spielt dann keine Rolle. Götz ist eben nicht so, dass er sich da zurechtbauen lässt und nur sagt, was er sagen soll, sondern er redet, wie ihm der Schnabel gewachsen ist.

Gespräch mit Ulrike Krumbiegel

Ulrike Krumbiegel war zu sehen in der Rolle der kleinen Friseurin in Frank Beyers DER BRUCH und der Rolle der Schwiegertochter in Andreas Kleinerts MEIN VATER.

Wie war die erste Begegnung mit Götz George?

Es war Zufall, dass ich die Rolle bekam. Ich kam zu Probeaufnahmen und für mich war das alles gar nicht so klar. Für mich war Otto Sander der große Star, weil er auch ein Theaterstar war und ich nicht so viel fernsehe. Daher war

Götz George mit Ulrike Krumbiegel in »Mein Vater«

ich auch gar nicht so zittrig. Mir war Götz Georges Star-Position nicht so klar und deshalb habe ich ihn geachtet wie alle älteren Kollegen.

Er kommt ja auch vom Theater. Wie haben Sie das empfunden? Er hat bei den Dreharbeiten nie den Star herausgestellt.

Wir haben uns eigentlich gut verstanden und gut zusammengearbeitet. Ich weiß aber, dass es zwischen Beyer und Götz ein bisschen Differenzen gab. Spektakulärer fand ich, dass zwei Menschen aus dem Westen in den Osten kommen und bei der DEFA drehen. Man hat doch immer gedacht, im Westen ist alles besser, die Autos sind besser, die Radios sind besser, also wird wahrscheinlich auch der Rest besser sein. Was sicher ein Trugschluss war, aber man konnte es sich nicht so ausführlich anschauen.

Das empfand ich eigentlich als Sensation. Ich dachte, wie ist das, wenn jemand aus dem Westen kommt? Aber dann war es ganz normal, und Götz hat etwas gemacht, was ich nicht vergessen habe, weil es eine sehr liebe Geste war: Er hat unserem Kameramann zum Geburtstag einen Fotoapparat geschenkt. Mir hat er zum Schluss auch was geschenkt. Das ist sonst nicht unbedingt üblich. Das sagt auch

was über die Arbeit aus. Sie verlief völlig ohne Spannung. Es war nichts anderes als das, was ich schon von meinen Kollegen von der DEFA kannte.

Wie war es, ihn jetzt wieder zu treffen?

Ich habe ihn letzten Sommer wieder getroffen bei einem SCHIMANSKI. Ich war nur einen Tag da, aber es war schon ziemlich viel.

Bei dem ersten SCHIMANSKI, den Berger gemacht hat?

Ich war ganz gespannt und dachte, ich sag erst einmal nichts. Am Abend sagte ich dann: Götz, wir kennen uns von da und da vor langer Zeit, und er wusste sofort, wer ich bin. Er hat es nicht vergessen, und dann war es sehr schön. Man hat schon eine gemeinsame Geschichte, also ich meine, man hat schon etwas in der Vergangenheit zusammen gemacht, was einen verbindet. Das ist leichter bei der Arbeit, man kann anders miteinander umgehen und muss sich nicht erst vortasten.

Insofern war es bei Andreas Kleinert gar kein Problem. Er baut keine Barriere auf, und ich glaube, auch für ihn ist es leichter, mit Leuten, mit denen er arbeitet, normal zu kommunizieren, weil es vielleicht – das vermute ich mal – schwieriger für ihn ist, auf die Straße zu gehen, weil die Leute ihn alle anstarren. Jeder weiß halt, dass er Götz George ist. Ich finde ihn sehr umgänglich, nett, und man kommt gut an ihn ran.

Was für mich erstaunlich war: Er hat ja in letzter Zeit oft Rollen gespielt, in denen er älter ist. Wie haben Sie das von der Arbeitsweise empfunden, wie er da ran gegangen ist?

Er ist jemand, der wirklich vor Ideen sprudelt. Etwa wie ein Clown, der sich verwandeln möchte und am liebsten in jeder Sekunde etwas spielen möchte, auch das, was ihm gerade einfällt. Er macht es, indem er ganz viel Vorschläge anbietet. Die Regisseure haben dann auch ihre Vorstellung, und manchmal muss man das zusammenführen.

Götz ist jemand, der ganz viel anbietet, wo der Regisseur aussuchen kann, und so nähert er sich auch diesen älteren Figuren. Und ihm macht das Spaß, weil ihm das was Neues abverlangt. Er hat schon so viel gespielt und versucht dann eben, wie man läuft, oder wie man bei dem Alzheimer-Film überraschend geistig wieder da sein kann. Ich denke, er macht es wirklich mit seinem Riesenangebot an Ideen.

Es ist dann Sache des Regisseurs, sich das Beste herauszuholen. Bei Schauspielern, die viel anbieten, besteht aber häufig die Gefahr, dass es zu viel ist. Bei ihm ist das jedoch selten.

Ich glaube, dass er einen starken Regisseur braucht, und ich glaube, er sucht das auch. Bei der Arbeit gibt es manchmal eine spannungsgeladene Situation. Weil Götz noch dies und jenes zu sagen und anzubieten hat und der Regisseur dann nein sagt. Natürlich muss man mit ihm kämpfen, man kann nicht einfach sagen, mach das mal nicht. Man muss mit ihm kämpfen, warum nicht, und vielleicht noch einen anderen Vorschlag machen, damit er sich an dem Tau dann weiterhangeln kann und zufrieden ist. Er sucht die Herausforderung. Und da muss ein Regisseur dann ein bisschen Mut und Nerven haben. Es gibt nicht nur die reine Harmonie. Gerade in einer solchen Auseinandersetzung kommt man ja eher weiter. Das kenne ich auch von anderen Produktionen.

Gibt es noch irgendetwas von Ihrer Seite aus zu sagen? Gerade die Beziehung der Schwiegertochter zu dem Vater war ja sehr interessant.

Das hat auch etwas damit zu tun, dass wir uns schon kannten, sodass man direkt anfangen kann zu drehen.

Also, Sie würden schon sagen, dass ihr Spiel dadurch beeinflusst war und besser war, dass Sie sich schon als Schauspieler kannten?

Ich glaube ja, es gibt auch manchmal Begegnungen, wo man sich sofort sehr nahe ist. Aber man ist auch Profi, und wenn es gleich am ersten Tag heißt: Ihr müsst nackig unter die Dusche und euch küssen, dann wird man das auch machen. Dann muss man über die Hürde springen, aber wenn man sich kennt, ist es noch ein bisschen leichter. Man kann anders über eine Szene reden. Ich finde es schon schöner, wenn es so was Vertrautes hat.

War es schwierig für Behrendt, der von seiner Mobilität etwas steifer ist als George? Ich fand ihn ja sehr gut darin.

Ich sage mal, Götz ist eine Herausforderung, man wächst an ihm.

Er macht Sie besser?

Ja, weil er ein starker Partner ist, der etwas anbietet und etwas von einem fordert.

Kölner Melodram – GOTT IST TOT

GOTT IST TOT – irgendwo an einem dieser Orte auf der Welt, wo das Leben seinen Gang geht, unspektakulär und einfach, zwischen dem alten Metzgergeschäft, dem »Büdchen«, als Herzstück des Viertels und dem türkischen Einkaufsladen.

Auf der Straße vor der Metzgerei steht ein ziemlich abgenutzter Wagen. Ein älterer Mann schraubt den ganzen Tag an diesem Auto herum, erneuert, poliert, repariert. Es ist kalt draußen, die Arbeit anstrengend, doch Heinrich repariert Stunde um Stunde. Seinen Job hat er schon länger verloren, nun bekommt er Sozialhilfe für sich und seinen Sohn Günni. Günni ist behindert, zurückgeblieben, wiederholt, was man ihm sagt, ohne zu verstehen, und freut sich unvermittelt. Heinrich kümmert sich, so gut er kann, manchmal liebevoll,

Günter Spörrle und Götz George in »Gott ist tot«

manchmal einfach nur erschöpft vom Kochen, Waschen, Saubermachen. Armer Irrer, sagt er und meint es nicht böse. Manchmal kommt Gisela aus der Metzgerei, bringt ihnen etwas zu essen, guckt sich die Fortschritte an. Ein richtiges Wohnmobil ist es geworden, freut sie sich. Sie ist angetan von dem Wagen – und von Heinrich, doch das ist eine andere Geschichte.

Götz George spielt Heinrich: graue Haare, die wild vom Kopf abstehen, Brille, eingefallene Gesichtszüge, den Zigarillo immer im Mundwinkel. Die Stimme ist zittrig, die Bewegungen langsam und gebrechlich.

Eine außergewöhnliche Rolle für George, eine Herausforderung möchte man meinen. George der Held, der sonst am Ende immer das Mädchen kriegt als hilfloser alter Mann, als Verlierer, dem nur sein Traum bleibt und wenig Zeit, diesen zu verwirklichen.

Götz George als Heinrich, das ist die Kunst, sich über die jugendlichen Helden hinwegzusetzen, der Mut, das Alter zu spielen, die Langsamkeit, die Gebrechen, liebevoll, ängstlich.

Einer der schönsten Momente von Georges beeindruckendem Spiel ist sicher die schüchterne und vorsichtige Annäherung mit Gisela. Sie hat ein Auge auf Heinrich geworfen. Seit vielen Jahren ist sie Witwe, und jünger wird sie auch nicht mehr. »Vielleicht sollte ich jetzt endlich mal an mich denken«, sagt sie Heinrich. Ja vielleicht. Als sie Geburtstag hat, lädt sie Heinrich ein: Viele Freunde wären da, es

würde getanzt und getrunken und gegessen. Heinrich kommt, doch die Party besteht lediglich aus zwei Freundinnen und Gisela. Die Freundinnen verschwinden auf Giselas Zeichen hin auch ziemlich bald. »Wir müssen leider weg«, sagen sie. »Ach wirklich? Das ist aber schade!«

Heinrich ist alleine mit Gisela. Nervös blickt er sich um, will auch gehen, bleibt dennoch sitzen, die Hände auf den Knien abgestützt, lächelnd, so als hätte er sehr lange schon vergessen, was man reden kann mit einer Frau. Diese Schüchternheit, die Unsicherheit spielt George so überzeugend, als hätte es den Macho niemals gegeben.

Heinrichs Tag ist bestimmt von einem festen Rhythmus, tagsüber der Wagen, abends das Sich-kümmern um Günni und später, irgendwann, wenn alle Arbeit getan ist, dann macht er manchmal den Projektor an und schaut Filme aus der Vergangenheit. Endlose Straßen, Berge, die Sonne: Italien, das ist der Traum, das Ziel der Mühen. Dorthin soll ihn der Wagen bringen, der alte Bus, nach Italien, dorthin, wo immer die Sonne scheint. Der Traum ist die Erinnerung an einen Platz, wo die Menschen fröhlich waren, wo sie Heinrich gefeiert haben, weil er für die Kinder eine Schule gebaut hat.

Wenn Heinrich von dieser Zeit erzählt, werden die Augen groß, die Stimme weich. In wenigen Gesten, kleinen Veränderungen des Gesichtsausdruckes drückt sich die Sehnsucht aus und wird für den Zuschauer spürbar. Die Vergangenheit, das Leben, all das, was war, wird angedeutet, ohne lange Erklärungen. »Man muss nicht die Details kennen, um den Traum zu verstehen.«

Als sein Sohn Mike aus dem Gefängnis kommt, werden alte Wunden aufgerissen: Mike hat gesessen wegen eines Überfalls. Was er nicht wusste: Der Vater hat ihn verraten! Verraten, weil er es nicht ertragen konnte, dass der eigene Sohn zum Verbrecher wurde. Verraten, weil er daran geglaubt hat, das Richtige zu tun, dem Sohn zu helfen.

Heinrich sagt nicht viel, als ihn Mike zur Rede stellt, stottert, er habe doch nicht gewollt, dass der Sohn auf die schiefe Bahn kommt. Auch hier keine umständlichen Erklärungen, nur das Spiel von George: Unsicherheit und Angst werden deutlich, Hilflosigkeit, Erschöpfung. Verworrene Verteidigung, als Mike anfängt, auf ihn einzuschlagen, Heinrich duckt sich, er konnte das doch nicht durchgehen lassen, verteidigt er sich. Man versteht, dass Heinrich an die Gerechtigkeit geglaubt, an den Staat, daran, dass man selbst den eigenen Sohn hinter Gitter bringen muss, wenn man gegen das Verbrechen kämpfen will. Er hat geglaubt, dass er Mike auf diese Weise hilft. Er hat keine Ahnung, dass im Knast die viel schlimmeren Verbrecher erst geboren werden, dass die Sorgen hinter Gittern erst anfangen.

Sein Leben lang war Heinrich korrekt. Das muss er nicht sagen, das drückt sich in seiner Haltung aus. Dienst nach Vorschrift und sicher mehr, wenn der Boss es gefordert hat. Konten ordentlich geführt, Miete pünktlich gezahlt, Kredite abbezahlt, die Steuer korrekt angegeben. Doch plötzlich scheint nichts mehr zu sein, wie es war, die Fassade der Korrektheit bröckelt. Das, woran er geglaubt hat, wird ihm zum Verhängnis. Erst Mike und die schreckliche Erkenntnis, dass sein Verrat zu nichts gut war außer dafür, dass sein Sohn sich von ihm abwendet. Und dann die Sache mit seinem Auto.

Er hätte es der Sozialhilfe melden müssen, schließlich sei es ein Wertgegenstand, unter Umständen mindere so etwas die Sozialhilfe. Die Beamten reden von Verschleierung, von Betrug. Heinrich hört zu, fassungslos, mit einem verwunderten Ausdruck im Gesicht. Er habe doch nichts Falsches machen, niemanden hintergehen wollen.

Götz George spielt den naiven korrekten Bürger mit einer wunderbaren Zärtlichkeit, mit einer Weichheit, die Sympathie für Heinrich weckt. Man möchte ihn schütteln, ihm erklären, dass Bürokratie nur Regeln sind, die niemandem helfen, die oft nur im Weg stehen.

Erst als der Wagen abgeschleppt wird, weil er unangemeldet auf einer öffentlichen Straße steht, versteht Heinrich endgültig, dass mit seiner Vorstellung von Korrektheit Italien unerreichbar bleiben wird. Vielleicht ist es für Heinrich jetzt die letzte Chance, die letzte Chance aber auch für Vater und Sohn, und vielleicht sogar für die Liebe …

Wir erfahren lediglich Bruchstücke aus seinem Leben, von der Zeit in Italien, von dem Verhältnis zu seinem Sohn (»Du warst mein Held, aber du hattest nur Blödsinn im Kopf«), von seinem Beruf, von seiner Arbeit.

GOTT IST TOT – ein Film von Kadir Sözen, der leise, ganz einfach von Menschen erzählt.

(Katharina Blum, Dezember 2002)

Kadir Sözen im Gespräch über den Film GOTT IST TOT

Wie kam es zu der Zusammenarbeit mit Götz George?

Das war im Grunde relativ einfach; ich habe das Drehbuch an seine Agentur geschickt, er hat das irgendwann gelesen und es hat ihm scheinbar so gut gefallen, dass er zugesagt hat. Es war also alles ganz unspektakulär. Ursprünglich hatte ich gar nicht daran geglaubt, dass er es spielen würde, und ich hatte die Rolle auch nicht auf ihn abgestimmt.

Wie war das mit der Finanzierung, die war sicher sehr schwierig?

Das war wirklich nicht sehr einfach. Als ich ihm das Buch zugeschickt hatte, waren wir noch von ganz anderen Voraussetzungen ausgegangen. Da haben wir angenommen, dass

Kadir Sözen am Set von »Gott ist tot«

wir unser volles Budget haben würden, und als sich dann irgendwann herausstellte, dass es definitiv nicht der Fall sein würde, musste ich mit dem Götz reden, nämlich dahingehend, dass ich die Gage, die er normalerweise bekommt, bei weitem nicht bezahlen kann. Aber dann hat es irgendwie doch funktioniert. Er sagte, er möchte den Film doch machen – auch wenn es keine Gage gibt, weil er die Geschichte gut findet und die Rolle spielen möchte.

Was war passiert mit der Finanzierung?

Der Fernsehsender ist abgesprungen. Dann hieß es, man könne einen kleinen Teil beitragen, aber das hat dann auch nicht geklappt. Dadurch ist auch die geplante Förderung durch die Filmstiftung abgeknickt. Letztlich hat dann die Filmstiftung das Projekt im Nachhinein doch noch gefördert, aber nicht in dem Maße, wie sie es sonst getan hätten.

Wie teuer war das veranschlagt?

So um die zwei Millionen Euro, und wir hatten dann unterm Strich nicht mehr als 800 000 D-Mark.

Wie viel Zeit lag zwischen dem Kontakt mit George und der Realisierung?

Das war etwa ein Dreivierteljahr, und ein Jahr, bis wir sagten, dass wir es jetzt trotzdem machen.

Wie war die Zusammenarbeit mit George?

Die fand ich sehr schön. Es hat richtig Spaß gemacht, vor allem vor dem Hintergrund, dass ich zum ersten Mal mit ihm gearbeitet habe. Vorher kannte ich ihn gar nicht, und viele Kollegen hatten mich gewarnt und gesagt: Oh Gott, das kann schwierig werden, da musst du aufpassen. Es war aber eine sehr angenehme Zusammenarbeit. Für mich war vor allem sein Engagement für die Geschichte sehr wichtig, was mich auch sehr fasziniert hat.

Sie hatten ein Drehbuch und mit dem haben Sie am Set gearbeitet. Gab es da spontane Veränderungen?

Ja klar, wir haben ständig gemeinsam überlegt, er hat auch immer an seinen Dialogen gearbeitet, wir haben vor Beginn der Dreharbeiten zusammengesessen und über die verschiedenen Möglichkeiten diskutiert. Das taten wir auch während der Dreharbeiten, und da ging es immer darum, wie man etwas am besten und spannendsten ausdrücken kann. Es war mit den Darstellern eine schöne Zusammenarbeit. Wir hatten zwei sehr erfahrene Schauspieler und weniger bekannte und erfahrene Leute, und trotzdem hat das sehr gut funktioniert. Götz ist unter den Darstellern eine Respektsperson, aber es ging sehr kollegial und freundschaftlich zu. Das war alles sehr harmonisch. Natürlich hat Götz viele Vorschläge gebracht, wie man etwas noch ändern könnte, aber wir haben das immer gemeinsam besprochen und letztlich ging es dann im Zweifelsfall schon nach meinem Konzept.

Helmut Dietl über Rossini, Stars und deutsche Komödien

Herr Dietl, nach Schtonk! *hatten Sie den Film* Macho *mit Götz George angekündigt, aber der ist dann nicht entstanden.*

Nein, den habe ich nicht gedreht. Das ist bei mir immer schwer zu sagen. Es hat auch damit zu tun, ob ich bei einem solchen Vorhaben wirklich einen Drang verspüre oder nicht. Gewisse Grundideen von Macho sind dann letztlich in diesen Film [Rossini] eingeflossen.

Was war bei Ihnen der Auslöser für Rossini?

Ich habe mich zwanzig Jahre in dem Restaurant, dem »Romagna Antica«, aufgehalten, und so ist es ein Bestandteil meines Lebens geworden. Wissen Sie, ich suche mir nicht irgendeinen Stoff, sondern der entsteht im Lauf der Zeit. Irgendwie ist das wohl auch immer ein therapeutischer Akt.

Der Reiz liegt auch hier an den vielen Charaktertypen, die noch nie miteinander gespielt haben – wie etwa Mario Adorf und Götz George.

Ich muss sagen, ich habe mir darüber eigentlich keine großen Gedanken gemacht. Nur mit dem Götz hatte ich so eine freundschaftliche Verabredung: Wenn ich wieder einen Film mache, soll er dabei sein. Mir war klar: Was immer ich schreiben werde, würde ich ihm auf jeden Fall zu lesen geben. Im Übrigen habe ich versucht, die Rollen so gut wie möglich zu besetzen.

Sie haben den aufwändigen Film [zusammen mit Norbert Preuss] selbst produziert. War das nicht ein Risiko?

Freilich ist das in vieler Hinsicht ein Risiko, zumal in einer solchen Größenordnung. Wenn auch elf Millionen [D-Mark] nach europäischen Maßstäben ein mittleres Budget sind, für deutsche Verhältnisse ist das viel Geld. An-

dererseits ist es auch so: Wenn man selbst produziert und irgendetwas aus dem Ruder läuft, ist man schnell ein paar Millionen los. Andererseits gab es ganz vernünftige Gründe, das zu tun. Nach Schtonk!, der etwas teurer wurde, als geplant war, wurde mir das zur Last gelegt, und ich geriet in den Ruf, maßlos zu sein. Ich hätte kaum einen Produzenten für den nächsten Film gefunden. Den Eichinger sicher, weil der keine Probleme damit hat, aber das hätte ich nicht gewollt. Außerdem wollte ich beweisen, dass ich so etwas schaffen kann. Dazu kommt der Wunsch nach einer gewissen Kontrolle über das Geld. Es ist doch ganz wichtig, dass es für die richtigen Dinge ausgegeben wird. Ich nehme gerne Risiko auf mich. Ich bin zwar kein Geschäftsmann, aber ich habe inzwischen das Gefühl, dass ich davon so viel verstehe wie manche, die damit hauptberuflich zu tun haben.

Wir haben in Deutschland ein großes Reservoir an guten Schauspielern, die man viel zu wenig nutzt.

Ich weiß, und wenn sie genutzt werden, dann immer in der gleichen Art. Ganz selten bekommt einer die Chance, etwas anderes zu spielen. Sie geraten dann sehr schnell in eine Schublade und haben da zu bleiben. Das hat sicher mit einem gewissen Mangel an Fantasie und Courage zu tun.

Ich will jetzt nicht über meine Kollegen reden. Einige gibt es ja auch, die sich sehr bemühen, wie mein Freund Dieter Wedel. Der arbeitet mit Schauspielern, und da passiert auch etwas mit denen. Es gibt auch andere, aber insgesamt zu wenige. Wahrscheinlich haben wir mehr gute Schauspieler als gute Drehbücher. Klar, es ist nicht leicht, irgendwelchen Angeboten zu widerstehen, wenn man ein junger Autor ist und jemand sagt: Schreib ein paar Folgen für meine Serie. Dann schreibt er das in ein paar Tagen runter und hat viel Geld verdient. Gut, ich kann ihnen das nicht übel nehmen, aber dann man muss sich nicht wundern, wenn nichts Gescheites herauskommt. Das liegt am System und hat auch mit dem ganzen Fernsehmarkt zu tun, der sehr stark geworden ist. Da gibt es einen irrsinnigen Bedarf, und alles muss ganz schnell gehen.

Das ist das deutsche Komödienwunder. Aber klappt das denn nicht doch zuweilen?

Was bei uns in letzter Zeit als Komödien bezeichnet wurde, ist doch läppisch. Das ist eine Diffamierung einer ganzen Kunstgattung, wie man sie schon in den Fünfziger- und Sechzigerjahren betrieben hat. Wir haben keine Kultur und die, die Politik machen, sind an Kultur nicht interessiert. Uns fehlen gesellschaftliche und künstlerische Utopien.

Und da werden dann gute Schauspieler wie Joachim Król im Fernsehen eingesetzt und irgendwie verheizt.

Logisch, und das ist ja auch etwas, was ich häufig mit der Vroni [Veronika Ferres] diskutiere, die ja auch ihre Zeit gebraucht hat, bis sie Fuß gefasst hat. Jetzt ist es sehr wichtig, dass sie keinen Fehler macht und das Richtige tut. Dazu gehört, auf vieles zu verzichten, weil die richtigen Dinge rar sind. Aber wie will man von einem Schauspieler, der ja spielen will, verlangen, dass er darauf verzichten soll. Er will unbedingt spielen, dann redet er sich ein, dass es vielleicht doch ganz gut ist, vielleicht kann ja noch was daraus werden – und dann wird eben nichts daraus. Aus einem schlechten Buch und schlechten Bedingungen kann nichts werden.

Ich finde, dass es manchmal in Ansätzen ganz gute Ideen gibt. Vielleicht wäre es besser, wenn man so ein Team hätte, wie früher bei den Italienern, das dann auf längere Sicht doch daraus etwas macht.

Freilich, das stimmt schon, aber auf längere Sicht. Ich habe jetzt mit meiner Produktionsfirma eine Vereinbarung mit zwei Sendern abgeschlossen, um gute Leute heranzuziehen –

(v. l.) *Heiner Lauterbach, Gudrun Landgrebe und Jan Josef Liefers in Helmut Dietls Komödie* »Rossini«

einer davon ist der WDR. Da sollen junge und etablierte Talente produziert werden. Das ist sehr schwierig. Und ich erzähle denen jeden Tag, dass sie sich Zeit nehmen sollen. Aber wer ist wirklich dazu bereit? Da heißt es eben auch verzichten auf das große Geld, und das ist ja auch nicht mehr so viel und hat seine ganz bescheidenen Obergrenzen. Also nehmen wir mal an, ich schreibe eine Sache pro Jahr. Das reicht nicht, denn so viel Geld gibt es nicht mehr dafür. Wenn Sie heute in der Lage sind, in ein bestimmtes Fernsehprojekt ein paar hunderttausend Mark zu investieren, wer soll da noch ein Drehbuch gut bezahlen? Das müsste man aber.

Da sind wir schon beim nächsten Thema, bei der Frage: Macht man jetzt Filme für den eigenen Markt oder spekuliert man auf den europäischen oder gar internationalen Markt?

Die Frage, für welchen Markt man das macht, sollte nie am Anfang stehen, sondern: Was macht man für einen Film? Dann kann man sich eventuell noch überlegen, ob das auf einem anderen Markt vielleicht eine Chance hat. Das Zuschneiden auf irgendwelche Märkte können wir hier gar nicht. Das können die Amis, bei uns geht das nicht.

Wenn man hier lebt und hier arbeitet, dann macht man seine Sachen für hier. Und wenn das aus irgendeinem Grund interessanter oder gut genug ist oder man glaubt, dass das über die Grenzen hinaus von Belang ist, wie schön, sehr gut. Wir haben einen Markt, der reicht erst Mal aus, und wenn was dazukommt, ist es schön. Eine andere Frage ist, wie man bei uns mit den Schauspielern umgeht. Haben sie eine Chance, wie in Frankreich oder den USA, wirklich aufgebaut zu werden?

(Mit Helmut Dietl sprach Heiko R. Blum 1996.)

Gespräch mit Hermine Huntgeburth

Hermine Hundgeburth und Götz George in einer Drehpause von »Das Trio«

Wie war die Zusammenarbeit mit George?

Er [Götz George] ist auch ein sehr guter Drehbuchanalytiker, und seitdem er [bei unserem Film DAS TRIO] im Boot war, haben wir immer sehr schön zusammengearbeitet und haben sehr viel zusammengesessen auch beim Drehen, und dann ist es bei ihm so, dass es nonstop um diesen Film geht.

Das Ganze wirkt sowieso wie Teamwork.

Also, Film ist immer Teamwork, aber letztlich ist der Film dann doch durch den Regisseur geprägt. Wichtig beim Regieführen ist es, Freiräume zu geben. Wenn man anfängt, Filme zu machen, reglementiert man die Schauspieler meist noch viel zu sehr, nach einer Weile hat man da auch mehr Ruhe.

Als Sie DAS TRIO drehen wollten, sind Sie da auf Götz George zugegangen?

Für mich als Filmemacherin war es der größte Traum, mit Götz George zu drehen. Und das war damals schon so, als ich den ersten Kinofilm gemacht habe. Ich lernte ihn kennen, als er gerade für SCHTONK! den Bundesfilmpreis erhielt und ich ihn für IM KREISE DER LIEBENDEN. Wir haben zusammen gefeiert, saßen an einem Tisch, und ich sagte, ich würde gerne einmal mit ihm drehen, und dann hat er gesagt: Da muss man sich warm anziehen. Dann habe ich mich warm angezogen und mein Wunsch wurde Realität.

Sie hatten auch ein sehr gutes Team.

Ja, Götz George, Jeanette Hain, Felix Eitner und vor allem der Christian Redl. Ich finde alle seine Kinofilme phänomenal – vor allem LEA. Er hat eine große Leinwandpräsenz.

Haben Sie sehr genau vorgeplant, weil alles sehr akribisch wirkt?

Mir geht es immer darum, die Bögen der Figuren sehr genau vorzubereiten. Da man ja sehr durcheinander dreht, ist das sehr wichtig. Sowohl die großen als auch die kleinen Bögen. In der Vorbereitungszeit entwickelt sich der Film durch die Persönlichkeit der Schauspieler und durch Ausstattung, Kostüme und Kamera immer weiter. Und das hört auch beim Drehen nicht auf.

Haben Sie, bevor Sie drehen, bereits einen Film im Kopf?

Ja, natürlich, mehr oder weniger.

Haben Sie bei der Arbeit an Das Trio *gemerkt, es wäre besser so oder so, als geplant?*

Nein, auf Grund der Konstellation war ich sehr zufrieden, in welche Richtung das lief. Wenn man einen Film besetzt, dann fängt er schon an zu leben. Und so ist die Besetzung, also das Ensemble zusammenzustellen, schließlich auch die große Weichenstellung. Denn wenn ich jemanden anders genommen hätte als Götz George, dann hätte das gleiche Buch einen ganz anderen Verlauf genommen, weil man ja den Menschen in seiner Physis, in seinem Ausdruck zeigt. Und wenn ich ihn will, dann prägt er auch den Film. Deshalb weiß ich im Prinzip nicht von Anfang an, wie der Film aussieht, sondern er entwickelt sich.

Natürlich weiß ich, wie das Drehbuch ist. Ich kenne die Schwächen und Stärken und weiß, wie die Geschichte erzählt wird, aber letztlich erzählt sich die Geschichte dann mit den Schauspielern auf jeden Fall neu. Mir war das von Anfang an klar, was ich von Götz wollte. Ich weiß, dass er ein Charakterdarsteller ist, irrsinnig variabel. Außerdem ist er ein großer Komödiant – siehe Schtonk!.

Es ist schade, dass es für diesen Schauspieler nicht mehr und bessere Rollen gibt.

Das liegt bestimmt nicht an ihm, weil er einen guten Instinkt hat. Götz ist ja offen, und er hat sehr viel ausprobiert und geschaffen mit seinen Figuren. Das Schwierigste beim Filmemachen ist, das Buch zu schreiben, die Storys zu finden. Das ist im Prinzip das, woran es am meisten mangelt.

Später hat er sich junge Regisseure herangezogen und bei ihnen gespielt.

Das funktioniert auch sehr gut. Er war ja auch ganz toll in dem Schimanski, den Eddie Berger gemacht hat. Da hat er eine interessante Farbe dazu gewonnen, ist er eher väterlich.

Es ist merkwürdig, warum so ein Film wie Das Trio *nicht besser gegangen ist.*

Ich weiß es nicht. Da werden immer Theorien aufgestellt, aber ich weiß es nicht. Es wird gesagt, dass er da nicht angenommen worden ist, weil er einen Schwulen gespielt hat. Manchmal ist es auch der falsche Film zur falschen Zeit am falschen Ort. Das Kinogeschäft hat mit dem Spüren von Zeitgeist zu tun und damit, ob man zur richtigen Zeit den richtigen Stoff platziert. Vielleicht gab es die Idee von Trio ja schon zu lange – wenn ich ihn früher gemacht hätte …

Andererseits gab es damals auch In and Out mit Kevin Klein als Schwuler. Ich weiß es nicht. Manchmal ist es auch so ein Geheimnis, hinter das man nicht steigt. Dabei hatten wir einen großen Verleih, der viel für den Film getan hat. Und es hat trotzdem nicht funktioniert.

Gerne würde ich einen Film mit Götz machen, wo er wirklich weich ist und versucht, Sachen hoch zu holen, bei dem er sich wieder auf ein unbekanntes Gebiet begibt, z. B. als wirklich alter, gebrechlicher Mann.

Das war ja auch das Interessante bei Trio, weil es ein völlig neues Feld für ihn war. Sandmann war auch eine großartige Rolle. Ganz herausragend finde ich seine Menschlichkeit, letztlich ist auch die Solidarität mit dem Regisseur und dem Kameramann enorm wichtig. Götz stand einem zur Seite, hat mich über seine eigene Rolle hinaus unterstützt. Er hat auch ein Auge auf alle Menschen, die um ihn herum sind, und er ist sehr diszipliniert, auf den wartet man wirklich nicht, und er ist während der Arbeit konzentriert und voll da, ohne seine Sensibilität für die eigene Arbeit zu verlieren.

Gespräch mit Jeanette Hain

Es ist schon eine Weile her, dass Sie Götz Georges Partnerin in Das Trio *waren. Was ist Ihnen davon in Erinnerung geblieben?*

An was ich mich sehr gut erinnere und ich seitdem in solcher Form nicht mehr erlebt habe: Er ist mit einer unglaublichen Leidenschaft, einer großen Lust, auch Abenteuerlust und Experimentiervergnügen, ohne jede Vorbehalte mutig an die Szenen herangegangen. Ich habe damals auch immer wieder in Interviews gesagt: Es war so, als wenn er einfach vom Sprungturm losgerannt ist und nicht wusste, ob unten ein Becken mit Wasser oder eine Pfütze ist. Er ist runtergesprungen, und dieses Losrennen, dieser Mut, wirklich auch keine Angst zu haben, das hat mich unglaublich beeindruckt.

Natürlich wird er auch Angst gehabt haben, aber es zeigt sich zumindest diese Freiheit, dieses Losgelöste, dieses Mutige, das fand ich unglaublich verlockend und hat wahnsinnig ansteckend auf die Kollegen gewirkt.

Wie war das, als Sie ihm das erste Mal begegnet sind?

Ich bin ihm das erste Mal beim Casting begegnet, und da ist er mir einfach als der Mensch George, nicht als der Star begegnet. Wir haben uns einander vorgestellt, und er war ein Mensch, zu dem ich von Anfang an eine Nähe und Wärme empfunden habe. Ich hatte keine Angst vor ihm oder so einen übermächtigen Respekt, der mich eingeschüchtert hätte, sondern einfach ein Gefühl der Menschlichkeit. Vor allem hatte ich nie das Gefühl, dass er jetzt etwas erwartet, sondern er ist ein Mensch, der auf die Szene kommt und selbst viel mit einbringt, der sehr viel Vorschläge macht, sich aber auch geduldig und ganz offen anhört, was Hermine vorgeschlagen hat. Genauso wenig habe ich von ihm gehört, es würde nicht pro-

Jeanette Hain, Felix Eitner und Götz George
in »Das Trio«

fessionell genug zugehen. Er ist viel mehr Mensch als knallharter Profi. Aber vielleicht macht das gerade einen Profi aus.

Dazu kommt, dass Hermine auch sehr professionell auftritt. Götz hatte großen Respekt vor ihr. Er kommt an den Set und hält sich zurück, will nicht den Ton bestimmen. Er ist sehr tolerant und schaut, was die Menschen können und wollen. Er hat auch einen sehr langen Atem.

Ich kann mich noch erinnern, Trio ist ja sehr gefloppt, und da hat er zu mir gesagt: »Weißt du, Jeanette, was du daraus lernen solltest, dass du in diesem Beruf einen langen Atem haben musst.« Und das war toll, das stimmt auch. Ich habe durch ihn und was er mir erzählt hat gelernt, dass es auch wichtig ist, einen eigenen Weg zu finden und den langen Atem zu haben und nicht ehrgeizig irgendwo hineinzustürzen und sonst was zu verlangen, sondern erst einmal zu schauen, was ich eigentlich will.

Es ist bei einem so kleinen Team wie bei Das Trio *auch gar nicht anders zu erwarten, weil jeder auf jeden angewiesen ist.*

Er ist überhaupt kein Star in dem Sinne, er ist einfach ein toller Mann. Das meine ich ganz ehrlich, und das merkst du einfach, und er hat eine unendliche Erfahrung, aber er würde damit gar nicht argumentieren und nicht ans Set kommen und sagen: Ich bin George und nun schaut mal alle her. Er ist Teil eines Ganzen und bringt sich mit ein. Seine ganze Art steckt unheimlich an, dieser Funke, dieses Feuer springt zu den anderen über, und das ist auch wahnsinnig schön, und wir haben auch unglaublich viel miteinander gelacht. Wir haben uns gegenseitig auf den Arm genommen, ganz salopp, und man kann schön witzig mit ihm reden.

Ja, er hat ja auch schon viele Flops erlebt, großartige Filme wie Kotullas Aus einem deutschen Leben *oder der kleine Film mit Christiane Paul,* Christine und ich, *und da hat er immer gesagt, das bleibt irgendwo dann doch hängen, was gut und wichtig ist.*

Ja, und dass es darum auch nicht geht, denn als junger Schauspieler denkt man, ach Gott und wie schlimm, und irgendwann merkst du: Nein, darum geht es nicht. Und ich finde dieses ganze Quotengerede grauenvoll. Es ist ermüdend, dass Deutschland nichts anderes kann, als nur noch Quoten zu zählen. Wir haben kein gutes Underground-Kino, und ich wünsche mir, dass sich das verändert. Es ist ja auch auf dem Weg, sich zu verändern.

Hatten Sie nach Trio *noch Kontakt zu ihm?*

Ich melde mich immer bei ihm, wenn ich in Berlin bin. Und wir haben uns neulich zufällig in Köln getroffen und dann schreiben wir uns oder telefonieren hin und wieder. Es ist wirklich etwas geblieben, was mir sehr wichtig ist und wo ich auch weiß, er ist als Freund immer da, auch wenn wir uns selten sehen. Und wenn ich einen Rat brauche, kann ich mich an ihn

wenden. Vor allem liebe ich seinen Witz, seinen Humor, seine Art zu reden. Ich bin mir ganz sicher, dass er als Mensch, als Kollege da ist, und als ich ihn kennen lernte, war das ein großes Geschenk für mich.

Gespräch mit Alexander Scheer

Leander Haußmann entdeckte den Schauspieler Alexander Scheer für sein erfolgreiches Kinodebüt Sonnenallee, nahm den Jungen mit ans Bochumer Schauspielhaus, wo er zwei Jahre lang in verschiedenen Rollen zu sehen war. In Lars Kraumes Kinodebüt Victor Vogel – Commercial Man spielt Alexander Scheer an der Seite von Götz George die Titelrolle.

Wie war die Zusammenarbeit mit Götz George?

Mit diesem Mann zu arbeiten war ein Privileg. Er war sehr fair, sehr gütig zu mir und er hat mir sehr viel Rückgrat gegeben. Wir hatten sehr viel Spaß zusammen. Natürlich war das harte Arbeit. Du musst früh aufstehen, wenn du mit George arbeitest, sonst kannst du gleich einpacken. Von dem Moment an, wo er merkte, der Junge ist fit, und ich sah, der respektiert mich, war es ein großes Vergnügen. Man sieht es auch im Film.

Und wie erging es dem jungen Regisseur?

Lars war sehr locker. Wir haben viel improvisiert, und er hat uns gelassen. Es ist sein erster großer Film. George hat Erfahrungen, die sind mit nichts aufzuwiegen, so etwas gibt es in Deutschland nicht mehr, und er macht das seit fünfzig Jahren!

Sie spielen zurzeit in Hamburg in Tschechows Möwe.

Im Moment mache ich nur dieses Stück als Gast am Hamburger Schauspielhaus, mehr geht jetzt nicht. Ich habe vier Jahre jeden Tag auf mein Ziel zu gearbeitet, jetzt habe ich erst mal einen Stand erreicht, worauf ich aufbauen kann.

Leander Haußmann hatte Sie mit nach Bochum mitgenommen?

Das war großes Glück, wirklich die Chance, mein Handwerk zu lernen. Die zwei Jahre in Bochum, das war das Beste, was mir passieren konnte. Ich hatte ja keine Ausbildung, bin ein praktischer Mensch, und will am liebsten jeden Abend auf der Bühne stehen. Eine bessere Schule gibt es nicht. Eine Woche danach begannen die Dreharbeiten zu COMMERCIAL MAN, dann die Proben für die MÖWE in Hamburg und jetzt die Promotion-Tour für den Film.

Den Sommer 2001 brauche ich für mich, ich muss einfach mal ausspannen. Ich habe in den letzten Jahren so viel Fremdtexte gesprochen, dass ich gar nicht mehr weiß, was ich selbst zu sagen habe.

Wenn man Sie so hört, hat die Rolle mit Ihnen zu tun.

Wenn man genau hinschaut: Ich sehe sogar genauso aus. Spaß beiseite, es war jetzt Zufall, dass Viktor ein chaotischer Typ ist wie ich, und ich bin ähnlich zum Film gekommen wie Viktor Vogel zur Werbebranche. Es brauchte eine genügende Portion Frechheit und Naivität, um da so locker ranzugehen. Ich hatte allerdings viel Glück, habe aber auch hart dafür gearbeitet.

Sie haben gesagt, dass Sie keine Ausbildung haben. Sie haben Tschechow und Shakespeare gespielt. Das sind alles keine einfachen Sachen, und Sie haben wahrscheinlich den Regisseuren sehr viel zu verdanken?

Ich verdanke den Regisseuren sehr viel, ich verdanke Haußmann sehr viel. Das ist die harte Haußmann-Schule, durch die ich gegangen bin. Es war sein Haus, sein Ensemble. Sie ha-

ben mich dort aufgenommen, regelrecht aufgefangen. Keiner hat gefragt, wo ich herkomme, und ich konnte mit vielen unterschiedlichen Regisseuren arbeiten. Das war traumhaft.

Was Haußmann in Bochum geleistet hat, wie er Nachwuchs gefördert hat – junge Regisseure und Regieassistenten und auch Techniker, die auch mal bis halb vier in der Nacht Szenen eingeleuchtet haben –, das war toll. Für mich war das der beste Einstieg. Ich habe ja mit Theater angefangen, ganz klein in Berlin, sechzig Leute, selber Kulissen gebaut und selber geschminkt.

Sie haben jetzt die Frage nicht gestellt, aber es heißt ja immer, wie soll das weitergehen, zwischen Komödie oder Tragödie. Mir ist es eigentlich egal. Ich bin Schauspieler, will meine Arbeit machen und in meinem Beruf weiterkommen. Wenn keine guten Bücher kommen, dann mache ich eben weiter Theater. Ich habe diesen Film gemacht, es war ein gutes Buch und es hat mich interessiert. Es war wieder eine Komödie, aber warum soll ich mir diktieren lassen, was ich mache?

Würden Sie nach Ihren Erfahrungen in Bochum wieder in einem Ensemble spielen oder doch lieber Stückverträge machen?

Ich würde gerne wieder in einem Ensemble spielen. In Hamburg könnte ich auch länger bleiben. Das Haus ist wunderschön, es sind sehr gute Kollegen, aber ich kann im Moment einfach physisch nicht mehr. Ich rauche zu viel, esse zu wenig, trinke zu viel Kaffee, bin zu dünn, vierundzwanzig Jahre bin ich, aber ich will den Beruf ja noch eine Weile machen. Ich will noch viel spielen.

Was haben Sie nach diesem Sommer vor?

Ich weiß es noch nicht. Ich mache keine Pläne. Ich lebe von heute auf morgen, bin nicht theoretisch, vielleicht kommt das andere Leben – wer weiß. Man soll sich nicht auf seinen Lorbeeren ausruhen, es geht ja immer gleich weiter. Ich gebe mir Zeit. Eigentlich wollte ich ein Star werden, jetzt bin ich ziemlich nahe dran. Ich kriege sehr viele Angebote, sortiere aber sehr genau aus. Ich verstehe auch nicht, wie sie alle Werbung machen können. Gut, ich habe mit Werbung angefangen, um Geld zu verdienen, um den Fuß in die Tür zu kriegen, aber ich würde heute keine Werbung mehr machen. Vielleicht hängt es auch damit zusammen, dass ich aus dem Osten komme und nicht mit diesem ganzen Marketing-Quatsch aufgewachsen bin.

Ich glaube, da geht ziemlich viel verschütt in der heutigen Zeit, in der Schnelligkeit, auch was im Fernsehen passiert. Ich habe meinen Fernseher verschenkt, weil ich es nicht mehr ertragen konnte, was da passiert. Es ist schwierig für mich, in diesen Mechanismen mitzuwirken, denn es wird ja von mir verlangt, Promotion für den Film zu machen. Jetzt habe ich gleich einen Live-Auftritt bei Viva. Mal sehen, wie weit ich gehen kann, aber man wird ja so nett, so umgänglich. Das Schlimme ist, man wird schwammig, man kann nicht mehr reflektieren. Man hat keine Zeit – und dem möchte ich einfach vorbeugen, indem ich sage, ich will meine Arbeit machen und nicht mehr.

Und was kommt jetzt?

Jetzt spiele ich noch einmal im Hamburger Schauspielhaus in der MÖWE. Das schaut sich meine ganze Band an, und danach fahren wir gemeinsam nach Liverpool, wo wir eine Aufnahme in Paul McCartneys Studio machen. Ich habe seit zwei Jahren nicht mehr in unserer Band gespielt, dafür muss ich mir auch wieder Zeit nehmen.

Gespräch mit Edward Berger

Edward Berger (rechts) am Set von »Schimanski-Asyl«

Edward Berger (Jahrgang 1970) inszenierte die SCHIMANSKI-Folgen KINDER DER HÖLLE und ASYL.

Götz sagte mir in einem Interview, dass er sich sehr darum bemühe, mit jungen Regisseuren zu arbeiten.

Ich glaube, Götz hat mittlerweile einen großen Erfahrungsschatz. Er hat alles gemacht, so dass ihm daran liegt, auch etwas Neues auszuprobieren und sich nicht zu wiederholen.

Wenn Sie an den Anfang der Dreharbeiten zurückdenken, was war da Ihr Eindruck von der Arbeit mit Götz George?

Wir haben immer telefoniert und sind uns erst ein paar Tage vor Drehbeginn begegnet. Er war damals noch in Sardinien und kam ein paar Tage vor Drehbeginn nach Köln. Dort sind wir uns im Hotel begegnet und haben viel geredet. Bei den Dreharbeiten habe ich gemerkt, dass Götz total vorbereitet und voller Ideen und Enthusiasmus war. Sein Interesse geht einfach dahin, die Szenen so gut wie möglich zu machen. Deswegen gab es viel Improvisation und Probezeiten, die auch immer darauf abzielten, das Beste aus einer Szene herauszuholen.

Haben Sie noch viel an dem Drehbuch arbeiten müssen, denn die meisten sind ja nicht so gut?

Wir haben bei beiden SCHIMANSKI-Folgen viel gemacht. Also gerade bei ASYL habe ich mich häufig mit Götz getroffen. Ich hatte es auch schon mal umgeschrieben oder einen Vorschlag gemacht, aber die Produktion fand nicht alles gut. Dann habe ich mich im Endeffekt mit Götz und der Produzentin Goslicki zusammengesetzt und noch sehr viel rumgesponnen. Bei diesen Treffen ging es gar nicht um die Texte. Ich bin immer der Auffassung, wenn die Texte den Sinn rüberbringen, dann ändert Götz es sowieso ein bisschen und macht sie für sich mundgerecht. Das finde ich auch gut, ich improvisiere auch unheimlich gerne, bin niemand, der da am geschriebenen Wort festhält.

Bei diesen Treffen ging es mehr um eine inhaltliche Frage und darum, eine Logik in der Szenenfolge herzustellen. Er legt unheimlich viel Wert darauf, dass man das zusammen macht, und es macht ihm total Spaß, darin involviert zu sein.

Gab es da auch eine Zusammenarbeit mit der Redaktion, oder hat die sich rausgehalten?

Der Redakteur hat sich weitgehend rausgehalten, aber es gab schon vorher Redaktionssitzungen. Die intensivere Arbeit war dann mit Götz und Sonja zusammen. Man kann mit Sonja reden, und bei dem SCHIMANSKI ist gut, dass man eine relativ große Freiheit hat, weil sich das etabliert hat und weil Götz mitspielt. Man hat daher eine *carte blanche*.

Sehen Sie eine Veränderung in der Schimanski-Figur, etwa auch in der Hinsicht, dass eine Kontinuität existiert, nachdem auch Chiem wieder mitarbeitet?

Ich habe die Schimanski-TATORT-Folgen als kleiner Junge gesehen und wollte immer so etwas auch gerne machen. Das hat für mich einen Kultstatus, weil ich mich an früher erinnert fühlte. Aber ich finde, es wird von Mal zu Mal moderner oder man hat die Freiheit, als Regisseur seinen Stil mit reinzubringen, der – sagen wir mal – nicht hundert Prozent fernsehgerecht für den Sonntagabend ist. Beim TATORT muss man weitaus konventioneller arbeiten. Beim SCHIMANSKI kann man dagegen das Format auch mal ein bisschen brechen und ist daher ein bisschen mutiger bei der Wahl der Regisseure und in den Freiheiten, die man ihnen gibt.

Würde es Sie reizen, etwas anderes als SCHIMANSKI mit ihm zu drehen?

Ja, auf jeden Fall, weil ich die Spielfreude und den Enthusiasmus bei ihm total schätzen gelernt habe. Ich habe selten erlebt, dass jemand gerade mit einer fünfzigjährigen Berufserfahrung so enthusiastisch an den Set kommt und immer Lust hat zu verbessern, zu proben, zu machen.

Nun ist er auch ein richtiger Arbeiter.

Ja, total, und das hat mich begeistert. Es kommt natürlich auch immer darauf an, es muss auch passen. Nur mit SCHIMANSKI wäre Götz sicher auf Dauer auch zu sehr begrenzt.

Nun macht er ja auch einiges mehr.

Er dreht nicht mehr so viel SCHIMANSKI und er hat auch interessante Geschichten, die er macht.

Hätten Sie eine Idee, wie Sie ihn sehen, wenn Sie jetzt eine gute Geschichte hätten? Wie würden Sie ihn gerne in einer anderen Geschichte besetzen, was wäre das für ein Typ? Gibt es konkrete Vorstellungen?

Nein, da habe ich noch gar keine konkreten Vorstellungen, kein Projekt, wo ein Götz George von der Rolle her reinpassen würde. Ich hätte Lust, mal etwas ganz anderes mit ihm zu machen, etwas ganz Ruhiges. Etwas, das er auch in sich hat. Er ist wahnsinnig energetisch und aufgedreht. Ich glaube aber, er hat auch eine ganz große Ruhe und Melancholie. So etwas könnte ich mir vorstellen, ein ruhiger und melancholischer Mann. Aber ich habe noch keine Idee, was das für ein Rolle sein könnte.

Gibt es noch irgendetwas, was Sie gerne über George sagen wollen?

Also, da würde ich noch einen Schlusskommentar beitragen. Jedes Mal, wenn Leute fragen, was hast du denn gemacht, und ich sage SCHIMANSKI, kommt die Frage: Mensch, ist das nicht anstrengend oder kompliziert, erzählt er dir nicht ständig, was gemacht werden muss? Und dazu würde ich gerne sagen, dass das überhaupt nicht der Fall ist, sondern nach meinen Erfahrungen ein unheimlich schönes Miteinander war, wo ich das Gefühl hatte: Wenn man an einen Drehort kommt, da steht ein Topf auf dem Tisch und jeder schmeißt dort seine Ideen rein, er schmeißt eine rein, die er sich bei der Rollenentwicklung gemacht hat. Und das verlange ich auch von einem Schauspieler, dass er sich zu Hause hinsetzt und sich seine eigenen Gedanken macht und nicht nur darauf wartet, was am Drehort auf ihn zukommt.

Was beeindruckt Sie an seinen Arbeiten besonders?

Ich will nicht sagen die Wandelbarkeit, das ist abgedroschen. Aber sagen wir mal seine innere Kraft, die ihn erfüllt und die eine Präsenz auf die Leinwand bringt. Man kann nicht an ihm vorbei schauen, weil er unheimlich viel Aufmerksamkeit auf sich zieht.

Gespräch mit Julian Weigend

Julian Weigend und Götz George in
»Schimanski-Asyl«

Seit wann sind Sie bei SCHIMANSKI in der Rolle der Figur Hunger dabei?

Das war 1998, ich bin jetzt seit fünf Folgen dabei. Stefan Wink war vor mir, und der wollte nicht mehr. Dann haben sie sich für mich entschieden, und das hat mich sehr gefreut, denn so etwas kriegt man nicht alle Tage.

Hat man das Ihnen angeboten, oder habe Sie sich beworben?

Um ganz ehrlich zu sein, das Ganze lief erst einmal über eine private Schiene. Ich hatte die Möglichkeit, Götz privat kennen zu lernen, und da war es Zufall, dass gerade ein Wechsel stattfand. Sie haben einen jungen Mann gesucht und auch mich gecastet. Das war damals noch mit Hajo Gies. Er hat mit mir gearbeitet, ein paar Szenen. Dann habe ich zwei, drei Wochen überhaupt nichts gehört und dachte, na gut, das war es dann. Plötzlich bekomme ich den Anruf: Willkommen im Schimanski-Boot! – und das hat mich fast umgehauen.

Wie war denn dann der Anfang im Team? Da war, glaube ich, der Schimanski noch allein.

Hänschen war schon dabei, aber ich hatte mit ihm, glaube ich, kaum Berührungspunkte. Das war abenteuerlich, weil eine Erwartungs-

haltung vorhanden war, die ich mir selbst auf-
erlegt hatte und die von außen kam. Aber nicht
in dem Sinne: Du musst jetzt gut sein, sondern
das kommt automatisch. Und irgendwie hast
du das Gefühl, bestehen zu müssen. Es sind
alle Augen auf dich gerichtet. Wie löst er seine
Aufgabe, wie macht der junge Schauspieler
das? Und das ging über die Maßen hinaus, was
ich bisher erlebt habe. Ich habe immer so ein
Magenkribbeln, wenn ich ans Set gehe, und das
ist auch gut so, das möchte ich nicht verlieren.
Nur dort war es etwas Besonderes, an seiner
Seite zu spielen. Und ich muss ehrlich sagen,
ich hatte richtig Hosenflattern, es war schon
richtig extrem.

Mir wurde das unglaublich schnell genommen, und die erste Szene mit ihm war so ein
Highlight, das werde ich auch nie vergessen,
weil er mir da auch wirklich geholfen hat. Er
hat mir das Gefühl gegeben, dass ich jetzt dabei
bin und ernst genommen werde. Ernst genommen sowieso, aber auch als Figur. Und ich hatte nie diesen Druck oder dieses Gefühl, dass ich
jetzt etwas beweisen muss, sondern er hat mir
wirklich eine positive, ruhige Atmosphäre geschenkt. Und das werde ich ihm auch nie vergessen. Er hat mich unglaublich unterstützt
und stand zu mir. Das habe ich gleich nach
dem ersten Drehtag gemerkt, und seitdem hat
das funktioniert. Er respektiert mich sehr, und
das ist einfach Klasse.

Er sieht, wenn Leute was können und wenn Leute
was erreichen wollen. Dann setzt er sich an ihre
Seite, das ist schon immer seine Art gewesen. Ken-
nen Sie die alten Schimanski-Filme? Es war ja
schon immer ein Team mit Eberhard Feik und
Chiem von Houweninge. Das war ein Dreier-
gespann, das sehr gut funktionierte. Ich habe das
Gefühl, das es jetzt auch funktioniert, weil jeder
seine eigene Art hat. Hat sich das entwickelt oder
haben Sie das arrangiert, dass man sagt: Nimm
da ein wenig weg oder mach das so oder geht das
über den Regisseur?

Beides. Die erste Arbeit ist mit Hajo Gies gewesen. Und natürlich ist Götz der Leitwolf,
wenn man so will, weil er die ganzen Ideen hat
und diese Erfahrung, die ist so gigantisch.
Langsam habe ich auch so ein Fundament entwickelt, dass ich meine Ideen auch mit einbringen kann. Ich mache mir immer extrem viele
Gedanken, nur ist es nun einmal so, wenn eine
Idee von seiner Seite kommt, und das ist nicht
selten, dann ist sie auch wirklich gut und man
kann sehr schwer irgendetwas dazu beisteuern
beziehungsweise ihn von einer anderen Idee
überzeugen. Aber sollte jemand mal eine bessere Idee haben oder einen Einfall, der ihn
überzeugt, ist er dafür unglaublich dankbar
und nimmt diesen Vorschlag auch an. Er ist
überhaupt nicht so, dass er da zumacht und
sagt: Meine Idee ist die bessere. Da gibt es kein
gegenseitiges Auftrumpfen, sondern es ist eine
gegenseitige Bereicherung und ein Befruchten,
das ist etwas Tolles.

Das Etablieren dauert eine Zeit lang. Es war
mir klar, nach dem ersten SCHIMANSKI, da war
das so konzipiert, dass der Hunger ein Hau-
Drauf-Typ ist und die große Schnauze hat. Und
das ist uns jetzt auch gelungen, dass in den anderen SCHIMANSKI-Folgen oder auch schon in
der zweiten eine Annäherung zwischen den
beiden stattfindet. Nicht eine tiefe Freundschaft, aber zumindest eine Zusammenarbeit
ist möglich, und ich bin nicht nur der Hunger
mit der frechen Schnauze und den chinesi-
schen Sprichwörtern.

Er hat die ganze Zeit mit ausgefallenen Regisseu-
ren gearbeitet. Hajo Gies hat den Schimanski
praktisch erfunden. In den letzten Jahren war er
zunehmend interessiert, jüngere Regisseure zu ho-
len. Hat das die Sache verändert?

Also den ersten Film habe ich mit Hajo Gies
gemacht, und dann kamen Matthias Glasner
und Andreas Kleinert, und den letzten habe ich
mit Edward Berger gemacht. Ich habe schon
das Gefühl, dass Götz das auch sucht. Wenn

einer was kann, und das setzt er dann auch voraus, wenn er ein Arbeitsverhältnis beginnt, dann arbeitet er schon sehr gerne mit jüngeren, weil sie so eine Frische mitbringen.

Ich will jetzt nicht sagen, dass ältere Regisseure diese Kraft und Energie nicht haben. Ich bin glücklich, auch mit wirklich erfahrenen Regisseuren zu arbeiten. Ich persönlich würde das lieber machen, als momentan mit Jungen zu arbeiten. Aber ich glaube, wie Sie schon sagten, Götz hat wirklich schon so viel gemacht und er hat wirklich mit allen gearbeitet. Ich glaube, er hat diese Vorliebe für die jüngeren Regisseure, weil vielleicht die älteren schon so viel gemacht haben und das nicht mehr nötig haben, sich zu beweisen.

Ich glaube, bei jüngeren Regisseuren wie Eddie Berger, der hat ja mein Alter, da merkt man schon dieses Engagement und dieses Feuer. Das ist, glaube ich, genau das, was Götz immer wieder braucht, und das ihm selber auch seine Energie gibt. Aber das ist auch mit einer der Gründe, warum er die jungen Leute bevorzugt. Ich glaube aber, dass er, wenn er die Chance hätte, wieder mit Dominik Graf zu arbeiten, würde er es machen – oder mit Hajo Gies.

Und er hat sogar jetzt den letzten Kinofilm mit Kadir Sözen gemacht, wo er den Film praktisch umsonst gearbeitet hat, mit einem großen Engagement und viel Liebe, weil er einfach denkt, das ist jemand, der was kann. Was würden Sie sagen, womit schafft man es, dass der SCHIMANSKI, *der ja eigentlich ein alter Hut ist, immer noch seine Frische bewahrt, wenn man bedenkt, dass die Bücher zum Teil nicht so besonders gut sind. Wird da am Set so viel verändert?*

Das ist das, was Götz immer wieder kritisiert – dieses Manko an guten Büchern. Da muss man dahinter stehen, und wenn etwas gemacht wird, stehen wir dahinter, sonst würden wir es nicht machen. Selbstverständlich wird unglaublich viel verändert, also jetzt nicht un-

bedingt die Situation, schon gewisse Texte, die nicht zu sprechen sind, oder gewisse Unklarheiten, Ungereimtheiten, die geklärt werden müssen. Da ist Götz sofort mit dem Stift da, setzt sich in sein Wohnmobil und verändert, schreibt und macht und tut. Ihm ist immer wichtig, dass das ganze Buch stimmig ist.

Es ist klar, dass SCHIMANSKI auch immer etwas Unverständliches hat, nicht die Figur Schimanski, sondern die Geschichten. Ich kenne das auch von meinem Freundes- und Bekanntenkreis, die sich das anschauen und sagen, was sie überhaupt nicht verstanden haben. Aber das ist SCHIMANSKI, das hat auch was Kultiges.

Man muss wirklich sagen, egal ob man ihn mag oder nicht, die ganzen Geschichten sind Kult. Das merke ich auch immer wieder beim Arbeiten, dieses Besondere ist einfach immer da. Ich kann es auch gar nicht beschreiben, es ist so eine Atmosphäre. Ich meine, ich drehe jetzt wirklich sehr viel und freue mich, jedes Jahr dabei zu sein, weil da einfach eine Stimmung und eine Atmosphäre ist, die ich sonst nirgendwo erlebe und die ich auch teilweise nicht in Worte fassen kann, weil das was Einzigartiges ist.

Chiem hat früher auch einige Bücher geschrieben, auch politisch Interessantes.

Ich habe ihn beim Synchronisieren getroffen. Er ist schon dabei zu schreiben. Er schreibt wohl viel.

Ich habe jetzt lange keinen Kontakt zu ihm gehabt. Wie ist denn das, wenn man zwischen den beiden steht? Die sind ja aufeinander abgestimmt. Fühlen Sie sich da nicht wie ein Außenseiter?

Ich habe schon das Gefühl, dass ich jetzt dazugehöre. Auf alle Fälle habe ich nicht das Gefühl, dass die zwei vom alten Team, also Götz und Chiem, so für sich bleiben, sondern dass ich auch die Chance bekommen habe, einfach dabei zu sein, und das finde ich schon Klasse.

Ich habe nie das Gefühl, dass ich da außen vor bin. Die Chance habe ich bekommen, und es liegt an mir, das weiterhin zu nutzen.

Davon lebt auch die Sache, dass es eine Kontinuität gibt. Sie sagten vorhin etwas von dem Kultcharakter und dass die Geschichten nicht so ganz durchsichtig sind. Wenn man alte Chandler-Filme oder andere Krimis mit Humphrey Bogart sieht, gibt es eine Menge, was man nicht versteht.

Bei SCHIMANSKI bleiben immer Fragen offen. Von dem letzten, ASYL, bin ich doch schon sehr beeindruckt.

Wie würden Sie ihre Rolle charakterisieren?

Ich würde mal sagen, dass Hunger auf alle Fälle jemand ist, der seinen eigenen Weg geht. Da ist eine Freundschaft zwischen Schimanski, Hunger und auch Hänschen, die jetzt mittlerweile intensiv zusammenarbeiten. Aber ich glaube, dass der Hunger niemals ein ganz dicker Freund wird. Ich weiß ja nicht, wie die Geschichten sich entwickeln, aber ich glaube, dass sie eine Arbeitsbasis haben oder auch eine Arbeitsfreundschaft. Ich wünschte mir auch, dass es eine Möglichkeit gäbe, mich diesbezüglich noch mehr zu etablieren. Ich glaube, dass er schon ein ganz eigener Typ ist. Ich will aber nicht sagen, dass er Schimanski kopiert. Wenn jemand sagt, er sei wie der junge Schimanski, ist das ein Kompliment, aber ich versuche ihn eigentlich nicht zu kopieren oder nachzumachen.

Ist nicht auch Zynismus dabei?

Sarkasmus oder Zynismus ist immer dabei. Aber dieses Sich-gegenseitig-auf-die-Schippe-Nehmen von Schimanski, Hänschen und Hunger ist eine Form, die einfach mit dazugehört. Wenn es jetzt nicht permanent und andauernd passiert, wenn es wirklich ans Eingemachte geht, wenn Schimanskis Leben bedroht ist oder wenn meines bedroht ist. Ich glaube, da können sie voll aufeinander zählen.

Haben Sie als Schauspieler Vorbilder in der Film- und Theatergeschichte?

Ich sehe gerne alte Filme, und beim Drehen ist Götz schon jemand, der Vorbildfunktion für mich hatte.

Torsten C. Fischer über die Arbeit mit Götz George an DER ANWALT UND SEIN GAST

Die Aussicht, mit Götz George zu drehen, begleitete mich wie auch Heino Ferch, mit dem ich das Geburtsjahr teile, mit tief verwurzelten Erinnerungen an die eigenen Kinder- und Jugendjahre, angefangen mit einer Karl-May-Verfilmung, über die er gar nicht mehr gerne spricht: »War doch bloß eine, nur eine hab ich gemacht!« Da saß er in unserem Hauptmotiv im Kinderzimmer, hatte sich während eines Umbaus ein Buch aus dem Regal gefischt: DER SCHATZ IM SILBERSEE natürlich – wer es nicht glaubt, ich habe noch ein Polaroid davon.

Dann die vielen Duisburger TATORT-Folgen, wo ich in direkter Nachbarschaft – Rheinhausen – aufgewachsen bin und bei denen ich meine Eltern genau beobachtete und mich jedes Mal diebisch freute, wenn es ihnen dann doch zu weit ging mit den Sprüchen, dem Lärmen und den Rotzigkeiten. Und DIE KATZE sicherlich, der bis heute der letzte erfolgreiche Genrefilm seiner Art geblieben ist, mit einem George in einer seiner besten und diszipliniertesten Leistungen. Und es gab den Theaterschauspieler George, den ich selber nie auf der Bühne sehen konnte; aber ich erinnere mich genau, wie meine Mutter aus einer Aufführung des LUTHER UND THOMAS MÜNZER wiederkam, und noch tagelang begeistert von George erzählte, so wie sonst nie von einem Schauspieler bei uns zu Hause erzählt wurde. Man schwärmte nicht von Schauspielern, grundsätzlich nicht. Nur

Torsten C. Fischer (v. r.)
mit Heino Ferch,
Götz George und Kamera-
mann Theo Bierkens
in einer Drehpause von
»Der Anwalt und
sein Gast«

meine Großmutter, sie schwärmte von Heinrich George. Die Lust an George hat sich sozusagen fortgesetzt.

Ihn selber sah ich zum ersten Mal in Berlin, auf seinem Rennrad, als er wie so oft in knallbunter Fahrradmontur zu seiner Agentur unten am Ende unserer Straße fuhr. Dort traf ich ihn auch, als wir uns zu einem ersten Gespräch über DER ANWALT UND SEIN GAST verabredeten. Mit Herzklopfen bin ich dort hingegangen, und glücklicherweise sind es nur ein paar hundert Meter bis zu der Agentur, denn es gibt da viele Geschichten, viele Gerüchte die man hört – über den »Regisseursfresser« George, über seine »Unbedingtheit« und »Ausschließlichkeit«, über »Machtgefechte« am Set und seine ungeheure »Agilität, die nie zu bremsen sei«.

Es war ein schönes Gespräch. Er saß da, wie ich ihn schon einmal gesehen hatte, in seinem knallbunten Fahrraddress, verschwitzt, wofür er sich sofort entschuldigte, aber er wolle »jede Gelegenheit nutzen, um sich körperlich gesund zu halten«. Seine Kritik am Buch traf zu, war genau und Änderungen wurden besprochen. Nach dem Gespräch fühlte ich mich gestärkt.

Drei Wochen später hatte ich das Drehbuch überarbeitet und George sagte zu. So stand das erstmalige Aufeinandertreffen der zwei prominentesten Vertreter ihrer jeweiligen Schauspielergeneration bevor: Heino Ferch und Götz George, beides ja nun recht maskuline Typen; fortan sprachen wir also nur noch von unserem »Testosteron-Film«. Um sie herum besetzte ich das mir beste Frauenensemble und schrieb die Rolle des Staatsanwalts auf eine Staatsanwältin um.

Mit Götz George zu arbeiten, ich kann es nur vorwegnehmen, war ein Genuss. Das übliche »Sich-Abtasten« in den ersten Drehtagen verlief ohne falsche Töne, ohne jedes Machtgebaren. Intensiv wurde nach den Ausdrucksmöglichkeiten des Charakters gesucht, Fallhöhe und Gefühlswelt bestimmt. Oft konnte ich Götz George bitten, spontan auch einmal die Gegenrichtung in einer gerade absolvierten Szene einzuschlagen, allein um im Schneideraum frei entscheiden zu können. George hat dies manchmal sogar sehr gerne getan; denn er beherrscht nicht seine Rolle, sondern er beschenkt sie.

Überhaupt war es eine Begegnung, die mich fast beschämt an die Grundauffassung eines Berufsbildes erinnerte, von denen die flüchtigen Stars der Branche und damit so mancher prominent bewertete Schauspieler wie Schauspielerin endlos entfernt sind. Sie, die Selbstverständliches vermissen lassen wie zum Beispiel die Bereitschaft, mit gelerntem Text am Set zu erscheinen.

Ich sage »beschämt«, dass ich darauf hereinfiel, wenn George, sobald er den Set betrat, nicht mehr George, sondern ganz die Rolle, in unserem Fall also Karmann war. So fragte ich tatsächlich bei meiner Assistentin nach, ob George krank oder von den Drehpensen erschöpft sei, da er sich schleppend und müde bewegte, der Blick bisweilen stumpf. Und im selben Moment begriff ich, dass er längst im Rhythmus von Karmann, seiner schlichten Behäbigkeit und sensiblen Plumpheit zu Hause war. Beim Betreten des Seegrundstücks wandelte sich George in Karmann. Er führte das nicht etwa vor, er stellte nichts aus, man konnte es nur auf seinen Wegen hinter dem Haus zu seinem Wohnwagen erkennen. Den »privaten« Götz George bekam ich nur bei den Abendessen außerhalb der Drehzeit zu sehen. Da war nach den langen Drehzeiten alle Schwerfälligkeit und Müdigkeit verflogen. Ein Mensch voller Kraft und ungebrochener Agilität saß mir gegenüber, das Leben blitzte wach und neugierig in seinen Augen.

George ist jemand, der schon bei der ersten Lesung seine Texte gut auswendig kann. Der sie sich säuberlich neben die gedruckten Drehbuchseiten neu aufgeschrieben hat, mit den Änderungen, die er für notwendig hält.

George hatte bereits unser Hauptmotiv, das Haus der Familie, aufgesucht, als noch nicht einmal die Ausstattung mit der Arbeit begonnen hatte. Wenn ich mich recht erinnere, ist er sogar über den Zaun geklettert, um das Gelände zu erkunden, auf dem er später spielen sollte. Er nimmt sich oft noch einige Minuten vor seiner Maske Zeit, um schnell einen ersten Blick auf den bevorstehenden Set zu erhaschen. George ist ein ungemein taktiler, physischer Schauspieler. Jede Bewegungsmöglichkeit bezieht er in sein Spiel mit ein, als sei das eine Haut, in die man schlüpfen könne.

George liebt es, sich zu bewegen. Und trotzdem liebe ich ihn besonders in den stillen, scheinbar statischen Momenten, in denen nur sein Gesicht atmet und wie eine ganze Landschaft ist und sein Spiel keine raumgreifenden Bewegungsmöglichkeiten braucht. Er war immer bereit, sich da einzufinden, selbst wenn ihn erste Proben zu anderen Wegen geführt hatten. Ich erinnere mich an die lange Szene, in der Ferch und Michelsen sich endgültig zerstreiten und George eine Ohrfeige erhält, als er sich einbringen will. Als wir sehr spät mit der Szene fertig wurden, sagte er: »Drei Schritte nach vorne, fünf Minuten festgenagelt auf einem Platz verbracht, eine rein gekriegt und nicht mal zurückdonnern dürfen – das hat noch keiner geschafft.« Es ist mit eine seiner schönsten Szenen, gerade in seiner Hilflosigkeit, in der Größe, die er der Demütigung gibt.

Irgendwann fiel mir auf, dass George bei unseren Dreharbeiten immer wieder unten am Hang des Grundstückes stand, am Rande des Sees. Es war bitterkalt in diesem Winter, aber trotzdem stand er bewegungslos da, tief in Gedanken. Da hat er mir erzählt, dass sein Elternhaus nur wenige Häuser weiter hier am See lag, das Haus, in dem er seine Kindheit und Jugend verbracht hat; dass er seit diesen Jahren selten wieder hier gewesen sei. Und wie sie als Kinder auf dem See gespielt haben, und wie ihr Vater Heinrich sie, die ganze Familie, in einem Ruderboot hinüber auf die Halbinsel gerettet hat. Da waren sie auf der Flucht vor den Alliierten, man schoss auf sie. Wenige Wochen später wurde dann der Vater verhaftet und abgeholt, George hat ihn nie wieder gesehen.

Es war sehr berührend, wie George das am Ufer erzählte. Zwei Tage später war der See zugefroren. Und über das stille, in der Sonne blitzende Eis schlich ängstlich geduckt ein Fuchs. Ein wundervolles Bild, das mir unvergesslich bleibt; und das doch überlagert wird von der Georgeschen Familie, wild rudernd, auf der Flucht.

Rückblick

Heinrich George, Berta Drews, Götz George – eine Schauspielerfamilie

Der Vater

Er war 53 Jahre, als er 1946 im sowjetischen Internierungslager Sachsenhausen an den Folgen einer Blinddarmentzündung starb; Heinrich George, einer der ganz großen deutschen Bühnen- und Filmschauspieler und Theaterregisseure.

Als Georg August Friedrich Schulz ist er am 9. Oktober 1893 in Stettin geboren worden. In seiner Geburtsstadt hatte er Schauspielunterricht genommen und 1912 in Kolberg, Bromberg und Neustrelitz seine ersten Theaterauftritte gehabt. Schwer verwundet kehrte er aus dem Ersten Weltkrieg zurück und spielte, nachdem er genesen war, von 1917 bis 1921 an Bühnen in Dresden, Frankfurt am Main und Darmstadt. Nach einjähriger Theaterarbeit in Berlin gründete er 1923, gemeinsam mit Elisabeth Bergner und Alexander Granach, das Schauspielertheater.

Von 1925 bis 1929 war die Berliner Volksbühne sein Forum. Dort stand er bei Erwin Piscator als Satin in Gorkis NACHTASYL, bei Erich Engel als Galy-Gay in Bertolt Brechts MANN IST MANN auf der Bühne. 1927 inszenierte er zum ersten Mal selbst und wird zwei Jahre später ans Staatstheater berufen. Er wird dort Intendant und später Generalintendant des Schillertheaters.

Berta Drews mit Heinrich George

Aber in erster Linie war Heinrich George Schauspieler, war der große Heldenstar und spielte in fast allen Klassikern mit: So war er unter anderem der Wallenstein, der Franz Moor in Friedrich von Schillers DIE RÄUBER, war William Shakespeares Fallstaff und spielte in den Stücken DER MARQUIS VON KEITH, FLORIAN GEYER, OTHELLO, FUHRMANN HENSCHEL, RICHTER VON ZALAMEA, FAUST und schließlich GÖTZ VON BERLICHINGEN mit großem Erfolg jeweils die Hauptrolle.

Früh entdeckte ihn auch der Film. Auf der Leinwand wurde er ganz rasch zu einem der beliebtesten deutschen Schauspieler. Zu sehen ist Heinrich George zunächst in den frühen Stummfilmen wie KEAN, LOLA MONTEZ oder LUKREZIA BORGIA, aber berühmt machte ihn die Rolle des Maschinenarbeiters Groth in Fritz Langs Stummfilm METROPOLIS. Andere große Erfolge waren Richard Oswalds DREYFUS, in dem er die Rolle des Emile Zola spielte, und Phil Jutzis Döblin-Verfilmung BERLIN ALEXANDERPLATZ, wo er die Rolle des Franz Biberkopf übernommen hatte.

Herbert Ihering, Chronist des deutschen Theaters und Films in den Dreißigerjahren, schrieb über den Film zu Döblins Buch: »Heinrich George legt eine grandiose Solonummer hin. Er zieht alle Register vom naiven, dumpfen Michel bis zum rasenden Kraftlackel. Simson vom Alexanderplatz. Aber er zieht eben – Register.«

Doch wie sehr Ihering ihn schätzte, geht besonders aus einer Theaterkritik über Erwin Piscators Inszenierung des politischen Revolutionsstücks STURMFLUT an der Volksbühne hervor: »Außerordentlich Heinrich George. Wenn man bedenkt, was sonst an falscher Diskretion, an falschen Tränen in Berlin geleistet wird – eine durch ihre nüchterne Klarheit, männliche Sicherheit, durch ihren sachlichen Humor faszinierende Gestaltung. Georges Granka Urnnitsch zerfließt nur einmal im Walde. George spielt einen Volksmenschen, keinen posierenden Heros. So gelingt es ihm mühelos, über den Bruch zwischen der Privatexistenz und der Bedeutung der Rolle hinwegzukommen. Er spielt dokumentarisch.«

Heinrich George hat kaum wie ein anderer zum Ansehen seiner Schauspielergeneration beigetragen und war in der Weimarer Republik eher den progressiven Kräften zuzurechnen. Seine Ausstrahlung und seine Popularität war gerade für die staatliche Kunstproduktion ein dankbares Objekt. Wie solche Kräfte manipuliert werden können, zeigte sich im Dritten Reich aufs Deutlichste.

In Hans Steinhoffs HITLERJUNGE QUEX spielte George die menschlich rührende Person des kommunistischen Vaters, dessen Sohn Pimpf ein Nazi geworden ist und der von dessen Hitlerjugendführer eine Lektion in Vaterlandsverehrung erhält. Gerade dadurch, dass Regisseur Hans Steinhoff den Vater und Kommunisten nicht als düstere Unperson schilderte, sondern als einen Verblendeten, der am Ende erkennt, dass der Nationalsozialismus eine Kraft ist, die stärker ist, überzeugt er um so mehr. Diese Rolle ist wohl neben dem Nettelbeck in Veit Harlans KOLBERG die gefährlichste und ideologisch wirkungsvollste Heinrich Georges in der Nazizeit gewesen. Aber anders als Werner Krauß, Emil Jannings und Otto Gebühr, die Härte und Unerbittlichkeit ausstrahlten, war er in seinen Rollen nicht nur der Herrschende, sondern auch zugleich der verständnisvolle Vater und Mensch, und damit eine um so überzeugendere Identifikationsfigur.

So erschütterten seine Rollen des Andreas Schlüter oder des Peter Henlein das Publikum und machten es gefügig, auch für das, was über die Rampe und von der Leinwand herab in Propagandaabsicht verströmt wurde. Damit unterstützte er das ursprüngliche Ziel der Nazis. Aber ähnlich wie Gustaf Gründgens wandte er sich nicht, wie viele Andere, aus opportunistischen Gründen dem Nazistaat zu, sondern er ließ sich in vollem Glauben an seine darstellerische Profession für eine Ideologie benutzen.

Neben anderen Propagandafilmen dieser Zeit, wie FRIEDRICH SCHILLER oder JUD SÜSS, spielte er natürlich auch zahlreiche herausragende Charakterrollen. Unvergesslich ist sicherlich seine Titelrolle in Gustav Ucickys Puschkin-Verfilmung DER POSTMEISTER. 1933 inszenierte Heinrich George den Film SCHLEPPZUG M 17, in dem er selbst, neben seiner Frau Berta Drews, die Hauptrolle spielte.

Götz George über Heinrich George

Mein Vater hätte heute keinen Stellenwert mehr. Diese ganze Generation von großen Schauspielern ist ja bereits ausgestorben. Bei meinem Vater wäre das genauso gekommen, wenn er weitergelebt hätte. Er hätte die Fünfzigerjahre noch so gerade durchgestanden, vielleicht mit einer Intendanz und mit ein paar tollen Filmen – weil da halt noch die Crew der guten Regisseure vorhanden war. Aber Sie glauben doch nicht, dass sich auch nur ein Jungfilmer an dieses Genie herangewagt hätte. Der wäre beschäftigungslos herumgelaufen.

Im Fernsehen hätte er vielleicht als absolute Anerkennung seiner Kunst einen TATORT-Kommissar angeboten bekommen. Aber dazu hätte er bestimmt gesagt: Ich scheiß' euch vor den Koffer, das hat doch mit dem Beruf nichts mehr zu tun. Und dieses Intendantenkarussell hätte er auch nicht mitgemacht.

Was wir heute treiben, ist nichts weiter als ein Überlebenstraining. Ein Star wie mein Vater konnte einen hervorragenden Film machen und gleichzeitig einen Flop landen. Man hätte es ihm nicht übel genommen. Er konnte HEIMAT, WENN DER HAHN KRÄHT und den POSTMEISTER drehen, alles hatte die gleiche Qualität – durch ihn. Das waren Sachen, die hatten Bestand. Eine Rolle mal in den Sand zu setzen wurde einem nicht sofort übel genommen. Heute nimmt man mir schon übel, dass ich einen Kommissar spiele.

Der Beruf ist ein Vabanquespiel geworden, und deshalb muss man spekulieren wie an der Börse. Man kauft sich dann lieber eine Aktie, von der man weiß, dass sie funktioniert. Denn es gibt nichts Schlimmeres, als dreieinhalb Monate intensiv an einem Film zu arbeiten und dann ein Resultat zu haben wie AUS EINEM DEUTSCHEN LEBEN, wo letztlich nur so 350 Leute hineingingen. Das zahlt sich nicht aus – weder für mich noch für die anderen.

Genauso ist es auch am Theater. Du musst gewisse Kompromisse eingehen. Das ist das Fürchterliche in der heutigen Zeit, in der das Fernsehen einfach so dominierend ist und sich jeder überlegt: Heute Abend habe ich zwar eine Karte für LULU, aber vielleicht schaue ich doch lieber Fußball. Für mich war in meiner Jugend mein Vater immer ein großes Vorbild. Meine Mutter merkte auch, was ihr da als Persönlichkeit verloren gegangen war. Das steigerte sich bis zu ihrem Tod, und sie meckerte immer darüber, was für Hühner heute am Theater herumlaufen.

Der vierjährige Götz George mit seinem Vater

Nach dem Krieg war es ja nun wirklich so, dass du zwar ambitionierte, aber durch den Krieg ausgelaugte Schauspieler hattest. Da gab es eben noch Fritz Kortner, Horst Casper und Walter Frank und ein paar aus der zweiten Garde. Keine Fantasie, keine Großzügigkeit, kein großes Theater.

Wir redeten viel über das Theater der damaligen Zeit und über meinen Vater. Daraus wurde ein Freundschaftsbild, und dann sah ich ja viele Filme von ihm und sagte: Mensch, so möchtest du wirklich mal werden. Deshalb war diese Begegnung mit meinem Vater, obwohl sie gar nicht stattgefunden hat, für mich so nachhaltig.

Die Mutter

Neben Bernhard Minetti, Martin Held und Carl Raddatz gehörte Berta Drews zu den großen Charakterdarstellern des deutschen Nachkriegstheaters. Dabei hatte die 1901 in Berlin geborene, in Stettin und Posen aufgewachsene Schauspielerin eigentlich Sängerin werden wollen. Drei Jahre lang hatte sie an der Berliner Musikhochschule studiert, sich dann aber für die »Max Reinhardt Schauspielschule« entschieden.

1924 debütierte sie am Württembergischen Landestheater in Stuttgart und ging zwei Jahre später an Otto Falckenbergs Münchner Kammerspiele. Dort spielte sie Gerhart Hauptmanns DOROTHEA ANGERMANN, die Hanne Schäl im FUHRMANN HENSCHEL, die Frau Motes im BIBERPELZ, das Julchen in Carl Zuckmayers SCHINDERHANNES, die Eliza in George Bernard Shaws PYGMALION, die Jenny in Bertolt Brechts DREIGROSCHENOPER, in Ferdinand Bruckners KRANKHEIT DER JUGEND, in Frank Wedekinds FRÜHLINGSERWACHEN. 1930 holte man sie ans Berliner Staatstheater.

Dort lernte sie auch Heinrich George kennen: Sie spielte die Adelheid in Goethes GÖTZ VON BERLICHINGEN und er war der Titeldarsteller des Stücks. Mit ihrer zweiten Rolle gelang ihr dann 1931 neben Hanns Albers in Frank Molnars LILIOM der ganz große künstlerische Durchbruch. Fortan spielte sie zahlreiche Rollen: in Ibsens PEER GYNT die Solveig, die Frau Hurtig in Shakespeares HEINRICH IV., in Schillers DON CARLOS die Eboli und die Orsina in Lessings EMILIA GALOTTI und zählte zu den großen Schauspielerinnen dieser Zeit.

Als sie Heinrich George heiratete, zog sie sich weitestgehend von der Bühne zurück und wurde Hausfrau und Mutter. Manchmal sah man Berta Drews noch auf der Bühne, aber Heinrich George wäre es am liebsten gewesen, wenn sie ganz darauf verzichtet hätte. Doch dazu war sie zu sehr Schauspielerin.

Als der Krieg zu Ende war, kam Heinrich George in Gefangenschaft, wurde krank und starb. Berta Drews begann noch einmal von vorne. Der Reichtum war verschlungen und das große Haus nur noch Ballast. Sie musste jetzt Geld verdienen, Kinder großziehen. Berta Drews baute eine Karriere auf, erst jetzt wurde sie die große, reife Charakterdarstellerin, und sie sollte dreißig Jahre lang das Berliner Theaterleben in Bewegung halten.

Eine ihrer letzten Bühnenrollen spielte sie mit riesigem Erfolg neben Martin Held in dem russischen Rentner-Stück EINMAL MOSKAU UND ZURÜCK von Alexander Michailowitsch Galin: zweihundert Mal auf der Bühne aufgeführt und ein rauschhafter Erfolg am Ende.

Mit Berta Drews verlor das deutsche Theater eine überragende Schauspielerin. Das arme deutsche Kino hatte für sie nur wenige Rollen, in denen sie sich entfalten konnte. Unter ihren zwei Dutzend Filmen gab es jedoch ein paar kleine schauspielerische Kostbarkeiten: die Erzieherin in Alfred Brauns MÄDCHEN HINTER GITTERN, das Fräulein Peuthert in Falk Harnacks ANASTASIA, die Frau Bäumler in William Dieterles FASTNACHTSBEICHTE, wo Götz ihren Sohn spielt, und die Frau Brehm in Erica Balquets ZU JUNG FÜR DIE LIEBE.

Auch in einigen der ganz wenigen guten Filme war sie zu sehen, wie etwa in Wolfgang Staudtes dänisch-deutschem Film CISKE, EIN KIND BRAUCHT LIEBE als Frau Freimuth in der deutschen Version, als Mutter Braats in Wolfgang Petersens Kinodebüt EINER VON UNS BEIDEN und als Oma Anna in Volker Schlöndorffs DIE BLECHTROMMEL. Letztere Rolle verwirklichte – wie sie in ihren Erinnerungen schrieb – ihr einen Traum: noch einmal die alte Heimat wiederzusehen.

»Sie trifft die massiv ordinäre Damenhaftigkeit solcher Existenzen ohne jede Übertreibung, ohne Grellheit großartig«, schrieb Friedrich Luft 1950 über ihre Darstellung in Helmut Käutners Bühneninszenierung von Arthur Millers TOD EINES HANDLUNGSREISENDEN;

oder ein andermal: über Karl Heinz Stroux' BERNARDA ALBAS HAUS von Llorca 1952 »… die älteste der Schwestern, die um Liebhaber und Bräutigam gefoppt wird. Sie hat eine gute Art, das Hochfahrende, Bessergestellte und Einfältige dieser Figur darzustellen«. »Ein rosa Stück mit kleinen, schwarzen Borten. Der von falschem Pathos starrende Drache von einer alternden Tragödin. Das macht die herrliche Berta Drews mit allen Mitteln der Komik, die auch noch die Drastik erträglich macht«, schrieb Luft letztlich über Käutners Inszenierung von Anouilhs COLOMBE.

Lufts Kritiken sprachen von ihrer »prallen Direktheit«, dem »volksliedhaften Kind der Liebe«, der »Wandlung von der Straßensängerin zur flotten Geschäftsfrau, dass die Ahnenbilder im Schloss wackeln«. Und der unerbittlich strenge Herbert Ihering begeisterte sich über ihre Marie in Molnars LILIOM: »Äußerste Schlichtheit und künstlerische Beherrschung der Mittel. Innere Kraft, keine Sentimentalität – wundervoll.«

Götz George über Berta Drews

Diese Umstrukturierung, der verlorene Krieg und Vaters früher Tod haben mich ganz eigenständig denken lassen. Das heißt immer auch als Schutzpatron oder – so habe ich mich zumindest in jungen Jahren und auch später immer gefühlt – sozusagen als Beschützer meiner Mutter, die auf einmal auf sich selbst gestellt war und ja gar nicht so viel künstlerische Erfahrung gehabt hat. Sie war ja sehr behütet in dem Georgeschen Kreis und war eine Schauspielerin, die zur Mutter degradiert wurde.

Sie wurde als Schauspielerin nicht so gefordert, durfte mal spielen, aber Vater sah das nicht so gerne. Er wollte ein intaktes Familienleben. Damals, in den frühen Dreißigerjahren, hat sie fast gar nicht gespielt. Sie wurde da sehr zurückgehalten, musste sich ja auch um die Kinder kümmern, das war die Aufgabenstellung, die mein Vater von ihr verlangte.

Finanziell war alles völlig abgesichert durch seine Popularität und seinen Fleiß. Darunter hat Mutter bis zu einem gewissen Grad gelitten, weil sie natürlich auch spielen wollte. Und es war für sie doppelt hart, dann nach dem Krieg wieder anzutreten. Mutter hat nach seinem Tod wirklich neu angefangen, richtig zu spielen und vielleicht zu leben. Sie musste vom Wannsee, wo wir wohnten, zum Anhalter Bahnhof, morgens zum Proben, dann wieder zurück, den Kindern Essen kochen, und abends dann zur Vorstellung. Also, das war eine Zeit, die wir ihr ungeheuerlich hoch anrechnen, denn sie hat sich wirklich um die Kinder und um ihren Beruf gekümmert.

Nun waren die Zeiten damals anders. Das würde heute keiner mehr schaffen. Hinzu kommt, dass sie sich bestätigen musste und

Götz George mit seiner Mutter Berta Drews

wollte. Sie hat mit den größten Regisseuren gearbeitet und natürlich zwischenzeitlich auch Fernsehen gemacht, aber nur wenn ihr Zeitplan es zuließ. Sie hat oft ihre Sommerferien geopfert und mit Staudte gearbeitet. Die große Zeit war die mit Hans Lietzau. Lietzau und sie waren ein Gespann. Unter seiner Hand zu arbeiten, war für sie ein Glücksfall. Lietzau war ja quasi der Hausregisseur in Berlin. Fast bis zu ihrem Tod hat sie Theater gespielt.

Götz George als junger Boxer in »Jacqueline«

Fünfzehn Jahre Papas Kino – von 1953 bis 1968

Götz George beginnt seine Kinokarriere mit Komödien, Krimis, Schul- und Liebesgeschichten. Der Fünfzehnjährige ist Partner der jungen Romy Schneider in WENN DER WEISSE FLIEDER WIEDER BLÜHT – obwohl er da erst eine Mini-Rolle spielt – und buhlt gemeinsam mit Burgschauspieler Walther Reyer um die Gunst von Johanna von Koczian in Wolfgang Liebeneiners JACQUELINE. Er spielt mit Sonja Ziemann und Elke Sommer, Marie Versini und Eleonora Rossi-Drago, sodass er es zwischen 1953 und 1968 auf gut zwei Dutzend Spielfilme bringt.

Warum er nicht schon damals zu den beliebtesten Stars gehörte? Vielleicht, weil ihm die oberflächliche Schwerelosigkeit fehlte und weil es in seinen Rollen stets etwas gab, das nicht so leicht zu fassen, nicht so leicht wegzuschieben war. Götz George repräsentierte im Film eine Figur mit Kanten und Widerhaken. Gleichzeitig spielte er von 1958 bis 1963 immer jeweils sechs Monate im Jahr bei Heinz Hilpert in Göttingen Theater.

Damals war er schon fast ein anerkannter Star: 1960 erhielt er das Filmband in Silber, einen Bundesfilmpreis für seine liebenswerte Boxer-Rolle in JACQUELINE; 1961 folgt der Preis der Deutschen Filmkritik für seine Rolle in

KIRMES von Wolfgang Staudte, und 1962 erhält er schließlich zum ersten Mal den Bambi als beliebtester Schauspieler – übrigens gemeinsam mit Loni von Friedl, die später fast zehn Jahre lang seine Frau und Partnerin war.

Dennoch waren die Filme, in denen er zu dieser Zeit spielte, zum größten Teil Dutzendware, einige wenige jedoch hatten im Nachhinein noch Bestand. So war etwa der bei der DEFA entstandene Film ALTER KAHN UND JUNGE LIEBE von Hans Heinrich mehr als alberne Kolportage. Die Geschichte eines Vaters, der sich für seinen Sohn aufopfert, und vom jungen Paar, das gemeinsam seine Zukunft in die Hand nimmt, hat schon sehr viel mit der Gegenwart und der Überwindung der schweren Nachkriegsjahre zu tun. Auch Wolfgang Liebeneiners JACQUELINE war ein unterhaltsam, sicher inszeniertes Kinostück mit einer Paraderolle für George. Einer der wenigen deutschen Filme, die in jenen Jahren qualitativ herausstachen, war Wolfgang Staudtes KIRMES, ein Film, der für damalige Verhältnisse auch von der Thematik her aus dem Rahmen fiel. Er handelt von einem jungen Deserteur, der durch die Gnadenlosigkeit seiner Umgebung in einen einsamen Tod getrieben wird. Fünfzehn Jahre später kommt die grausame Wahrheit ans Licht, als auf einem Kirmesplatz die Gebeine des Unglückseligen ausgegraben werden.

Das Drehbuch von KIRMES hatte Wolfgang Staudte selbst nach einer Idee von Claus Hurdalek geschrieben. Der Film hinterlässt einen zwiespältigen Eindruck, weil er einerseits von seiner dramaturgischen Konzeption seinesgleichen sucht, andererseits aber oft zu emotional ist.

In einer Filmkritik schrieb Theodor Kotulla:»Aber nicht nur die in der Gegenwart spielende, viel zu summarische Rahmenhandlung, auch die ausgedehnte Rückblende in die Vergangenheit lässt den Zuschauer einigermaßen ratlos. Naive Gemüter und besonders Jugendliche (von den Unverbesserlichen gar nicht zu reden) könnten aus ihr nur allzu leicht den Schluss ziehen: Hätte der Soldat Mertens seine Pflicht getan, wäre er nicht davongelaufen, dann hätte er diese Katastrophe gar nicht angerichtet. Je weiter der Hitler-Krieg uns zeitlich entrückt, um so dringlicher muss die moralische Berechtigung zur Desertion aus Hitlers Armeen begründet werden.

Bleibt das Problem, das Staudte offensichtlich in erster Linie interessierte und dem er auch den weitesten Raum einräumte: das Brechtsche Thema von der Unfähigkeit, gut zu sein in einer unguten Zeit. Alle, die dem Soldaten Mertens begegnen, tragen, durch den Zwang der Verhältnisse, einen Teil Schuld an seinem Tode. Die Personen bleiben, trotz anerkennenswerter darstellerischer Anstrengungen, Klischees oder Papierfiguren (am penetrantesten wohl die Französin, die mit jedem ins Bett zu gehen und dabei ›geistreiche‹ Bonmots über deutsche Spießermoral zum Besten zu geben hat); denn Staudte hat sich nicht für einen konsequent durchgearbeiteten Stil entscheiden

können. Er schwankt zwischen Karikatur à la UNTERTAN und Realismus à la ROTATION« *Filmkritik* (8/1960).

Dennoch, Wolfgang Staudte hat nach KIRMES nie mehr einen Film gedreht, der so sehr die Verlorenheit des Einzelnen und die Ausweglosigkeit einer Situation demonstrierte. Ein solcher Film war in der Bundesrepublik der Sechzigerjahre, wo Gedankenlosigkeit, Klamauk und Geistesferne gegenüber Geschichte und Gegenwart die Leinwand prägten, einfach ein Fremdkörper. Natürlich löste ein solcher Film heftige Reaktionen aus, weil er zu den wenigen gehörte, die sich so konsequent und kompromisslos gegen Krieg und Faschismus aussprachen. »Angeklagt ist allein der Krieg, und gemeint ist, dass es nur ein moralisches herhalten gibt: mit aller Kraft gegen den Krieg zu sein, den Anfängen zu wehren. Wenn es zu spät ist, gibt es nur noch Opfer; Opfer des Krieges und nicht nur Opfer des Tötens«, sagte Wolfgang Staudte zu seinem Film.

Für Götz George, der den desertierenden Robert Mertens spielt, war es eine ganz große Herausforderung. Staudte hatte ihm die Hauptrolle in einem Film gegeben, der neben Bernhard Wickis BRÜCKE und Kurt Hoffmanns WIR WUNDERKINDER internationale Anerkennung

Juliette Mayniel und Götz George in »Kirmes«

fand und zu den ganz wenigen westdeutschen Filmen gehört, die sich überhaupt ernsthaft dem Thema Nationalsozialismus gestellt haben.

Auf KIRMES folgte wieder eine konventionellere Arbeit für Götz George. Mit William Dieterle, der gerade aus den USA zurückgekehrt war, drehte er die Verfilmung von Carl Zuckmayers DIE FASTNACHTSBEICHTE. Doch der Film wurde ein Flop. Zwar bot er im Gegensatz zur Monumentalschnulze HERRIN DER WELT, mit der Dieterle 1959 seinen bundesdeutschen Einstand gegeben hatte, gepflegte Kinounterhaltung, doch außer der Tatsache, dass Berta Drews im Film Götz Georges Mutter spielte, gab es kaum etwas Bemerkenswertes.

Im gleichen Jahr, 1960, folgte eine Hauptrolle in Leopold Laholas Kriegsgefangenenfilm DER TEUFEL SPIELT BALALEIKA, der zwar von zahlreichen Kritikern hoch gelobt wurde, aber im Grunde nur Klischees und Vorurteile bediente. Für Götz George war er allenfalls eine interessante Erfahrung.

Im Jahr darauf arbeitete er gleich an vier Filmen mit. In Helmuth Ashleys MÖRDERSPIEL, der Geschichte eines krankhaften Frauenmörders, spielte er mit ausgezeichneten Schauspielern wie Robert Graf und Wolfgang Reichmann und lernte den großen schwedischen Kameramann Sven Nykvist kennen und bewundern. An Alfred Vohrers UNSER HAUS IN KAMERUN verärgerte die unsäglich banale Handlung, und Paul Verhoevens Verfilmung des Boulevard-Bestsellers DAS FENSTER ZUM FLUR unter dem Kinotitel IHR SCHÖNSTER TAG war allenfalls für Inge Meysel ein großer Erfolg. Jürgen Goslar schließlich versuchte mit DAS MÄDCHEN UND DER STAATSANWALT aus einer haarsträubenden Kolportagestory einen guten Film zu machen.

Erste wirkliche Popularität für Götz George brachte aber eine von Harald Reinls Kreationen. Der österreichische Arnold-Fanck-Schüler und promovierte Rechtsanwalt hatte mit der Entdeckung von Karl Mays beliebten Jungen-Schmökern fürs bundesdeutsche Kino eine

ausgezeichnete Nase. Der Mann, der den Heimatfilm und das Familienkino à la ROSEN-RESLI erfunden hatte, kreierte mit den zum Teil in Jugoslawien gedrehten WINNETOU-Filmen nicht nur für die BRD ein Erfolgsgenre, sondern wurde dadurch auch zum Vater des europäischen Western. Ohne Reinls SCHATZ IM SILBERSEE hätten weder Sergio Corbucci noch Sergio Leone ihre Italo-Western gedreht. In diesem deutschen Western spielt Götz George neben Old Shatterhand (Lex Barker) und Winnetou (Pierre Brice) den jugendlichen Helden Fred Engel, wofür er mit dem Bambi ausgezeichnet wurde.

Von Sergio Leone war Götz George begeistert: »Ich wurde damals ein ganz großer Fan von Leone und ich dachte mir, so müsse man Filme drehen, und da interessiert es mich überhaupt nicht, ob das ein Western ist oder ein ambitionierter Krimi oder was weiß ich. Leider habe ich nie mit Leone gedreht. Der erste Italo-Western, den ich gesehen habe, war Leones FÜR EINE HANDVOLL DOLLAR. Das war eine ganz klare Sache, schon vom Outfit her so genial. Das war Leones ganz große Zeit. Später habe ich dann in Italien von ihm Kolossal-Schinken gesehen, denen man einfach anmerkte, dass er für diese Aufgabenstellung gar keinen Sinn hatte.

Da kenne ich auch ein Stück Vorgeschichte. Ich war mit Sieghardt Rupp sehr gut befreundet, und Constantin-Film hatte ihn gerade eingekauft. Man bekam damals so einen Optionsvertrag und musste für eine feste Gage drehen. Dadurch hatten die sich Schauspieler und Termine gesichert. Ich hatte bei der UFA einmal einen Vertrag über drei, vier Filme. Also Sieghardt Rupp kam damals völlig verzweifelt zu mir nach Madrid, wo wir einen Western drehten – SIE NANNTEN IHN GRINGO hieß der. Der Regisseur war Roy Rowland, ein Amerikaner, der neue Maßstäbe setzen wollte, zumindest für den deutschen Film. Also, Rupp, hatte gerade bei Leone FÜR EINE HANDVOLL DOLLAR gedreht und war tief gekränkt. Er sagte, so etwas

Karin Dor und Götz George in »Der Schatz im Silbersee«

hätte er noch nie erlebt: ein amerikanischer Schauspieler, der nur noch mit Hanteln trainiert und auch ganz schlecht ist, aber irgendwie durch seine Einfachheit schon wieder etwas hat, was aber nicht mit der wirklichen europäischen Schauspielkunst zu vergleichen ist.

Also einfach ein Amerikaner – das glaubt man einfach nicht –, und ein noch schlimmerer Regisseur, der permanent mit einem weißen Hut rumläuft, weil er sonst einen Sonnenbrand bekommt, und immer wie ein rosa Schweinchen aussieht und der den Clint Eastwood – das war der Schauspieler – bekniet, er solle doch wenigstens eine kleine Reaktion im Gesicht zeigen, wenn er den Saloon betritt. Und der Schauspieler ging immer wieder raus und kam jedes Mal mit dem gleichen Gesichtsausdruck rein, ohne etwas zu machen. Bis der Leone verzweifelte, und natürlich auch die deutschen Schauspieler, die das überhaupt nicht kapierten, weil wir ja prädestiniert sind, eher viel zu viel zu machen, um uns zu beweisen. Doch dieser Clint Eastwood blieb stur, er sagte,

er mache das, und dann kam wieder die Klappe, Kamera, Action, und dann kam er wieder rein, wieder mit dem gleichen unbeweglichen Gesicht.

Rupp hatte das so plastisch erzählt, dass ich es nicht vergessen habe. Drei Monate später rief mich Sieghardt an und sagte: ›Du musst dir unbedingt den Film anschauen. Ich habe mich völlig getäuscht, das ist für mich eine Offenbarung. Der Film ist so toll.‹ Das war FÜR EINE HANDVOLL DOLLAR. Und als ich das sah, merkte ich, wie sehr sich das von unseren Karl-May-Schinken abhob.

Aber daran sehen Sie beispielsweise unsere deutsche Märchenerzählweise. Die Italiener, die haben das ja dann verfeinert. Was die für ein Outfit haben, was für ein Gespür, wie man Leute anzieht, wie man Situationen beschreibt, wie man Spannung erzeugt und wie man Geschichten erzählt: Da war ja jeder Italo-Western besser als die amerikanischen Western, weil er einfach vom Outfit her so toll war, allein diese langen Staubmäntel. Und als Leone dann den großen, herrlichen Film SPIEL MIR DAS LIED VOM

TOD gedreht hat: So etwas habe ich im amerikanischen Western nie gesehen.«

Kaum einer der Filme, die Götz George in den kommenden Jahren drehte, war ein großer Erfolg. Die Arbeit des Spaniers Eugenio Martin, NUR TOTE ZEUGEN SCHWEIGEN, war trotz routinierter Regie wenig weltbewegend, und auch Kurt Hoffmann enttäuschte mit der Komödie LIEBE WILL GELERNT SEIN, die immerhin auf einem Bühnenstück von Erich Kästner basierte und der auch das Drehbuch verfasst hatte. LIEBE WILL GELERNT SEIN war übrigens der erste Spielfilm, in dem Götz George an der Seite von Loni von Friedl gespielt hat.

1963 folgt Edwin Zboneks MENSCH UND BESTIE, der auf einer Idee von Robert Azderball basiert und eine Kain und Abel-Geschichte ist. Der eine ist KZ-Aufseher, während der andere aus dem Lager flüchtet und sich zu den Russen durchschlagen will, um die Ermordung der Häftlinge zu verhindern. Leider war der Film, trotz des guten Drehbuches, so schleppend inszeniert, dass sich nach der Premiere bei den Berliner Filmfestspielen 1963 kein Verleiher fand. Das realistische Thema und der hoffnungslose Ablauf der Story verurteilten den Film ohnehin dazu, ein Flop zu werden. Erst 1980 lief der Film dann unter dem Titel DIE FLUCHT völlig umgeschnitten in den Kinos, war aber ganz rasch wieder verschwunden.

1963 drehte Götz George erneut mit Wolfgang Staudte. HERRENPARTIE ist thematisch eine Abrechnung mit dem ewig deutschen Nationalismus und Militarismus. Ein Männergesangsverein kommt in ein jugoslawisches Dorf, in dem unter den Nazis alle Männer hingerichtet wurden. Hass schlägt den Deutschen entgegen, und diese antworten, weil sie nichts begreifen, mit militärischer Strategie.

Als eine Brücke in die Zukunft wollte Wolfgang Staudte diesen Film sehen, aber so ganz konnte das damals, in den Sechzigerjahren, niemand überzeugen: Zu konstruiert wirkt die Ausgangssituation, denn zwanzig Jahre nach

Hans Nielsen und Götz George in »Herrenpartie«

Kriegsende ist ein Dorf ohne Männer auch in einer solchen Lage nicht denkbar. In der Realität hätten es ein paar Deutsche nicht gewagt, die Einwohner zu bestehlen, allein, weil diese in der Übermacht waren. Auch stilistisch kann der Film nicht überzeugen.

Manfred Delling hat in der Zeitschrift *Film* (8/1964) Folgendes dazu geschrieben: »Das Erzübel des deutschen Films, der Realität auszuweichen oder sie zu manipulieren, hat der Einzelgänger Staudte so sehr vermieden, dass selbst diejenigen, die erfreulicherweise dauernd nach Realität im deutschen Film verlangen, sie, mit ihr konfrontiert, schon nicht mehr zu erkennen in der Lage sind. Ich glaube nicht, dass der Fall Wolfgang Staudte, wie Uwe Nettelbeck gesprächsweise meinte, eine ›ebenso rührende wie hoffnungslose Angelegenheit ist‹. Kein deutscher Film der letzten Jahre forderte zu solch ernsthafter Auseinandersetzung heraus wie diese HERRENPARTIE.«

Auch dieser Film fand nicht sein Publikum, und in der konservativen Presse, etwa dem Filmwirtschaftsblatt *Filmecho*, fand eine gezielte Polemik gegen den Film statt. HERRENPARTIE ist dennoch neben ROSEN FÜR DEN STAATSANWALT und KIRMES einer der wenigen bedeutsamen BRD-Produktionen des deutschen Regisseurs, der sein Hauptwerk (beispielsweise DIE MÖRDER SIND UNTER UNS und DER UNTERTAN) in Babelsberg (ehemals DDR) gedreht hat.

Nach HERRENPARTIE bekam George nur noch bedeutungslose Rollen: ein paar Karl-May-Western wie UNTER GEIERN und WINNETOU UND DAS HALBBLUT APANATSCHI, einen Piroschka-Aufguss nach dem Kurt-Hoffmann-Erfolg mit Liselotte Pulver, FERIEN MIT PIROSCHKA, den Horror-Film DER TODESKUSS DES FU MAN CHU und den Kriegsfilm HIMMELFAHRTSKOMMANDO EL ALAMEIN sowie eine winzige Rolle in Jean-Luc Godards LE VENT D'EST.

Götz George hatte mit den beiden Staudte-Filmen einen künstlerischen Durchbruch geschafft, aber der Film in der Bundesrepublik war derartig erstarrt, dass auch der begabte Nachwuchs zwangsläufig verkümmern oder auswandern musste, wie Romy Schneider, die das frühzeitig erkannt hatte.

Als der so genannte Junge Deutsche Film in den Sechzigerjahren aufkam, passte Götz George nicht in diese neue Kinolandschaft. Er war nicht der junge, drahtige, leichtgewichtige Typ, wie ihn Peter und Ulrich Schamoni, Franz Josef Spieker oder May Spils einsetzten, und er war auch zu brav, zu bürgerlich und zu konservativ in seiner Auffassung von Schauspielerei, Theater und Film, als dass er mit Rainer Werner Fassbinder, Rosa von Praunheim oder Jean Marie Straub und Daniele Huillet hätte arbeiten können.

In Rainer Werner Fassbinders künstlerisches Umfeld hätte allerdings auch ein Götz George gepasst, aber dennoch ist es nie zu einer Zusammenarbeit gekommen, obwohl George ursprünglich für die Rolle des Jochen in der Arbeiter-Familienserie ACHT STUNDEN SIND KEIN TAG vorgesehen war. Man sprach damals von Missverständnissen zwischen Fassbinder und George, doch vornehmlich scheiterte das Projekt am Termin, weil George in Hansgünther Heymes Bühneninszenierung MARTIN LUTHER UND THOMAS MÜNZER in Köln verpflichtet war.

Rainer Werner Fassbinder, der geradezu besessene Regisseur, der vom Theater kam, hatte um sich einige der besten Schauspieler-Talente

seiner Zeit vereinigt und in seinen Bühnen- und Filmszenierungen herausgestellt: Ingrid Caven und Margit Carstensen, Peter Kern und Eva Mattes, Klaus Löwitsch und Kurt Raab, Hanna Schygulla und Volker Spengler, und kurioserweise war Georges Bruder Jan in GÖTTER DER PEST und in dem Film DER AMERIKANISCHE SOLDAT in kleinen Rollen aufgetreten.

Gestandene Bühnen- und Filmdarsteller, die der Junge Deutsche Film vernachlässigt hatte, entdeckte er fürs Kino wieder: Mario Adorf und Wolfgang Kieling, Luise Ullrich und Gisela Uhlen, Helen Vita und Bernhard Wicki – und nicht zu vergessen Brigitte Mira und Rudolf Platte.

Andererseits hatte Fassbinder auch mit jenen Darstellern gearbeitet, die im seichten Schnulzenkino nie künstlerisch ausgelotet wurden, wie Karlheinz Böhm und Adrian Hoven, Cornelia Froboess und Karin Baal, Christine Kaufmann und Barbara Valentin oder auch Joachim Hansen und den Heimatfilm-Star Rudolf Lenz, den Fassbinder vom Image des FÖRSTERS VOM SILBERWALD wegholte, und schließlich Eddie Constantine, einem der wenigen Stars, von dessen Image und Charme der Junge Deutsche Film wirklich profitierte.

Obwohl Götz George dort keine Rolle gespielt hat, »weg vom Fenster« war er niemals. Götz George hatte sich von Anfang seiner Karriere an nicht nur auf das Kino konzentriert, sondern spielte immer wieder auch Theater. Vielleicht wäre er, der es gewohnt war, Vätern zu folgen und auf den Ratschlag der Mutter zu hören, nie beim Kino geblieben, wenn ihn nicht Heinz Hilpert, der kluge, umsichtige Theatermann, gerade darin bestätigt hätte. Hilpert hatte früh erkannt, dass Kino und Fernsehen dem Schauspieler andere wichtige Ausdrucksmöglichkeiten mitgeben, zumal er ja selbst in den Dreißiger- und Vierzigerjahren ein paar Spielfilme inszeniert hatte. So hat Hilpert im Grunde durch Rat und Hilfe viel mehr zum Aufbau des Stars Götz George beigetragen, als es das ganze deutsche Nachkriegskino je für eines ihrer Talente getan hätte: In der BRD bedient man sich der so genannten Marktwerte, solange sie anhalten; fallen sie im Kurs, so entledigt man sich ihrer wieder. Darunter hatte nicht nur George zu leiden: Kaum jemand hätte außer Fassbinder Hanna Schygulla besetzt, Bruno Ganz war weit mehr in ausländischen Filmen zu sehen, erst recht aber Nastassja Kinski – und Marius Müller-Westernhagen konnte man sich nur in THEO-Rollen vorstellen –, um nur einige wenige Beispiele zu nennen.

In den Jahren 1970 bis 1976 gab es für Götz George in der Bundesrepublik keine Kinorollen, sodass er bei uns ein immer beliebterer Fernsehdarsteller wurde, der vor allem in Kriminalreihen wie KOMMISSAR, TATORT, DER ALTE oder Mini-Serien à la CAFE HUNGARIA oder ZWISCHEN DEN FLÜGEN eingesetzt wurde. Erst 1977 verschaffte ihm Theodor Kotulla ein Kino-Comeback.

Von Staudte zu Kotulla- Ausbruch aus der Kinokonfektion

1960 hatte Wolfgang Staudte, von der DEFA kommend, im Westen schon fünf Filme gemacht: Es waren fünf Filme und fünf düstere Erfahrungen mit einer Filmindustrie, die nur am Profit orientiert war. Wolfgang Staudte sah sich konfrontiert mit einer Kinokultur, die zwischen Edgar Wallace und Karl May pendelte und bei der Helmut Käutner mit seinem Ruhrgebiets-Hamlet DER REST IST SCHWEIGEN oder der Sozialkolportage SCHWARZER KIES schon die Spitze bedeutete und wo Kurt Hoffmann, der damals beste Komödienregisseur, mit WIR WUNDERKINDER politische Zeitsatire und Vergangenheitsbewältigung nicht zu Ende denken durfte.

Zu dieser Zeit entdeckt Wolfgang Staudte in Götz George, einen begabten Jungen von zweiundzwanzig Jahren, der der Hauptdarsteller in KIRMES wird. Mit ihm beginnt Georges Bedeutung für den deutschen Film, besonders für die Geschichte des antifaschistischen Kinos.

Es ist eine folgerichtige, beinahe organische Fortsetzung, als Theodor Kotulla ausgerechnet Götz George 1976 für seinen Film AUS EINEM DEUTSCHEN LEBEN für die Rolle des Franz Lang alias Rudolf Höß, des Lagerkommandanten des Konzentrationslagers Auschwitz, engagiert. Vielleicht war es für George eine unbewusste Suche nach einer Identität abseits des schwergewichtigen Vaters, als er dieses sehr nüchterne, erschreckend kühle Porträt des Rudolf Höß – im Film heißt er Franz Lang – verkörpert. Höß, der mit der Gefühllosigkeit eines Androiden operiert, lässt am Ende ohne Zögern, »weil ihm ja kein anderer Weg offen gestanden habe«, zwischen 1941 und 1944 Millionen von Juden umbringen.

Götz George spielt dieses Ungeheuer Höß zurückhaltend, klar, bewegungslos: einen einfachen, scheinbar harmlosen, exakten Kleinbürger, der tut, was man ihm sagt – der Massenmörder als Biedermann. Gerade durch eine Figur wie diese wird deutlich, wie einzelne Menschen durch ihr Handeln einen solchen Staat stützen konnten. Doch so sehr die Rolle des Höß ein schauspielerischer Erfolg war, brachte sie umso mehr die Konfrontation mit dem Vater. Immer wieder wurden Heinrich und Götz verglichen, der Sohn am Vater gemessen, sei es nun, dass man seine Darstellung in AUS EINEM DEUTSCHEN LEBEN als eine Art Sühne für die Schuld des Vaters zurechtbog oder aber die leichten, lockeren Komödien- und Abenteurerrollen als eines George unwürdig erachtete.

Ich erinnere mich an eine ebenso spontane wie sehr lebendige Diskussion im Frühjahr 1978 mit Studenten der Belgrader Hochschule. Das Belgrader »FEST« hatte zu einem einwöchigen Symposium geladen. Die Teilnehmer sollten jeweils anhand eines aktuellen Filmbeispiels zum Thema »Film- und Zeitgeschichte« einen Diskussionsbeitrag leisten. Da im offiziellen Programm Joachim C. Fests zwiespältiger Dokumentarfilm HITLER – EINE KARRIERE lief, fragte man mich, ob ich zu diesem Thema ein Referat beisteuern würde.

Ich hatte mich mit Fests Hitler-Porträt bereits in mehreren Aufsätzen und Podiumsdiskussionen zum Thema Faschismus auseinander gesetzt. Für das jugoslawische Publikumsfestival schien es mir notwendig, einer solchen manipulierten Dokumentation etwas Anderes, Ehrlicheres und wirklich Antifaschistisches entgegenzusetzen, und so bat ich als Ergänzung zu meinem Referat an, Theodor Kotullas AUS EINEM DEUTSCHEN LEBEN vorzuführen.

Das brachte zwar das starre Festival-Reglement ein wenig durcheinander, doch da ich mich selbst um die Kopie bemühte und dafür sorgte, dass der Film nach Belgrad geschickt und terminiert wurde, akzeptierte man den Beitrag. Freilich war der Film den Veranstaltern nicht sensationell genug, und man zeigte ihn an drei Abenden abseits des Hauptprogramms. Mein Bemühen, Theodor Kotulla, den Regisseur und Autor, oder/und Volker Canaris, der sich als verantwortlicher WDR-Redakteur des Projektes angenommen hatte, nach Belgrad zu bekommen, scheiterte: Das war denn doch zu viel, zumal die Veranstalter an einer wirklichen Auseinandersetzung mit dem Thema Faschismus weniger interessiert waren als an Spektakulärem. Daher lief damals Michael Ciminos DEER HUNTER mit großem Erfolg, und auch HITLER – EINE KARRIERE wurde immer wieder in Belgrads großen Kinopalästen vorgeführt.

Die Auseinandersetzung mit den Nazis und dem Zweiten Weltkrieg war im jugoslawischen Kino stets in den Partisanenfilmen passiert; Fests Film hatte etwas Spektakuläres, einen Schauwert, was vor allem bei der Jugend ankam. Dagegen hatte Kotullas strenger, unspek-

takulärer Film, ein nüchternes Porträt eines Massenmörders als Biedermann, keine großen Chancen.

Doch dann fand der Film überraschenderweise in Studentenkreisen ein sehr interessiertes Publikum, und die Diskussionen, die aus eigener Initiative im Anschluss an die Vorstellungen liefen, waren lang, ausführlich und interessant. Man hatte in Belgrad von derlei deutschen Filmen noch nichts gehört und war erstaunt, wie kompromisslos hier mit der Vergangenheit abgerechnet wurde, und ebenso darüber, wie ein junger Schauspieler, der doch offensichtlich einer der bekannten Stars war, sich in einer solchen Rolle engagierte und profilierte. Der Name Götz George war in Belgrad vor allem durch die erfolgreichen Karl-May-Filme ein Begriff, aber auch als positive Gegenfigur der braunen Altherrenriege in der deutsch-jugoslawischen Koproduktion HER-RENPARTIE. Über Heinrich George wusste man allerdings deutlich mehr, denn die Filmausbildung junger jugoslawischer Intellektueller schloss damals eine umfangreiche Kenntnis des westeuropäischen und amerikanischen Kinos mit ein.

So diskutierten wir auch sehr viel über Götz George – lange bevor er als Schimanski bekannt wurde – und über die mögliche Motivation für einen jungen deutschen Schauspieler, eine solche Rolle zu spielen.

Deutsche Darsteller waren den Jugoslawen ein Begriff, ob Hansjörg Felmy oder Günter Lamprecht, Bruno Ganz oder Otto Sander, Klaus Löwitsch oder Dieter Laser und natürlich auch Götz George. Er war besonders beliebt, weil von seiner Person so viel Wärme, Anteilnahme, Überzeugungskraft ausgeht – und gerade das macht die Figur Lang/Höß so gefährlich und irritierend.

Wir sprachen frei und offen über unsere eigenen Motivationen, über unsere Vergangenheit, über die Zeitgeschichte und wie wir davon geprägt sind. Hier der Sohn eines großen

*Elisabeth Schwarz und Götz George in »Aus einem
deutschen Leben«*

Künstlers, der unter Hitler eine exponierte Stellung einnahm, dort jemand, dessen Familie in den Konzentrationslagern der Nazis geblieben war, auf der anderen Seite der Sohn eines prominenten HJ-Führers, der noch gerade dem Jungvolk entgangen war und sich in den Wirren der Nachkriegszeit allmählich ein eigenes Weltbild, eine eigene Lebensauffassung zurechtgelegt hatte. Und in jenen Nächten wurde klar ausgesprochen, wurde deutlich, was Menschen dazu motiviert, ihren eigenen Weg einzuschlagen.

Nun, Götz George, der bei Staudte in KIR-MES das schlechte Gewissen der Deutschen, in HERRENPARTIE das gute Gewissen der Jungen verkörperte, zeigte bei Kotulla die Normalität des Ungeheuers und demonstrierte, dass nicht das grotesk verzerrte Grauen, sondern die biedermännische Bürgerlichkeit die furchtbarsten Verheerungen anstellen kann. Mit dieser schauspielerischen Leistung stellte er sein Talent nachhaltig unter Beweis und war damals zu Recht eine große Hoffnung des Kinos in der Bundesrepublik.

Schimanski als Image – Schimanski als Idol

Angesichts der Hoffnung, die Götz George für das Kino der Bundesrepublik verkörperte, war es erstaunlich, dass ein solcher Schauspieler in der damaligen Filmproduktion nicht gefragt war. Das bundesdeutsche Kino vegetierte immer noch zwischen allerlei Schnickschnack, Blödeleien und Überheblichkeit dahin oder führte neben dem Fernsehen ein Schattendasein.

In Hollywood oder in Frankreich hätte man für einen Götz George als neues Gesicht sicher einen zentralen Platz gefunden, aber bei uns war das nicht der Fall. Hier zählten andere Werte, andere Gesichter, andere Träume.

So fand Götz George nach und nach mehr Interesse am Fernsehen und avancierte schließlich in den Achtzigerjahren zum Fernseh-Star. Als Schimanski in der WDR-TATORT-Reihe, als unkonventioneller, legerer und ebenso schlagkräftiger Antikommissar fand er ein neues Ego, das aber für den Schauspieler Götz George nur Zwischenstation sein konnte – eine höchst gefährliche Zwischenstation allerdings, wenn man an andere Schauspieler denkt, die immer nur mit großen Anstrengungen aus einer Identifikationsrolle wieder herauskamen.

Doch erst einmal setzte er die erfolgreiche WDR-TATORT-Tradition von Sieghardt Rupps Kressin oder Hansjörg Felmys Haferkamp als Schimanski fort. Schon seit Beginn der ARD-Gemeinschaftssendung TATORT unterschieden sich die Beiträge der Kölner durch Lockerheit, Spannung und Spiellust. Nie nahmen sich die Kommissare ganz ernst, entwickelten aber dennoch einen hohen Identifikationsgrad wie außer ihnen gerade mal noch Fritz Eckardt als Marek oder Manfred Krug als Stoever.

Schimanski, auch »Schimmi« genannt, geht ganz eigene Wege. Es ist eine Figur, die Produzent Bernd Schwamm von der Bavaria, Regisseur Hajo Gies und Götz George gemeinsam kreierten. Sie schrieben die meisten Storys oder gaben die Inszenierungen und Stoffe an Freunde weiter, wie Ilse Hofmann, Peter Adam oder auch Theodor Kotulla.

Sein ungehobelter, aufmüpfiger Rockercharme machte den Hauptkommissar Schimanski zu einer der beliebtesten Fernsehfiguren. Er trinkt Dosenbier, ist wortkarg, lässt sich auch gelegentlich zu einer kleinen Ungesetzlichkeit hinreißen, wenn's um die gute Sache geht. Seine Beliebtheit bei den Fernsehzuschauern hielt die Polizei zuweilen für bedenklich, denn ihrer Ansicht nach ist so kein Polizist, kein Kommissar, kein Mann des Rechts. Dabei schienen die braven Originalkollegen immer wieder zu vergessen, dass dieser »Schimmi« eine Kunstfigur ist und die Autoren und Regisseure stets darauf bedacht sind, dass man die Kinowelt nicht mit der Wirklichkeit verwechseln kann.

Der große Vorzug der Schimanski-Tatort-Folgen liegt darin, dass den Machern auch bei denkbar schwachen Stoffen immer wieder genügend einfällt, um neunzig Minuten Unterhaltung zusammen zu bekommen. Wie hoch das einzuschätzen ist, kann man nur ermessen, wenn man den Tatort mit den inzwischen in Senilität erstickenden ZDF-Produktionen Der Alte und Derrick vergleicht.

»Faust und Bauch und Tränendrüse statt liebloser, entrückter Intellektualität. Und Götz George ist eben einer der wenigen Darsteller, die so etwas überzeugend bringen können. Er hat den sensiblen Vitalismus mit dem Bärencharme drauf und eine unterschwellig erotische Gewalttätigkeit – ganz der Papa!« (Hubert Haslberger in *Film Korrespondenz*)

»Immer noch (trotz der Mitte vierzig seines Darstellers Götz George) diese jugendlich-improvisatorische Existenz? Ei, gewiss doch! Die Eigenschaften und Verpackung eines erfolgreichen Markenartikels, das wissen Werbeleute, darf man nur sehr vorsichtig verändern. Im Gegenteil: Schimanski-George pflegt seine Ma-

schen. Wie er eine Bierbüchse jongliert, wie er sich ins Bett wirft, wie er telefoniert und wie er unentwegt was futtert, wenn die Gefahr am größten ist – lauter Pirouetten. Und schöne Grüße von Narziss.« (Hans Bachmüller in *epd*)

Bis Moltke von 1988 waren bereits zwanzig Schimanski-Tatort-Folgen gedreht worden, und es bestand kein Zweifel, dass Götz George in diese Rolle gewachsen war und auch in das Milieu.

»Wir haben hier dieses Gebiet, dieses Revier, den Pott sieben Jahre lang in Anspruch genommen. Die Leute waren unwahrscheinlich fair zu uns, haben uns in allen Situationen unterstützt, und wir haben ihnen natürlich auch durch den Tatort und die genaue Zeichnung des Gebietes geholfen. Wir haben Duisburg sicher ein bisschen populärer gemacht, und natürlich müssen wir zu dem Chaos, das hier ausgebrochen ist, Stellung beziehen.«

Sabine Postel und Götz George in »Der Pott«

Das Problem aber ist auch: Man kann in so einem Unterhaltungsfilm nur etwas anreißen.Wenngleich die Probleme der Stahlarbeiter bitter ernst zu nehmen sind, darf für uns das soziale Umfeld immer nur Hintergrund sein. Wir können dafür sorgen, dass das pfleglich geschieht – und da ist der erste Film DUISBURG RUHRORT von Vocks/Wittenburg vorbildlich, denn sie sind sehr dicht ans Milieu gegangen. Dieses Milieu vermisse ich in späteren Büchern immer wieder, aber wir dürfen auch nicht karitativ erscheinen und nicht den Eindruck erwecken, wir wollten nur die Krisensituation spektakulär oder spekulativ ausnutzen.

Wie andere TATORT-Reihen benutzen wir Duisburg als Hintergrund, sollte es den Duisburgern nicht mehr passen, dann könnten wir ebenso gut die Figur nach Wuppertal versetzen.« (G. G.)

Der TATORT-Krimi hat dabei eine fast ähnliche Funktion wie die britische James-Bond-Figur: eine Figur, die das Interesse wach halten soll. Während bei uns der Wechsel des Darstellers mit der Figur verbunden ist – also nach Kressin, Haferkamp und dann Schimanski –, lassen die Bond-Produzenten die gleiche Figur immer wieder von neuen Darstellern spielen. Damit verliert die Figur jedoch jeglichen Realitätsbezug. Kressin, Haferkamp, Schimanski sind unterschiedliche Personen, Typen, Charaktere. Doch die Gefahr, das Image der Rolle zu behalten, ist für den Schauspieler zu groß.

Hansjörg Felmy blieb bis heute der Haferkamp des deutschen Fernsehens, und auch Götz George hatte lange warten müssen, um den TATORT-»Schimmi« abstreifen zu können. Aber Götz George hat viele Gesichter, der Schimanski nur eines. Dennoch ist die Rolle des Duisburger Kommissars für sein Selbstverständnis, seinen Marktwert und seine Karriere auch bestimmend gewesen.

Dazu kommt bei uns ein sehr ungerechtes ungeschriebenes Gesetz: Während die Filmindustrie in Hollywood immer wieder neue Gesichter, neue Talente – und nicht nur unter den Schauspielern, sondern auch unter Regisseuren und Autoren – beim Fernsehen entdeckt, scheint hier ein Schauspieler – und sei er noch so talentiert –, der in einer Unterhaltungsschau spielt, fürs Kino untragbar. Es gibt eine Reihe ausgezeichneter junger Darsteller, denen man aus diesem Grund immer wieder Rollen vorenthielt oder sie herausdrängte. Ein typisches Beispiel ist der ausgezeichnete und vielseitige Fernsehdarsteller Helmut Zierl, der nur wegen seiner Auftritte in DAS TRAUMSCHIFF von insgesamt drei Regisseuren nicht be- oder umbesetzt wurde.

Götz George ist da in einer etwas besseren Situation, weil er eine Kinovergangenheit hat und immer wieder in erfolgreichen Filmen mitspielte. Gute Beispiele sind Carl Schenkels ABWÄRTS, einer der besten und erfolgreichsten Thriller der neueren Produktion, und Dominik Grafs DIE KATZE.

Aber, die Schimanski-Figur hat auch für Götz George ihre Tücken – dessen er sich auch bewusst ist. Die einen loben ihn wegen der Härte und Unerbittlichkeit, die anderen wegen seiner sozialen Gerechtigkeit. So ist er der Mann, der rot sieht, aber auch Robin Hood und Zorro in einer Person, der den Kleinen das gibt, was er den Großen nimmt.

Zukunft – der neue Trend?

Wenn Claudius Seidl am Ende seines Buches *Der deutsche Film der Fünfziger Jahre* die rhetorische Frage stellt: »Die Fünfziger Jahre, schon vorbei?« und wenn er die Tatsache, dass man in der Frühzeit des bundesdeutschen Kinos die wirklichen Talente brachliegen ließ, um die Feststellung ergänzt, dass sich die Situation bis heute nicht geändert hat, so trifft das genau den Kern der Sache. Denn die interessanten Stoffe, und vor allem jene Projekte, die mit unseren künstlerischen Mitteln an Kulisse, Szenerie, Regie und Schauspielern machbar wären, werden nicht fürs Kino produziert, sondern können nur vom Fernsehen realisiert werden.

Da aber die Produktionsbedingungen des Fernsehens ungünstig und die Drehzeiten für viele ambitionierte Projekte zu kurz sind, fallen manche davon flach. Die wenigen interessanten Kinofilme, bezogen auf Götz George, wie Carl Schenkels ABWÄRTS und Dominik Grafs DIE KATZE, bleiben Ausnahmen.

Götz George beweist unter Schenkels Regie in ABWÄRTS, dass er ein vielseitiger Schauspieler ist, der eben nicht nur durch seine Körperlichkeit, überzeugenden Stunts und physische Präsenz überzeugen kann, sondern auch als völliger Loser. Es beginnt mit machohafter Überheblichkeit, verändert sich in Unsicherheit, Skepsis, Angst und endet in totaler Hilflosigkeit.

Bei Dominik Graf zwingt ihn die Rolle ins alte Klischee und dennoch: Auch hier sind es Angst, Einsamkeit, Verzweiflung, die gelegentlich aufflackern. In Frank Beyers DER BRUCH bricht schließlich das Komödiantische vollends durch: Dieser miese kleine Kellner Graf, der sich ständig wichtig macht und immer wieder versucht, mit den Profis Otto Sander und Rolf Hoppe mitzuziehen. Und fortan musste man ihn neu einordnen und neu besetzen.

Reinhard Hauffs Arbeit mit George in dem Politthriller BLAUÄUGIG hat diesen Trend verstärkt, ganz zu schweigen von Helmut Dietls (Tragi-)Komödien SCHTONK! und ROSSINI.

Perspektiven für einen Schauspieler oder Die Ohnmacht des Kinos – Die Macht des Fernsehens

I.

Bei uns in Deutschland hat das Kino nie einen besonders großen Stellenwert gehabt – zumindest in der Zeit, als unser Staat, wie es vor der (Wieder-)Vereinigung der Fall war, noch »Bundesrepublik Deutschland« hieß, kurz auch BRD genannt. Dies war auch in der wichtigen Epoche des »Wirtschaftswunders« in den Sechzigerjahren so, als Filmtheaterbesitzer noch zu den wohlhabenden Bürgern zählten. Vom Image her rangierte der Film bestenfalls als Trivialkunst weiter im Fahrwasser seiner Vergangenheit als Jahrmarktsattraktion. Man spürt schon den gewaltigen Unterschied, wenn man in anderen Ländern Kinopremieren beiwohnt. Das sind oft kulturelle Ereignisse, Volksfeste, einfach etwas Besonderes; bei uns zahlt man eine Karte, geht ins Kino und am Ende wieder nach Hause. Ausnahmen bestätigen die Regel, wenn man sich von ein bisschen Rummel ein besonders gutes Image verspricht.

Als die Fernsehkonkurrenz das Kino massiv zu bedrohen begann, machte man das aufwändige Überlebenstraining aus Hollywood halbherzig mit, verlegte sich aber vorwiegend aufs Jammern darüber, dass das Publikum das Kino im Stich ließ. Die Entleerung der Kinosäle führte erst einmal zu deren Verwahrlosung, man kümmerte sich nicht mehr um ansprechendes Aussehen, um Komfort und technische Brillanz; die unscharfen Bilder und krächzenden Lautsprecher dehnten sich wie eine Seuche über die bundesdeutsche Kinolandschaft aus, in den Städten und in der Provinz wurden immer häufiger aus Kinopalästen Supermärkte.

Dann, eines Tages, hatte einer die geniale Idee: Die Kinos sind alle zu groß, zu unpersönlich, lasst uns kleine gemütliche Räume machen, in denen sich der Zuschauer wie zu

Hause fühlt; die Leinwand war da oft ein vergrößerter Fernsehschirm. Man glaubte, die Besucher wären so glücklicher. Doch auch diese Rechnung ging nicht auf, obwohl es eine ganze Weile danach aussah. Erst als eine Reihe von gemütlich und großzügig eingerichteten Programmkinos einen festen, neuen Besucherstamm anziehen konnte, als die Jugend sich plötzlich für gut gemachtes, anspruchsvolles Kino zu interessieren begann, da musste man doch spüren, dass an den alten Vorstellungen irgendetwas nicht stimmen konnte. Doch dass man sich bei der Einrichtung von Kinos wie bei der Herstellung von Filmen auch einmal um formale und inhaltliche Qualitäten kümmern sollte, dass man vielleicht eine eigene nationale Filmkultur errichten könnte, auf diese Idee kam man nicht.

Dabei verfügte das Kino in der Bundesrepublik zu allen Zeiten über eine Reihe hervorragender Kräfte, unter anderem über routinierte Regisseure wie Peter Beauvais, Kurt Hoffmann, Rudolf Jugert und andere. Später kam eine Reihe talentierter neuer Leute wie Rainer Werner Fassbinder, Reinhard Hauff, Werner Herzog, Volker Schlöndorff und Wim Wenders hinzu, und danach konnte man zunächst auf Klaus Emmerich, Dominik Graf und Carl Schenkel bauen – nicht zu vergessen die vielen Individualisten wie Alexander Kluge, Helke Sander oder Straub/Huillet und Ula Stöckl oder auch Herbert Achternbusch. Doch welche Chancen hatten sie alle in unserer von merkwürdig verschrobenen, abgehobenen Marktvorstellungen beherrschten Medienlandschaft, die von alten, unguten Traditionen geprägt ist?

II.

Die deutsche Filmindustrie wurde 1917 mit einem Geheimfonds von Ludendorff gegründet. Daraus entstand die UFA, in der noch in den Zwanzigerjahren Majore in den Aufsichtsräten saßen. 1928 kaufte Hugenberg, Führer der Deutsch-Nationalen, die UFA zur Abrundung des Scherl-Konzerns, dem Springer-Verlag der Zwanzigerjahre. Im Dritten Reich wurde der Film verstaatlicht. Aber nur mittelbar; an der Basis agierte die Wirtschaft, unten gab es Gewinne, oben politische Leitsätze von Josef Goebbels. Noch heute werden die Verwaltungsratsmitglieder der Filmförderungsanstalt auf eine Rüstungswirtschaftsverordnung aus dem Jahre 1943 vergattert, die für Parteigenossen, die in »Organen der Wirtschaftslenkung«, Kartellen und berufsständischen Organisationen saßen, galt. Dieser Besitzstand aus Herrschaftswissen war bis zur UFA-Krise von 1962 intakt. Die Tradition des deutschen Films ist alt und ehern. Unser Filmförderungsgesetz ist im Grunde die Wiederbelebung der Allianz: Schnulzenkartell – politisches Rechtskartell.

Hans Richter schrieb in seinem Buch *Kampf um den Film* 1929: »Die Minderwertigkeit der meisten Filme erklärt man mit dem Hinweis, das Publikum wolle schlechte Filme, die Produktion gehe bankrott, wenn sie sich diesem Diktat des Publikums nicht füge usw. Es ist unbestreitbar, dass das große Publikum an schlechten Filmen viel Freude hat.«

Die Filmgeschichte ist inzwischen mehr als 100 Jahre alt. Während dieser ganzen Zeit gab es immer wieder Krisen, bei denen der Kinobesuch austrocknete, weil die Filmindustrie Monokulturen von Filmen herstellte, die die Zuschauer vertrieben, weil sie andere Interessen hatten.

III.

Unter solchen Voraussetzungen ist es dann kein Wunder, dass man nicht nur Drehbuchautoren und Kameraleute verkümmern lässt, sondern auch die, die das Ganze schließlich über die Rampe beziehungsweise die Leinwand bringen müssen: die Schauspieler. Ist man schon in früheren Zeiten mit Künstlern wie Martin Held oder Robert Graf, Wolfgang Reichmann oder O. E. Hasse, Marianne Hoppe oder Hildegard Knef umgegangen – und ganz besonders der jungen Romy Schneider –, als wären sie lästige, arrogante Individualisten und nicht große, selbstbewusste, aber auch sensible Schauspieler. So hat man es auch bei uns nie verstanden, Schauspielkunst als »Kapital« zu nutzen oder gar Stars aufzubauen.

Wer von Claudia Messner in ZABOU nicht überzeugt war, konnte sich in zwei ganz unterschiedlichen Filmen von ihrem Talent als Schauspielerin überzeugen lassen: In Xaver Schwarzenbergers entrümpeltem Ganghofer-Film GEWITTER IM MAI und in Axel Cortis WELCOME IN VIENNA zeigte sie vielseitige Fähigkeiten. In Carl Schenkels erfolgreichem Spielfilm ABWÄRTS war ein versierter junger Darsteller aufgefallen: Hannes Jaenicke; Hajo Gies hat ihn in ZABOU, Dominik Graf in dem Fernsehspiel DIE BEUTE besetzt.

Doch ähnlich wie die nicht weniger talentierten Darsteller Heinz Hoenig und Ralf Richter, die beiden Bankräuber in Dominik Grafs Krimi DIE KATZE, verdankten diese begabten Schauspieler ihre künftige Karriere nicht einer vernünftigen Produktionsplanung, die auch die Förderung von Talenten mit einschließt, sondern der Umsicht und dem Interesse von Regisseuren, die sie besetzten. Denn Jaenicke, Hoenig und Richter, aber auch Claudia Messner sind Schauspieler, Talente, Gesichter, die eine Filmbranche, die etwas auf sich hält, aufbauen würde.

Wie in den USA, wo es vor fünfzehn Jahren noch so aussah, als gäbe es keine neuen individuellen Gesichter und Charaktere, und wo heute Filmemacher aus dem Vollen schöpfen dürfen, hat sich auch bei uns einiges geändert, und vielleicht ließen sich auch bei uns bislang unbekannte Talente zu zugkräftigen Stars aufbauen wie in Amerika. Dort begannen sich Produktions- und Werbebüros um Schauspieler wie Rosanna Arquette, Kim Basinger und Daryl Hannah, Matthew Broderick, Michael J. Fox und Matthew Modine zu kümmern. Nicht zu vergessen auch Tom Hulce, der durch den Welterfolg von AMADEUS zu einer Art neuem Kultschauspieler wurde.

Bei den deutschen Bühnen hat man das längst erkannt; unter Peter Zadek und Jürgen Flimm, Claus Peymann und Peter Stein wurden und werden konsequent Talente aufgebaut, gefördert und herausgestellt. Ob Edith Clever oder Jutta Lampe, Bruno Ganz oder Otto Sander: hier hat sich die Tradition von Theatermachern wie Heinz Hilpert oder Rudolf Noelte fortgesetzt.

IV.

In Gesprächen mit Götz Georges Regisseuren und Kollegen ist mehrfach davon die Rede, wie miserabel die Situation von Schauspielern in Deutschland im Gegensatz zur USA oder in den europäischen Nachbarländern ist. Unser armes Kino – arm nicht nur an finanzieller Liquidität, sondern auch arm an Geist, an Einfällen oder an sozialem und politischem Bewusstsein – lässt seine besten Kräfte verkümmern. Kein Zigarettenfabrikant, keine Seifenfirma würden die Ware so lieblos und unqualifiziert verpacken und anbieten, wie es die Kinobranche ständig tut, sagte einmal ein sehr profilierter PR-Mann einer großen amerikanischen Filmfirma in einem Interview – und kurz nach der Veröffentlichung hat man ihn fristlos entlassen, er war lange »blacklisted« und konnte erst Jahre später wieder Fuß fassen. Das liegt einige Jahrzehnte zurück, aber geändert hat sich bei uns de facto nicht viel.

Als die Krise des Films in der BRD am größten war, stand das Fernsehen, selbst auf Kinofilme angewiesen, als Partner zur Verfügung. Inzwischen werden nicht nur bei uns in Deutschland, sondern auch im europäischen Ausland Kinofilme erst durch die Fernsehbeteiligung möglich gemacht. Vorbildlich funktioniert hat das eine lange Zeit (d. h. bis Berlusconi die Macht übernahm) in Italien, wo die staatliche Fernsehanstalt RAI die Meisterwerke von Federico Fellini, Ermanno Olmi und Paolo und Vittorio Taviani sowie Francesco Rosi produziert hat. Auf der anderen Seite wäre das neue britische Kino, das von Regisseuren wie Peter Greenaway, Stephen Frears und Neil Jordan geschaffen wurde, ohne Beteiligung des Fernsehsenders Channel 4 nicht denkbar gewesen.

Bei uns hat sich die Situation der Filmemacher erst verbessert, seit es das Kino-Fernseh-Rahmenabkommen gibt. Zuvor haben Regisseure wie Reinhard Hauff, Werner Herzog, Hans W. Geissendörfer oder auch Wim Wenders ausschließlich fürs Fernsehen inszeniert und erst sehr viel später einige ihrer Arbeiten ins Kino bringen können. Ein Negativeffekt der Fernsehdominanz bestand eine Zeit lang darin, dass Filmemacher beim Drehen den Bildschirm im Kopf hatten und dabei gelegentlich auf Szenenkonstellationen und Einstellungen verzichteten, die nur im Kino wirksam sein können.

Götz George ist Schimanski, ein Fernsehstar, der auch im Kino Publikum anlockt, aber er ist vor allem ein hochbegabter Bühnen- und Filmschauspieler, der – wann immer er die Chance hat, aus dem Rollenklischee auszubrechen – seine Vielseitigkeit unter Beweis stellen kann. Sicher, die TATORT-Folgen mit Schimanski sind unterhaltsam, oft auch intelligent und hintergründig. Nur – sie können dem breiten Spektrum eines guten Schauspielers schlichtweg nicht genug Raum bieten.

(Der Originaltext, in Zusammenarbeit mit Christiane Ensslin und Alexander Kluge entstanden, wurde erstmals im April 1984 in der Zeitschrift *Spektrum Film* unter dem Titel »Filmpolitik und Autorenfilm« veröffentlicht. Diese Überarbeitung des Autors stammt aus dem Jahre 1989.)

Götz George und das Theater

Der zwölfjährige Götz George neben O. E. Hasse in Saroyans »Mein Herz ist im Hochland«

»Saroyan, der immer wieder in seiner armenischen Kindheit kramt, stellt Zauberjungens auf die poetischen Beine. So einer ist Jonny, und ihn gibt selbst ein Zauberjunge, Götz George, Heinrichs Sohn. Thalia erhalte ihm seine hoch talentierte Unbefangenheit«, so zitiert Berta Drews in ihrem Buch *Wohin des Weges?* aus einer Kritik zum ersten Bühnenauftritt ihres Sohnes, und in der Kritik zu den Sartreschen FLIEGEN von 1963 in Göttingen heißt es schlicht: »… und vor allem Götz George, ein gesammelter, seiner Sache von Anfang an sicherer Orest.«

Nicht auf der Bühne, sondern als Fernsehinszenierung des Theatermanns Ludwig Cremer sah ich Götz George 1982 als N. Richard Nashs Bill Starbuck in DER REGENMACHER. Als Kinokenner denkt man unwillkürlich an Burt Lancaster und Katharine Hepburn in Joseph Anthonys gleichnamiger Verfilmung von 1956, doch bei diesem Fernsehfilm von Ludwig Cremer (1981) vergisst man Hollywood sehr rasch, denn das Schauspieler-Ensemble bot überzeugende Präsenz – ob Walter Richter, Rolf Becker und Jochen Schroeder als die Leute von der Curry-Farm oder der ständig missmutige Witwer von Günter Lamprecht. Und das, obwohl die Fernsehregie einen unentwegt mit Großaufnahmen bombardierte und Charly Niessen mit unsensibler Western-Musik falsche Stimmung schürte.

Eine wirkliche Entdeckung aber war das Hauptdarstellerpaar. Cornelia Froboess, das Mädchen aus den Endfünfziger-Schnulzen (WENN DIE CONNY MIT DEM PETER), war eine wundervolle herb-schöne Lizzie, die ihre letzte Hoffnung in dem charmanten Schwindler Bill sieht, den Götz George spielt. Und gerade er erwies sich hier, nachdem bereits die ersten vier Schimanski-TATORT-Folgen gedreht waren, als Schauspieler der leisen Töne. George verzichtete auf aufdringliche Lustigkeit (was einige Kritiker als Mangel an komödiantischem Feuerwerk bezeichneten), er war überraschend dezent und menschlich, ohne jeden Anflug von Schimanski-Allüren. Sechs Jahre später spielt er bei Frank Beyer den gar nicht mehr so liebenswerten Gauner Graf in der Kriminalkomödie DER BRUCH.

Götz George ist vor allem ein Bühnenschauspieler. Schon immer liebte er das Theater, den Kontakt mit dem Publikum, die Möglichkeit, von Mal zu Mal zu wachsen, zu verändern, Intensität zu steigern. Derjenige, der ihn geformt hat, war Heinz Hilpert. Norbert Baensch, Dramaturg am Deutschen Theater in Göttingen, erinnert sich an den jungen George. »Der kam mit dem ganzen Pathos des Übervaters nach Göttingen. Er hatte alle Filme mit Heinrich George gesehen, er war besessen, doch Heinz Hilpert hat ihm das Sprechen, das Spielen beigebracht.« Götz George muss damals ein übersprudelndes Talent gewesen sein, faszinierend,

aber noch unbehauen – und Hilpert hat ihm die Möglichkeit verschafft, die ganze Palette des Theaters auszukosten.

Götz George hat mit jungen und mit erfahrenen Regisseuren gearbeitet, hat Klassiker und die Moderne gespielt und die Voraussetzungen für eine wirklich große Schauspielerkarriere geschaffen – das Talent indes, die Voraussetzung für jeden Künstler, war in reichem Maße vorhanden. Nach Heinz Hilperts Tod ist er allerdings nicht mehr in ein festes Ensemble gegangen, hat nur noch Gastspiele gegeben und Tourneen gemacht.

»Bei den Tourneen habe ich ganz einfach einen viel größeren Spielraum, und das wird immer unterschätzt. Man kann sich da freispielen und wird von den Zuschauern sehr genau kontrolliert. Es ist ja – wenn man so will – jeden Abend Premiere, und ich mache das inzwischen schon zum sechzehnten Mal. Das erfordert schon eine ungeheure Disziplin.« (G. G.)

Freilich ist es auch Knochenarbeit, jeden Abend vor einem kritischen Publikum um die Gunst zu buhlen, jeden Abend das Stück neu einzurichten, sich auf die jeweiligen Bühnenverhältnisse einzustellen.

»Wichtig ist bei einer solchen Tournee, dass man mit Kollegen arbeitet, von denen man weiß, dass man mit ihnen eine lange Zeit spielen und zusammen sein kann. Das ist gar nicht so leicht, vier Monate lang ganz eng zusammen zu sein, das Bestmögliche aus den Gegebenheiten zu machen. Das ist aber auch etwas, was du sonst bei einem Theater nie in den Griff bekommst. Da kommst du zwei- oder dreimal in der Woche oder du spielst en suite und ziehst deine Sache ab. Natürlich kommt es auch darauf an, wie intensiv so eine Inszenierung erarbeitet worden ist. Aber du hast da nicht diese technische Aufgabenstellung, und die ist auch für einen Schauspieler wichtig. Du musst jeden Tag neu einleuchten – da fahren ja nur zwei Bühnenarbeiter mit –, du musst teilweise umbauen, weil keine Vorhänge da sind, du bist wieder der alte Striese, und das liegt mir halt irgendwo.« (G. G.)

Ein Hauch von Abenteuer ist auch dabei. Ich erinnere mich an Begegnungen mit Peter Brogle oder Martin Lüttge, die von ihren Erfahrungen mit dem Zelttheater ganz begeistert waren, begeistert von diesem Wanderleben, den allabendlichen Auseinandersetzungen mit dem Publikum, das mitgeht oder nicht, wo man plötzlich nachdenkt, warum dieser oder jener Gag nicht funktioniert. Liegt es an der mangelnden Konzentration, oder hat man was verpatzt? Oder ist nur das Publikum nicht aufmerksam – vielleicht muss man es überlisten und wach trommeln oder auch mal durch Schweigen in Aktion versetzen.

In schrecklicher Erinnerung hat man dagegen das klassische Tournee- und Stadttheater wie »Der Grüne Wagen«. Oft wurden nur ein paar großartige Stars wie Elisabeth Bergner oder Käthe Gold, Bernhard Minetti oder Hans Christian Blech als Zugpferde genommen und mit einem mehr schlecht als recht zusammengewürfelten Ensemble, das Standardinszenierungen vom Fließband spielte, auf Reisen geschickt.

Das hatte die Theaterliebhaber derartig verärgert, bis sie dann bei Peter Brogle's »Schau-

Götz George und Rosemarie Pruppbacher in Jean Paul Sartres »Die Fliegen«

bude«, Marin Lüttges' »Theaterhof Priessental« oder den »Fliegenden Bauten« eines Besseren belehrt wurden. Hier gilt im Ansatz, was das »teatro canpesino« in Mexiko verfolgt: das Theater wieder als Vergnügen, als Volksbelustigung zu entdecken, es aus dem geheiligten Rahmen des Musentempels, den nur Eingeweihte betreten, zu befreien. Etwas Derartiges versuchten zu Beginn der Achtzigerjahre Dario Fo mit seinem Ensemble und George Tabori, der im Zirkuszelt Samuel Beckett inszenierte.

Bei einem Gespräch vor Beginn des Festivals »Theater der Welt« 1981 in Köln sagte mir Rainer Werner Fassbinder, der später während des Theaterfestes einen Film über die Veranstaltung machte: »Mich interessiert heute, was die Leute vom Squat Theatre oder was Bobby Wilson macht, und ich hoffe, dass ich einiges von dem wiederfinde an Elan und Experimentierlust, was für mich und meine Freunde damals Beweggründe waren, Theater zu machen: dass man am Theater mehr Zeit hat, etwas auszuprobieren. Da waren die Proben wichtig, hatte Bedeutung, was die Leute auf den Proben entwickelten. Premieren sind immer nur wichtig für Leute, die eh wissen, was sie machen, wohin sie tendieren. Theater ist an sich eine elitäre Sache, aber wenn viele Leute Theater machen, wenn es viele Gruppen gibt, dann ist das anders. Aber die herkömmlichen Formen des Theaters finde ich langweilig. Da wird nur noch etwas Fertiges ausgestellt, und das muss dann auch noch möglichst chic sein. Ich glaube nur an ein Theater, das sehr viel mit den Inhalten zu tun hat und mit den Leuten, die mit diesen Inhalten umgehen. Für mich ist die Form des mexikanischen Wandertheaters oder dem von Vittorio Gassman in Italien schon ein Ansatz dessen, was mir vorschwebt, auch die ›Rote Rübe‹ oder ›Squat‹, doch das Beste, finde ich, ist, wenn Publikum und Theaterleute gemeinsam Theater machen – nicht in Art von Claus Bremers ›Mitspieltheater‹, sondern noch konsequenter, noch improvisatorischer.«

Wenn man sieht, was in den Stadt- oder Staatstheatern heute los ist, wie da gekämpft und intrigiert wird und schlechtes, kaum innovatives Theater herauskommt – die wenigen Ausnahmen bei Jürgen Flimm, Peter Zadek, dem Theater an der Ruhr oder der Berliner Schaubühne abgezogen –, dann wünscht man keinem Schauspieler, der sich wirklich engagiert, aber auch keinem Regisseur, sich hier künstlerisch kaputt machen zu lassen.

Götz George meint dazu: »Wenn man ein Anliegen an diesen Beruf, an die Schauspielerei hat und Theater spielen will, dann bemüht man sich um genaue Arbeit, und so hat es sich ergeben, dass wir meist unter Kollegen – mit denen ich auch arbeiten wollte – gemeinsam ein Stück, eine Inszenierung erarbeiteten. Und das hat sich dann auch bezahlt gemacht, und wir bekamen eigentlich das in den letzten Jahren auch wirklich honoriert – von den Kulturreferenten wie vom Publikum.

Natürlich gibt es da manchmal Beschränkungen auf der Bühne, da hat man nicht den Bühnenraum, um das Ganze wie geplant aufzubauen, aber da muss man sich eben dementsprechend mehr anstrengen, um das Manko im Spiel wieder wettzumachen. Ich habe die Erfahrung gemacht, dass sich hier eine so konzentrierte Arbeitssituation ergibt, wie sie bei einem festen Ensemble nicht in der Weise herstellbar ist. Da beschäftigt man sich tagsüber mit ganz anderen Dingen, dreht vielleicht einen Film, macht bis achtzehn Uhr Fernsehen und geht dann abends auf die Bühne. Das ist natürlich eine doppelte Belastung. Beim Tourneetheater ist es effektiv nur so, dass du dich von morgens bis abends auf die Rolle konzentrieren kannst. Das ist zwar wahnsinnig anstrengend, aber für mich war das immer so ein Freiraum. Ich gehe dann eben spazieren, bin mit den Kollegen im Bus. Da kommt eine gute oder eine weniger gute Stimmung auf, aber es ist immer eine grundsätzliche Sache, dass man feststellt: Dort findet noch wirkliches Theater statt, da gibt es noch eine Reaktion vom Publikum, man spricht nach der Vorstellung mit den Leuten und erfährt wirklich etwas über die Wirkung der eigenen Arbeit, und das bringt für beide Seiten etwas.

Für Eberhard Feik, mit dem ich das letzte Mal auf Tournee war, war das ein einschneidendes Erlebnis, er hatte nur ein oder zwei Tourneen vorher gemacht und war voll begeistert, wie freundschaftlich, wie künstlerisch ergiebig so etwas ist, wenn man es wirklich ganz ernsthaft betreibt.«

Eine Geldfrage ist das gewiss nicht. Beim Film oder beim Fernsehen verdient man das Mehrfache in wesentlich kürzerer Zeit. Es geht hier wirklich um das Anliegen, das Bedürfnis, Theater zu machen, und ein wirklich kreatives Theater mit einem wirklich harmonischen Ensemble fehlt leider, bis auf ein paar Ausnahmen, an unseren Bühnen.

Götz George über Götz George

Mutter hat gesagt, der einzige, der dir wirklich – auch pädagogisch – das größte Rüstzeug mit auf den Weg geben kann, ist Hilpert. Das stimmte auch, und Hilpert hat mich auch gleich eingesetzt. Ich hatte nicht dieses Problem, dass ich erst mal dienen musste. Hilpert war der einzige, der angerufen und meiner Mutter gesagt hat: »Also, dein Sohn geht mir nicht aus dem Kopf. Er hat mir gestern etwas vorgespielt, das ist so eigentümlich selbstbewusst und auch schon künstlerisch abgesegnet, und dann hat er mir auch noch gesagt, er hätte das auch selber inszeniert, also selber entworfen [was ja auch stimmte], den musst du mir schicken. Ich kann dir nicht viel Geld geben, du musst mit fünfhundert Mark zufrieden sein, aber den will ich gleich haben.« Also auch ein Glücksmoment.

Das hat sich alles als sehr positiv in meinem Leben entwickelt, weil das alles so ineinander hakte, und dadurch kriegte ich auch sofort ganz tolle Rollen bei ihm und spielte mit sehr, sehr guten, bühnenerfahrenen Leuten zusammen. Dadurch war ich eingebettet, und dazu kam auch diese Fairness, die Hilpert mir gegenüber hatte. Er sagte: »Du musst auch deinen Weg verfolgen, du musst auch, wenn du schöne Filme angeboten bekommst, diese Filme um Gottes willen machen. Ich kenne diesen Zwiespalt zwischen Theater und Film, das sollst du machen.« Also einigten wir uns auf einen Vertrag: »Ein halbes Jahr spielst du bei mir Theater.« Nachdem ich zwei Jahre durchgespielt hatte, hat er dann gesagt: »Die nächsten Jahre machen wir es so: Du spielst bei mir zwei große Rollen, und das andere machst du mit der Filmarbeit.« Auch ein großes Entgegenkommen, was du eigentlich am Theater sonst nie so erfährst.

Und dadurch lief das alles parallel: Ich machte meine Filme – bei Staudte hatte ich die Gelegenheit, in KIRMES zu spielen, DIE FASTNACHTSBEICHTE machte ich, und dann habe ich mich vom Theater gelöst und mich eigentlich auch nicht mehr, auf Grund meiner Erfahrungen bei Hilpert, an andere Theater gebunden, auch nicht ans Schiller-Theater, da war ich Gast. Wenn du Gast bist an einem Theater, wirst du schon anders behandelt als ein Ensemblemitglied.

Ich war in Köln, auch in München – immer nur gastweise –, und das hat sich auch wiederum sehr positiv gezeigt, obwohl das so ein Zwiespalt ist. Du trittst beim Ensemble schon mit einem Neidkomplex an, also dem Ensemble gegenüber bist du sehr aufgeschlossen. Das Ensemble merkt, du hast so eine gewisse Bevorteilung von der Intendanz, von den Regisseuren. Da musst du dich auch durchsetzen. Es hat ein Für und ein Wider. Aber das einzige Für, das es gehabt hat, war, dass ich eigentlich nach diesen Stückverträgen ganz froh war,

Götz George mit Loni von Friedl und Tochter Tanja

wieder mal zu wechseln. Das war ja immer für ein halbes Jahr eine Anbindung an ein Theater, und dann spürte ich meine innere Unruhe, ich wollte wieder etwas anderes kennen lernen. Deswegen habe ich eine Abneigung dagegen, fest in ein Ensemble einzutreten, zu sagen, ich will jetzt drei Jahre lang durchpowern, weil ich da jetzt auch nichts mehr lernen kann, obwohl man immer sagt, im Beruf lernst du nicht aus – aber ich glaube, bis zu einem gewissen Grad hat man ausgelernt.

Nicht so wie damals mein Vater meinte, als man ihn fragte, warum er nicht zu seinem fünfzigsten Geburtstag den Lear spiele, dass er noch nicht reif genug sei. Da ist was Wahres dran. Heute wird der Lear von viel jüngeren Leuten gespielt, mit Maske und so; damals machte man als Schauspieler eine stete Entwicklung. Heute gibt es überhaupt keine Entwicklung mehr, sondern es ist ein Zufallstreffer, dass einer sagt, bitte spiel doch bei mir mal das oder das, dann ist es vielleicht eine Traumrolle. Aber dann kommt es immer darauf an, wie wird so ein Stück ausgelotet, wie ist die Arbeitsatmosphäre, was will der Regisseur, ist er werktreu.

So ein blindes Vertrauen hatte ich wirklich nur bei Peter Stein oder bei meinem großen Guru Rudolf Noelte. Da würde ich blind sagen, das ist okay, das ist richtig, wenn wir das zeitlich in Einklang bringen können, und das ist ja auch ganz schwierig, das muss man ein Jahr lang vorher planen. Dann würde ich das machen. Wenn ich an den Arbeitsplan meines Vaters denke – die haben ja früher viel mehr gearbeitet, aber es stand unter einem anderen Stern, unter einem sehr großen künstlerischen Stern.

Heutzutage wird ein Künstler, ein Schauspieler – oder besonders auch ein Regisseur – verbraucht, weil der Druck so ungeheuer groß ist, sich beweisen zu müssen, die Leute ins Theater zu bringen, auch sich künstlerisch zu beweisen, die fürchterliche Häme, die umgeht, das Schreckgespenst in deutschen Landen. Denn jeder ist böse auf den anderen, keiner gönnt dem anderen einen Erfolg. Deswegen gibt es eine ungeheure Abnutzung, und wenn ich so sehe, unter welchem Druck auch Dominik Graf DIE KATZE produziert und geleitet hat, muss ich sagen, da musst du erst mal ein halbes Jahr Pause machen, um das zu verdauen, diese Kraftanstrengung. Das ist, wie wenn du als nicht so trainierter Mensch auf einmal zwei Zentner fünfzig stemmst, da geht man automatisch in die Knie.

Ich muss sagen: Zum Glück ist der Film aufgegangen. Es hätte ja sein können, dass das Publikum nicht reingegangen wäre. Was glauben Sie, was da für ein Leidensprozess eingesetzt hätte. Da sagt der Regisseur, ich will mit diesem Beruf nichts mehr zu tun haben, denn was ist noch gültig in der heutigen Zeit, was hat noch Bestand. Der Druck ist so gewaltig, dass man versuchen sollte – zumal heute –, nur noch das anzunehmen, wovon man wirklich glaubt, dass es einem Spaß macht und dass man es körperlich und seelisch noch verkraften kann, aber ansonsten sollte man sehr vorsichtig mit sich umgehen.

Das habe ich auch in mein Lehrbuch geschrieben: Ich habe jetzt die ganzen Stationen durchgemacht und war vom Schicksal sehr bevorteilt, was auch damit zusammenhängt, dass ich wahnsinnig fleißig bin. Ich habe mir keine Aufgabe im Leben leicht gemacht. Ich bin in Klausur gegangen, und das hat sich dann letztlich ausgezahlt. Das wird sich bei jedem Menschen auszahlen, wenn er sich so vorbehaltlos einer Sache hingibt. Jetzt spiele ich schnell mal Theater, mache vormittags und nachmittags Synchron. Das müssen wir alles unter einen Hut bringen, denn mit mir hatten es Aufnahmeleiter und Intendanten immer ganz leicht. Wenn ich mich für eine Arbeit entschieden habe, dann habe ich diese Arbeit auch gemacht und bin niemals dem Hang verfallen, drei Sachen auf einmal zu machen, wie man es ja oft wegen einer Familie aus pekuniären Gründen macht.

Götz George über …

… Hajo Gies

Von allen Regisseuren besetzt er am genauesten. Er riskiert auch am meisten, und ich verlasse mich da blind auf ihn. Hajo schaut sich sehr viel um, geht viel ins Theater – das ist ein Teil seiner Arbeit. Und wenn jemand so angestrengt arbeitet und diese Arbeit ihm Freude macht, zahlt sich das zum Schluss aus. Deshalb kriegt er immer eine erstklassige Besetzung zustande.

Hajo ist sicher kein Regisseur, der unüberlegt drauflos arbeitet. Er gehört nicht zu denen, die nur Idealvorstellungen im Kopf haben und dabei vergessen, dass die begrenzten Mittel deren Verwirklichung gar nicht zulassen. Er passt seine Vorstellungen immer dem Rahmen an, der ihm gesetzt ist, und gerade deshalb sind seine Arbeiten in der Regel erstklassig. Man muss in der Kunst einen ruhigen Kopf haben. Sobald man verkrampft ist – in der Malerei, der Musik oder der darstellenden Kunst –, kriegt man einen Knoten rein. Beim ihm ist – wenn er zum Drehort kommt – der Kopf ausgeruht. Er lässt sich von der Produktion nicht an den Karren fahren, bleibt locker, und wenn die anderen ihre Prämie bekommen wollen, ihr Schulterklopfen, weil sie den Drehplan eingehalten haben und im Materialverbrauch perfekt gewesen sind, interessiert das den Hajo alles nicht. Dadurch gibt er dem Schauspieler eine ungeheure Ruhe und lässt keine Hektik aufkommen.

… Dominik Graf

Er ist sicher gegenwärtig einer der besten Regisseure in der Bundesrepublik. Er konnte seine Vorstellungen anfangs noch nicht ganz durchformulieren; er wusste sicher um seine Begabung, aber es fehlte ihm noch etwas, er hatte noch nicht die Mittel; wohl ein Bild im Kopf, wie man es machen könnte. Doch dann hat der Produktionsleiter gesagt: »Wir stellen

Ihnen die Mittel dafür nicht zur Verfügung, machen Sie es kleiner« – und das wiederum geht oft nicht. Man muss also etwas ganz anderes entwerfen, den einen oder anderen Gedanken vergessen und etwas Neues aufnehmen.

Unter den Regisseuren herrscht ein ausgeprägtes Konkurrenzdenken. Wenn der eine Regisseur etwas gemacht hat, und der nächste kommt, dann will der das besser machen; er sagt: »Ja, das hat der und der toll gemacht, aber es ist eben noch nicht ganz das, was ich mir vorstelle.« Das ist für uns ganz schön und anregend. Nicht umsonst habe ich immer dafür plädiert, mit neuen, jungen Leuten zu arbeiten, die noch unverbraucht sind. Und ich finde diese Art von Konkurrenzdenken, die ja nicht an die Oberfläche kommt, ganz nützlich. Aber der Dominik ist sicherlich einer der begabtesten Regisseure, er hat in der Intensität der Arbeit eine Ähnlichkeit mit Carl Schenkel.

Und jetzt schlägt sich in seiner Arbeit auch das private Glück nieder, die schöne Verbindung mit einer Frau, das Kind [Dominik Graf war zu dieser Zeit mit der Amerikanerin Sherry Hormann liiert]. Man darf das nicht unterschätzen. So ein Kind macht Männer locker, sie merken auf einmal, es gibt Wichtigeres auf der Welt als Film. Gerade Männer, bei denen eine menschliche Beziehung nicht aufgeht, werden ja oft zu absoluten Top-Managern, stürzen sich in Arbeit, bringen Höchstleistungen. Wenn das Menschliche und das Private stimmen, dann merkst du auf einmal: was wir da machen, ist nicht so wichtig. Man wird in unserem Job sehr leicht dazu verführt, sich zu wichtig zu nehmen.

Dominik und Hajo haben ganz unterschiedliche Ansätze, und trotzdem haben sie eine ungeheure Ähnlichkeit – auch im Humor. Das heißt, die kommen aus verschiedenen Positionen: Dominik hat eine klare Vorstellung, vermittelt das und bezieht uns in seine Arbeit ein; das gibt uns Sicherheit. Nur aus dieser Sicherheit heraus lässt sich überhaupt eine Szene

richtig spielen. Und der Hajo macht etwas anderes. Er fragt uns erst einmal, was wir uns vorstellen, ähnlich dem, was ich von Brecht gehört habe, der erst mal gesagt haben soll: »Macht mal da oben« – und aus dem Angebot der Schauspieler, die ja alle Fantasie haben, kristallisiert sich etwas sehr Schönes und Lockeres heraus, und wenn man auf einem ganz falschen Dampfer ist, kann der Regisseur einschreiten. Wenn der Regisseur alles bis ins Detail vorschreibt, dann spürst du die Angst und Unsicherheit eines Schauspielers, und du merkst, der Junge ist nicht locker. Und das nehme ich einem Regisseur auch übel, wenn er dem Schauspieler nicht die Basis gibt.

… Ilse Hofmann

Ilse ist wie eine Schwester von Hajo. Sie ist ihm sehr ähnlich. Sie artikuliert sich als Frau, will und muss sich als Frau artikulieren, um sich gegen die Männerwelt zu behaupten. Sie macht das ganz toll, vor allem, wenn sie Spaß an Leuten hat und merkt, dass die Schauspieler sie akzeptieren. Bei mir geht es genauso: Wenn ich weiß, dass der Regisseur mich akzeptiert, gehe ich mit Freude an die Arbeit. Wenn Ilse merkt, dass sie die Schauspieler im Griff hat, blüht sie auf und macht wunderbare und sehr gescheite Sachen. Da ist es eine reine Freude, mit ihr zu arbeiten, weil sie wahnsinnig viel Humor hat.

Sie hatte ja die schwere Aufgabe, den zweiten Tatort zu machen, und da musste sie sich ganz besonders behaupten. Es dauerte damals lange, bis die Unsicherheit weg war. Sie wusste zunächst nicht, wie sie mit Machos umgehen sollte, und ich hatte keine Ahnung, wie ich diese Frau anzupacken hatte. Es kam zu Spannungen, die sich dann wunderbar gelegt haben, und es wurde ein sehr, sehr schönes Arbeiten, an das ich wirklich gern zurückdenke. Nicht umsonst habe ich die Ilse mal bei der Bavaria vorgeschlagen, wo man den Frauen komischerweise ein bisschen kritisch gegenübersteht.

Ich habe später auch gesagt, ich würde gern einmal wieder mit der Ilse Hofmann zusammenarbeiten, weil ich das damals schön und extrem routiniert fand.

Ilse hatte beispielsweise beim TAUSCH Action-Szenen von sich aus arrangiert, die besser waren als bei den männlichen Regisseuren. Für mich ist auch sehr wichtig, dass sie ein echter Kumpel ist.

Bei der ganzen TATORT-Reihe waren alle Regisseure, mit denen ich zusammengearbeitet habe, menschlich okay; sie sind ungeheuer zuverlässig. Aber auch über die Arbeit hat man sich gefunden; dieses Thema Schimanski ist doch so, dass man nicht nach Hause geht und sagt, was haben wir eigentlich da gedreht. Das alles verbindet die Beteiligten über die Dreharbeiten hinaus miteinander.

… Theodor Kotulla

Theo ist für mich ein sehr gescheiter Mensch. Er ist kein Intellektueller im eigentlichen Sinn, sondern auch ein Bauchmensch. Vielleicht beschreibt man ihn am besten als intellektuellen Bauchmenschen. Das ist bei der TATORT-Folge EINZELHAFT eine schöne Wiederbegegnung gewesen. Wir hatten ja damals AUS EINEM DEUTSCHEN LEBEN zusammen gemacht, das war ganz Theos Verdienst und für ihn wie für mich ein schöner Erfolg. Theo war eigentlich von den Regisseuren der menschlichste, aber auch der unprofessionellste – durchaus auch im guten Sinne, weil er vielleicht nicht dieses Reservoir an Erfahrungen hat wie die anderen. Er hat es einfach nicht auf der Filmhochschule gelernt, hatte aber die gleiche Aufgabenstellung. Da musste er also einen Weg finden. Er versuchte es nicht mit Professionalität, sondern mit Menschlichkeit.

Er weiß manchmal gar nicht, wie er eine Szene technisch angehen soll, er hat nur eine ungefähre Vorstellung von einer Szene, und die ist richtig. Das ist also der Bauchmensch. Aber wie setzt er das Ganze nun um? Theo lässt ei-ne Szene von drei oder fünf Minuten durchspielen. Das ist für einen Schauspieler eine ungeheuer schwierige Situation, kann aber auch sehr schön sein. Theo entscheidet dann, sie noch dreimal zu unterschneiden. Ich finde aber, man muss eine solche Szene nicht fünf Minuten durchspielen, wenn man weiß, dass man sie doch unterschneidet. Aber dieses Nicht-ge-nau-wissen-wo-es-langgeht hat den ungeheuren Reiz, dass er sich gewisse Dinge offen lässt. Das ist die Vorstellungskraft vom Theo, und die ufert oft aus, geht ins Extreme. Man kann das professionell nennen, eigentlich beruht es aber nur auf Intuition. Das kann gut gehen, muss es aber nicht.

Theo will nicht mit den anderen TATORT-Folgen konkurrieren. Er hat von vornherein gesagt, dieses Buch haben wir zur Verfügung, es ist ein leises, ein stilles Buch, eine Geschichte zwischen zwei Menschen. Er hat nicht versucht, etwas anderes daraus zu machen, nur weil die Schimanski-Figur so ist oder weil der George das will. Er hatte eine klare Vorstellung von dem, was er will, und das kam mir entgegen.

Wir wussten, wenn Theo seine Einstellungen formulierte, waren die ruhig und konzentriert, und diese Arbeitsweise war mir von der Arbeit an AUS EINEM DEUTSCHEN LEBEN her vertraut. In EINZELHAFT geht es ja um zwei Menschen, die nichts sagen und doch was sagen, es ist ein ruhiger, ein intensiver Ablauf, und Theo hat hier bewiesen, dass auch in der Ruhe, in der zwischenmenschlichen Beziehung eine ungeheure Spannung entstehen kann. Und da folgst du als Schauspieler blind, weil du sagst, das sehe ich ein, damit kann ich etwas anfangen.

Die Frage dabei ist nur, wie ich Stille optisch ausdrücken kann. Da gibt es verschiedene Möglichkeiten. Das Problem war, wie zeigen wir, wie formulieren wir ein Bild. Das war ein bisschen schwierig. Der Kameramann fand es ganz schön, das im Anschnitt zu haben und dann rumzufahren, aber der Theo hat gesagt, ich will das statisch haben.

So eine Situation kann ganz schön sein, denn du erfährst etwas über diesen Beruf, du erkennst die verschiedenen Auffassungen, die entstehen können, doch letztlich ist der Regisseur verantwortlich. Er muss sich für eine dieser Möglichkeiten entscheiden. Ich habe EINZELHAFT nicht gesehen, aber wenn das aufgegangen ist, dann ist das Theos Professionalität zu verdanken. Ich habe jetzt schon von zwei Seiten Gutes gehört, ich war etwas kritisch, weil ich mit dem Buch nicht so viel anfangen konnte – wir haben vor den Dreharbeiten da noch einiges dran gemacht, und es kann durchaus sein, dass das, was wir aus dem Buch gemacht haben, doch funktioniert.

… Frank Beyer

Beyer und Kohlhaase haben bei dem Spielfilm DER BRUCH sehr eng zusammengearbeitet. Kohlhaase war an der dramaturgischen Ausgestaltung maßgeblich beteiligt und wollte schon sehr genau sehen, wie das umgesetzt wird. So war er meist auch am Set. Und Frank Beyer ist ein ganz professioneller Filmhase, der genau weiß, wie er dieses und jenes umsetzt.

Für mich war es eine ganz neue Erfahrungssituation, dass dieses Buch 110 Bilder hat. Jedes Bild ist auf einer oder auf zwei Seiten beschrieben, das heißt, dass der Schauspieler jedes Mal nur zwei Sätze zu sprechen hat oder nur einen, du kannst also keine schauspielerische Präsenz rüberbringen; du kannst deine Persönlichkeit, deinen Typ einsetzen, und das ist alles sehr statisch. Frank Beyer hat das Buch von Kohlhaase sehr streng, sehr abgezirkelt inszeniert. Es gibt ganz wenige Zwischenschnitte, diese Zwei-Seiten-Szenen werden in einer Einstellung gedreht, du musst sehr präzise sein – nicht nur im Dialog, sondern auch in den Bewegungen. Alles hat eine Bedeutung: jeder Griff, jeder Blick, jeder Gang. Das ist so eine Art ausgestelltes Theater, wie das Brecht-Theater, das verfremdete Theater. Und dadurch bist du eingeengt, kannst und darfst nicht raus.

Mein Bestreben als Schauspieler war es, zumindest beim Film, so realistisch wie möglich zu sein. Dadurch kam auch meist das Echo des Publikums, das sagte: Mensch, der ist ja ganz realistisch, so wie wir – und das fällt als künstlerisches Mittel beim BRUCH völlig weg. Das ist eigentlich nur ein Vorzeigen des Typs, und das Zusammenspiel mit den Kollegen, mit Sander und Hoppe, ist reduziert auf das Allernötigste. Natürlich fällt das schwer, und es gibt dem Schauspieler nicht die Befriedigung – oder zumindest mir nicht –, die ich ganz gern gesehen und gehabt hätte.

Aber die Arbeitsweise und die freundschaftliche Basis, die da herrschen, auch die Genauigkeit im Detail – das spornt doch an. Das ist ein Unterschied zu unserer schnellen Arbeitsweise, und das ist mir sehr aufgefallen. Das ist sicherlich eine schöne Erfahrung gewesen, auch, dass ein Schauspieler aus seinem eigentlichen Temperament, aus seiner eigentlichen Vorstellungswelt herausgeholt wird, und das ist vor allem bei mir vonnöten, weil ich oft ausufere, weil ich so gern spiele, weil ich gern etwas zeige, etwas ausdrücken will. Das kann man auch mit weniger Mitteln, und es ist eben die Frage, wie ich als Figur in diese ganze Dramaturgie des Buches hineinpasse. Das wird man erst bei der Fertigstellung des Films, beim Schnitt sehen.

Aber nun weiß Frank ganz genau, was er will, er ist absoluter Profi. Regisseure haben aber meist noch einen Spielraum, der den Schauspielern die Möglichkeit gibt, eine gute Idee nachträglich einbauen zu können. In diesem Fall ging das nicht, denn DER BRUCH war ein völlig fertiges Buch. In solchen Situationen fragen wir Schauspieler uns manchmal, was wir hier eigentlich machen. Wir fühlen uns ein wenig zu bloßen Textkolporteuren degradiert. Die Professionalität eines Schauspielers wird daran gemessen, wie knapp er den Text umsetzt. Das ist es, was Frank und Kohlhaase erwarten, und ich habe immer gesagt, dass ein wesentlicher Teil meiner Professionalität darin besteht, im Laufe der letzten dreißig Jahre die Kamera immer mehr vergessen zu haben. Manchmal gelingt das, manchmal nicht. Dieses fürchterliche schwarze Etwas, das auf dich gerichtet ist, ob es läuft oder nicht, es wird zum Feind, weil du auf einmal anders bist als im Leben. Und das muss man vergessen.

Und beim BRUCH hatte ich drei »Gegner«, die Kamera, Frank, der sehr genau hinhört, sehr genau beobachtet, und Kohlhaase als Autor, der uns beurteilt. Und das ist schon recht schwierig.

Und dann kommt noch etwas dazu: Bei der DEFA darf jede Szene nicht länger sein, als sie vorkalkuliert ist. Man nennt das »Nutzmeter«; das hat man früher bei uns auch gemacht, und das ist schon okay. Allerdings gibt es manchmal Szenen, die dann doch nicht so schnell runterzuspielen sind, oder es eröffnen sich dramaturgische Schwerpunkte, die man noch bedienen muss, und da geht man dann nicht so sehr darauf ein, sondern sagt: Da müssen wir uns eben etwas anderes ausdenken, damit wir in der Zeit bleiben. So eingeengt möchte ich mir meinen Beruf nicht vorstellen.

... Renate Krößner

Sie hatte ihre eigenen Vorstellungen, die sehr geprägt waren durch die DEFA. Das merktest du einfach daran, wie sie angetreten ist, wie sie sich ihre Rolle vorgestellt hat. Diese Vorstellungen muss man dem Partner oder der Partnerin lassen, weil das ungeheuer anregend ist – auch für einen selber. Man lotet seine Figur dann auch selber ganz anders aus. Durch intensive Gespräche einigt man sich auf eine Art Synthese der unterschiedlichen Auffassungen.

Mit Renate Krößner lief das auch so ab. Wir hatten zwar ein gespanntes Verhältnis, aber diese Spannung war sehr positiv. Wir haben einander geschätzt und zugehört, und das war dann im Endeffekt eine sehr künstlerische Arbeit. Hajo war wieder nur Mittler. Hätte er uns einfach seine Auffassung aufoktroyiert, hätten wir gegen ihn Front gemacht, und das muss man vermeiden. Wenn die Kamera läuft und wir eine Szene spielen, müssen wir letztlich eine Einheit darstellen, und das passiert nur sehr selten.

Bei normalen Seriensituationen ist ja eigentlich keine Zeit zum Diskutieren, da muss man täglich vier oder fünf Minuten Schnittmeter drehen. Trotzdem haben wir uns immer diese Zeit genommen, waren aber dadurch auch nicht langsamer.

... Brigitte Karner

Mit ihr war die Arbeit einfacher. Das Buch zu der TATORT-Folge EINZELHAFT hat klare Vorgaben geliefert. Ich habe das, was Regisseur Theo Kotulla gesagt hat, sehr offen angenommen. Wir wollten mal ein bisschen ausscheren, wollten den Schimanski in einer ruhigen Position zeigen und die ganze Sache über zwei Personen ablaufen lassen. Das hat dann eine ganz andere dramaturgische Auslegung gebracht, und Brigitte war sicherlich auch nicht bequem. Sie hatte ihr eigenes Bild entwickelt, und dann hat man versucht, aus dem, was sie sagte, was Theo einbrachte und was ich gesagt habe, eine Szene zu erarbeiten, die alle befriedigte.

Das war eine viel ruhigere Arbeit, es kam nicht zu Exzessen, sondern zu wirklichen Aussprachen, die immer ganz freundschaftlich und vor allem ruhig geführt wurden. Das hängt auch mit Theos Temperament zusammen. Er hat sich das alles ganz ruhig angehört und dann entschieden: »Das nehme ich an, das nicht, das passt nicht in den Film.« Es war eine schöne Erfahrung, und dadurch kommen dann so ganz ruhige Momente, wie ich sie beim Schimanski noch nicht gehabt habe. Es war mal etwas anderes, und ich war ganz offen dafür. Ob das aufgeht, kann ich nicht sagen. Man kann jedenfalls sehr viel im Gespräch vermitteln.

Wenn der Schauspieler nicht sagt, was Sache ist, wenn einem der Regisseur nicht in die Parade fährt, dann fühlt man sich allein gelassen und es kommt Eigendynamik rein, die man dann selbst vielfach als Überzeichnung werten muss. Daran muss man eine ganze Menge arbeiten.

… Eberhard Feik

Zu Beginn waren von Hartmut Grund die beiden Figuren Schimanski und Thanner ein bisschen auf Kontrast angelegt. Dann waren wir aber gleichkalibrig besetzt, also äußerlich, nicht vom Charakter her. Anfangs gab es eine Rivalität, weil Feik den Hauptkommissar im Anzug spielen wollte. Das aber kam für mich nicht in Frage, weil ich mich nicht uniformiere, und ein Anzug ist für mich auch eine Uniform, obwohl ich ja mit meinem Parka schon fast paramilitärisch aussehe.

Eines Tages sagte Eberhard, dass er auch keinen Anzug mehr tragen wolle. Nach der zweiten oder dritten Folge hat er nämlich gemerkt, dass die Leute dieses Saloppe viel mehr mögen als den Anzugtypen. Das fand ich ungeheuerlich lustig, aber Produktionsleiter, Regisseure und andere waren sich einig und meinten, dass wir bloß nicht den Blödsinn machen und uns ähnlich werden sollten.

Eberhard fühlte sich zunächst benachteiligt. Mittlerweile hat Eberhard die Wertigkeit seiner Figur viel mehr erkannt, auch die Chance, ihr eine ganz andere Aussagekraft zu geben. Das hat sich jetzt ausgezahlt, und je länger wir gemeinsam TATORT machen, um so enger schließen wir uns zusammen. Am Anfang waren wir Kollegen, jetzt sind wir Freunde, und das ist ein großer Fortschritt, denn normalerweise ist das umgekehrt. Früher lag die Initiative hauptsächlich bei mir, Eberhard hat sich eher angepasst, aber heute sind wir schon eine Einheit und gehen gemeinsam ins Direktorenzimmer, um unsere Anliegen vorzubringen. Wir haben gemerkt, dass wir beide das gleiche soziale, politische und künstlerische Anliegen haben.

Götz George,
Eberhard Feik und
Klaus Kelterborn in dem
Schimanski-Tatort
»Freunde«

Unsere gemeinsame Theaterarbeit, die wir schon länger geplant hatten, hat erst dann funktioniert, als bei uns das menschliche und künstlerische Verstehen so weit gediehen war. Man hängt doch ziemlich eng zusammen bei so einer Tournee, wenn man vier Monate unterwegs ist. Bei uns hat sich dabei ein phänomenales Verhältnis entwickelt. Jeder hat für den anderen gelitten und gearbeitet, keiner war dem anderen gram, wenn er mal mehr oder mal weniger Erfolg gehabt hat. Das war eine tolle künstlerische Zusammenarbeit.

… Chiem van Houweninge

Chiem ist eine barocke Figur, und du kannst – das gilt für Eberhard, mich und Chiem – dem Zuschauer nichts vorspielen, was du nicht bist. Eberhard Feik ist ein sehr korrekter Mensch, einer, der ein sehr präziser und sehr menschlicher Beamter hätte werden können und der sehr genau hinterfragt. Bei mir kommt sicherlich der Figur Schimanskis zugute, dass ich im Leben nicht schummeln möchte, dass ich versuche, allen so ehrlich wie möglich zu begegnen, und das muss sich auf das Publikum übertragen. Es muss davon überzeugt sein, dass Schimanskis ganzer Einsatz – mag er noch so hart sein – nur der Sache, der Lösung des Falls dienen soll.

Das ist erst mal ganz pauschal und naiv ausgedrückt. Und dieser Schimanski ist ja im tiefsten Inneren auch naiv, was auch etwas mit mir zu tun hat. Chiem ist ein Mensch, der gern lebt, der gern kocht. Er ist einfach ein ganz liebenswerter, wunderbarer Mensch, tut keinem weh, und genau das kommt auch rüber. Er hat ja relativ wenig innerhalb einer TATORT-Folge zu tun; zwei, drei Tage, aber diese zwei, drei Tage sind immer so prall angefüllt, dass er nicht so viel reden kann. Aber in dem Moment, wo er auftaucht, vermittelt er schon durch seine Erscheinung und seine Diktion – das holländisch-deutsche Gemisch – seine unglaubliche Liebenswürdigkeit.

Er ist nicht unkritisch, aber er ist sehr flexibel und angenehm. Er ist nicht nur ein guter Drehbuchautor, sondern auch ein aufmerksamer Beobachter. Selbst wenn er spielt, hört er nicht auf, seine Umgebung zu beobachten. Chiem ist das kritische Auge. Und er hat komischerweise als Holländer sehr, sehr viel zu sagen zu unserer deutschen Dramaturgie. Und das, was bei uns so hartleibig ist, versucht Chiem immer aufzubrechen. Er sagt: Kinder, ihr seid schon locker, aber ihr nehmt es doch noch immer ein bisschen zu ernst. Dafür sind die Holländer ja berühmt; die besten Showleute, die besten Komiker kommen ja aus Holland – und eine solche Mentalität wirkt sich sehr positiv auf diese Produktion aus.

Abgesehen davon hat Chiem sicherlich einige der brisantesten und besten Drehbücher geschrieben. Er hat auch die Figur des Schimanski mit am besten verstanden, eben weil er mich kennt und weil wir Freunde sind. Das war auch ein Geniestreich vom Hajo, der gesagt hat, nehmen wir doch mal diesen Holländer. Das gerade ist ja Hajos große Stärke: die Besetzung.

Götz George ist Horst Schimanski

Götz George beim Kampf in »Der Schatz im Silbersee«

Götz George und Karin Dor geraten in Gefangenschaft. Szene aus »Der Schatz im Silbersee«

»Der Schatz im Silbersee«

Klaus Wennemann und Götz George in dem Tatort »Freunde«

Schimanski und die Frauen.
Götz George in »Spielverderber«

Seite 84 unten:
Götz George kehrt als Schimanski zurück.
Szene aus dem Tatort »Blutsbrüder«

Götz George in Karmakars »Der Totmacher«

Götz George und Wolfgang Kieling in »Abwärts«

Götz George in der Rolle des
Harry Kupfer in »Der Sandmann«

Angela Winkler und Götz George in
»Bubi-Scholz-Story«

Oben:
Mario Adorf und Götz George
in Helmut Dietls Komödie
»Rossini«

Seite 89 oben:
Maddalena Crippa und
Götz George in »Morlock«

Seite 89 unten:
Corinna Harfouch und Götz George
in »Solo für Klarinette«

Links:
Götz George als Schimanski
in »Asyl«

Seite 91 oben:
Götz George in der Rolle des
kranken Richard in »Mein Vater«

Seite 91 unten:
Klaus J. Behrendt und Götz George
in »Mein Vater«

Unten:
Götz George in »Asyl«

Götz George in Rolle des
Felix Karmann im Gerichtsaal in
»Der Anwalt und sein Gast«

Seite 92 oben:
Claudia Michelsen und
Götz George in »Der Anwalt und sein Gast«

Seite 92 unten:
Heino Ferch und Götz George in
»Der Anwalt und sein Gast«

Seite 94 oben:
Götz George in
»Gott ist tot«

Seite 94 unten:
Götz George,
Bastian Trost und
Barbara-Magdalena
Ahren in
»Gott ist tot«

Götz George mit dem Regisseur
Kadir Sözen in einer Drehpause
von »Gott ist tot«

Götz George als Heinrich in
»Gott ist tot«

Gespräch mit Frank Beyer

Frank Beyer und Wolfgang Kohlhaase am Set von
»Der Bruch«

Wolfgang Kohlhaase, der Drehbuchautor, ist mit am Drehort deines Spielfilms DER BRUCH. Arbeitet ihr immer so eng zusammen?

Wolfgang ist mit dabei, wenn die Haupttonlagen des Films festgelegt werden. Nicht immer, aber bei bestimmten Situationen, vor allem dann, wenn verschiedene Elemente unter einen Hut gebracht werden müssen. Wir haben hier junge Schauspieler, die noch alle Schüler sind, und eine Gruppe von wirklichen Profis: Rolf Hoppe, Götz George, Otto Sander, Hermann Beyer – gestandene Leute. Und die verschiedenen Tonlagen, die sie mitbringen, müssen wir für den Film irgendwie zusammenbringen. Das machen wir natürlich gern gemeinsam.

Wie war das mit der Besetzung? Hattet ihr von Anfang an vor, das mit einer westdeutschen Beteiligung und Besetzung zu drehen?

Nein, das war zunächst mal gar nicht beabsichtigt. Ich wollte ursprünglich den Film komplett mit unseren Leuten besetzen. Aber dann gab es Schwierigkeiten, ich konnte einen bestimmten Typ von Schauspieler nicht finden, den ich für den Grafen haben wollte, und dann ist das alles ein bisschen parallel gelaufen.

Ich kam dann auf die Idee, dass Götz George ein sehr guter Graf wäre und Otto Sander mit Rolf Hoppe zusammen ein recht merkwürdiges Gespann bilden könnte. Und da nun noch ein Witz in der Situation darin besteht, dass der Fachmann, der das Loch durch die Tresordecke gestemmt und geschweißt hat, nicht durchpasst, muss schließlich der Nicht-Fachmann durch; und auch in dieser Situation sind Hoppe und Sander ein glänzendes Gespann. Das lief dann parallel dazu, dass wir einen Westberliner Partner hatten, die »Allianz«, die in das Unternehmen mit einstieg. Ich bin über diese Konstellation sehr froh, und schließlich ist Götz auch bei uns sehr populär. Solche Gesichtspunkte spielen sicherlich hier auch eine Rolle, bei mir aber sind es eher Qualitätsgesichtspunkte.

Götz George ist im Grunde der einzige Schauspieler bei uns, der ein Star-Image hat. Woran, meinst du, liegt das?

Ich stellte das fest, als der Name ins Spiel kam, war eine gewisse Bewegung da, weil George diesen Star-Status hat. Und selbstverständlich ist mir das nicht unangenehm, vor allem, wenn durch den Namen eines solchen Schauspielers wesentlich mehr Leute ins Kino gehen. Wie das funktioniert, weiß ich ja auch nicht genau. Offensichtlich funktioniert es über diesen TATORT-Schimanski. Warum das so ist, weiß ich nicht. Ich beobachte nur, dass so etwas alle paar Jahre mal passiert. Nimm etwa Klaus Maria Brandauer, der ja vor seinem MEPHISTO auch kein schlechterer Schauspieler war, und plötzlich geht dann die internationale Karriere los.

Besteht in einer solchen Konstellation nicht die Gefahr, dass der Film dann zu sehr von seiner Figur geprägt ist?

Ich habe ihn ja nicht als Schimanski engagiert, sondern als Götz George, als einen Schauspieler, der hier eine andere Rolle zu spielen hat. Er hat eine der ganz großen Rollen, aber, wie gesagt, es sind mehrere Rollen.

Götz George hat bei dir in DER KÖNIG UND DER NARR *den Friedrich Wilhelm gespielt.*

Ich kannte ihn von Filmrollen, seine Theaterrollen hatte ich nicht gesehen. Ich kannte ihn von den Staudte-Filmen KIRMES und HERRENPARTIE, und dann hatte ich – und das war der Hauptpunkt – den Kotulla-Film AUS EINEM DEUTSCHEN LEBEN gesehen, wo er den Höß spielt. Das hatte mir sehr gut gefallen, weil er das so zurückgenommen gespielt hat, auf so eine merkwürdig karge Weise.

Ich suchte gerade den jungen König, nicht den aus der letzten Amtsperiode, und da gefiel mir Götz George ganz gut, und auch die Kombination mit Wolfgang Kieling. Ich habe dann gar nicht lange gesucht und mich sehr schnell für Götz entschieden. Obwohl Kieling und George ja sehr unterschiedliche Temperamente und Typen von Schauspielern sind, ging das sehr gut zusammen. Ich war sehr glücklich mit dieser Besetzung. Und nach dieser ersten Arbeit stand eigentlich der Gedanke schon fest, dass man vielleicht wieder mal etwas machen könnte.

Wie gehst du bei der Arbeit vor? Lässt du die Leute etwas entwickeln, oder gibst du bei der Arbeit mit den Schauspielern sehr genau vor, was du brauchst?

Das ist bei einem solchen Film, mit einer Besetzung, die so breit gefächert ist – absolut professionelle, gestandene Schauspieler neben Anfängern –, schwierig, da muss die Methode ganz unterschiedlich sein. Also, ich werde weder Hoppe noch Sander noch George ihre Rollen vorspielen, die bringen von sich aus genügend mit. Die Figuren sind sehr präzise angelegt, und die Schauspieler haben alles Material, das sie für die Figur brauchen, im Drehbuch.

Es kann sehr fruchtbar sein, wenn die Schauspieler mir etwas anbieten, das noch nicht angelegt war. Das probiere ich aus. Ich bin ja in dem Sinne kein Schreibtischregisseur, der die Filme zu Hause ausrechnet und nur noch einen Endproduktionsakt vollzieht.

Gespräch mit Hajo Gies

Hajo Gies (Mitte) mit Götz George und Eberhard Feik im Gespräch

Wie kam es zur Entwicklung der Figur Schimanski?

Nun, ich habe erst einmal zwei Haferkamp-Filme [WDR-TATORT mit Hansjörg Felmy] gemacht, und als es um die Erneuerung der TATORT-Reihe ging, war mir das alles zu brav. Dann haben wir – Bernd Schwamm von der Bavaria und ich – uns hingesetzt und ein Alternativkonzept ᵕmacht. Das war 1978 oder 1979.

Ausgangspunkt für mich war: Ich wollte eine Jan-van-der-Wetering-Geschichte als Kinofilm machen, aber das hat niemanden interessiert, und da sind dann in die Figur des Schimanski einige theoretische Ideen daraus eingeflossen. Bei van der Wetering – er ist ein bekannter niederländischer Krimiautor – ist das Verhältnis der Kommissare zu dem Fall wichtig, nicht der Fall selber. Normalerweise waren Polizeikommissare bei uns im Kino wie im Fernsehen ja immer neutral, das heißt, es waren Nulltypen ohne Persönliches, ohne Charakter. Wir wollten einen Typen mit Macken und Emotionen.

Einen Ansatz von einer eigenwilligen Figur gab es ja schon mal bei deinem Zollfahnder Sieghardt Rupp. Bei Felmy war das nur etwas braver.

Den Felmy habe ich mal in einer Folge so richtig ausrasten lassen. Da war er dann ausgesprochen gut. Wichtig war auch – und das hat mit zum Erfolg vom Götz beigetragen –, dass die Story immer aus der Perspektive der Polizei erzählt wird. Insofern ist der Kommissar zwangsläufig Hauptfigur. Keine Szene ohne ihn. Es gibt für den Zuschauer keine Informationen über die Sicht des Kommissars hinaus. Also ein ganz subjektiver Blickwinkel wie bei Raymond Chandler. Und das gab es ja bislang bei keinem deutschen Krimi.

Hat der Götz bei der Konzeption der Figur mitgearbeitet?

Nein, damals noch nicht. Wir hatten uns zuerst die Figur ausgedacht und überlegt, was für ein Erzählprinzip wir wollen. Dann haben wir uns für Duisburg als Schauplatz entschieden, und schließlich standen mehrere Leute für den Schimanski zur Wahl. Dabei kamen wir auf Götz George. Später hat er in hohem Maße mitgearbeitet, und das war auch vorgesehen. So hat er Figur und Konzept entscheidend mit beeinflusst.

Wer hat Einfluss darauf, mit welchen Regisseuren gearbeitet wird?

Die Entscheidung liegt beim WDR und der Bavaria, aber so eine Stimmung für eine Person kommt im Gespräch zustande. Götz hat insofern Einfluss genommen, als er gesagt hat, er wolle nicht mit den alten Regisseuren arbeiten.

Gibt's da auch Leute, die nur Ideen liefern, und man engagiert dann Autoren?

Nein, bisher nicht. Bisher wurde versucht, immer mit denen zu arbeiten, die ein Exposé eingereicht haben, das gefiel. Wegen der unterschiedlichen Autoren haben wir dann auch die ursprüngliche Idee fallen lassen, einmal eine ganze Biografie der Figur Schimanski zu erzählen. An sich hätten wir gern so etwas gemacht wie bei den schwedischen Krimiautoren Sjöwall/Wahlöö. Da ist der Kommissar verheiratet, dann lässt er sich scheiden, lernt eine Neue kennen, und immer wieder verändert sich die Situation.

Wie kam es eigentlich zu diesem enormen Star-Image des Götz George?

Das ist das Charisma – schwer zu sagen. Der hat eben etwas gebracht, was viele Leute gesucht haben. Er ist so etwas wie eine Symbolgestalt und hat – als er als Schimanski auftauchte – ein bestimmtes Feeling getroffen. Das hat ihn dann hochgeputscht. Wir waren damals von allem, was es bei uns in Westdeutschland gab, frustriert und wollten unbedingt etwas Neues versuchen. Selbst auf die Gefahr hin, dass das nach ein oder zwei Folgen wieder abgesetzt würde, aber es sollte auf alle Fälle etwas völlig anderes sein, neu für unsere Verhältnisse. Bei der Figur Schimanski – wie er sich verhält, wie er das durchzieht – liegt auch etwas von dem drin, was wir alle mal hätten sein wollen. Einmal bei den Produzenten und Redakteuren auf den Tisch hauen und sagen: So wird das gemacht!

Schimanski war zwei, drei Jahre lang ein Symbol für all die Leute, die so alt waren wie ich und heute Lehrer oder Rechtsanwälte sind. Die hat Schimanski angemacht, weil er ein bestimmtes Gefühl unserer Generation getroffen hat. Wäre das nicht gewesen, hätte er vielleicht nicht so eingeschlagen.

Was, glaubst du, würde passieren, wenn Götz eine ganz andere Rolle mit einem anderen Image verkörpern würde – würde das Publikum das mitmachen?

Das ist die Frage, das kann ich nicht sagen. Wenn George jetzt einen sensiblen Träumer spielen würde, ob die Zuschauer das akzeptieren würden oder ob sie sagen würden, der Schimanski spinnt, das weiß ich nicht.

Oder eine komische Rolle?

Na ja, der Schimanski hat immer auch etwas Komisches. Deshalb bin ich auch so sauer, wenn ich in Interviews höre: Schimanski ist so ein Typ, der haut immer drauf, der ist so wie Rambo. Dann glaube ich immer, dass sie da nicht richtig hingeguckt haben. Der Götz hat doch dort immer ganz komische Szenen, und er hat auch sensible Seiten; nur die übersieht man offensichtlich.

Würde es dich reizen, mit Götz George einmal etwas ganz anderes zu machen?

Auf jeden Fall. Man müsste nur einen Stoff haben, bei dem die Leute einsteigen. François Truffaut hat ja auch mal einen Film mit Jean-Paul Belmondo und Catherine Deneuve gedreht, LA SIRÈNE DU MISSISSIPPI – DAS GEHEIMNIS DER FALSCHEN BRAUT – es war, glaube ich, sein teuerster –, und es wurde ein Flop, weil kein Mensch Belmondo sensibel sehen wollte oder als Verlierer – und dabei war es einer der schönsten Belmondo-Filme. Ich mag ihn sehr gern. Truffaut hat einfach Belmondo gegen sein Image besetzt, und das ist geschäftlich danebengegangen.

Wolfgang Petersen hat TATORT-Folgen gemacht, die wie Kinofilme aussahen, dann hat er Hollywood-Filme gedreht, die kaum noch mit seinem Stil, seiner Sensibilität zu tun hatten. Auch die TATORT-Folgen von Hajo Gies sehen eher wie Kinofilme aus, und da wundert es nicht, dass zwei Schimanski-TATORT-Storys im Kino liefen.

Es gibt für mich keine Alternative, ich mache meine Kinofilme einfach fürs Fernsehen.

Was ist anders beim Kino als beim Fernsehen – und ich meine jetzt nicht die Schimanski-Filme?

Ich habe keinen großen Unterschied gesehen. Nur in der knappen Zeit von vierundzwanzig Drehtagen kann man nicht alle Einstellungen drehen, die nötig wären.

Wie arbeitest du mit Götz George?

Man muss Götz einen möglichst großen Spielraum geben, damit er sich entfalten kann. Man darf ihn nicht unterdrücken, man muss ihn machen lassen und ihn dann wieder eindämmen. Ich lass die Szene immer laufen, und dann versuche ich, sie wieder zurückzukriegen. Man muss dann den Moment finden, wo man wieder in die Szene reinkommt.

Ich habe ihn bei Regisseuren gesehen, die offensichtlich eher autoritär arbeiten, doch ich bevorzuge die freundschaftliche Arbeitsweise. Ich spüre, wenn er sich nicht wohl fühlt, und so versuche ich immer zu erreichen, dass er sich wohl fühlt und seiner Fantasie freien Lauf lassen kann – auch wenn das mal sehr ins Absurde führt. Wir spielen in den Szenen die absurdesten Möglichkeiten durch, auch wenn das dann nicht in die Arbeit einfließt. Wir probieren alles aus, und ich lass ihn alles selbst versuchen, zumal mir das auch Spaß macht.

Insofern treffen wir uns, weil wir beide gern spontan arbeiten. Ich bin kein Regisseur, der mit einem starren Konzept arbeiten kann, wo nur das gemacht werden darf, was auf dem Papier steht.

Läuft das manchmal auch mit Brachialgewalt ab oder immer ganz sanft?

Bei mir läuft das sanft ab, mit Brachialgewalt erreiche ich nichts. Er muss es selber verstehen. Indem ich es anordne, versteht er nichts. Oder er muss die Möglichkeit haben, das, was er sich gedacht hat, auszuprobieren, und dann diskutieren wir, ob es möglich ist oder nicht.

Es ist aber immer noch so, dass du das alles gern machst?

Zu achtzig Prozent ja. Ich kann halt manchmal Götz nicht mehr sehen, und das geht ihm ja auch so.

Wird das ausgetragen oder runtergeschluckt?

Nein, nein, das wird ausgetragen. Man muss das erst lernen, weil man ja anders erzogen ist.

Es sieht bei euch alles so locker und leicht aus, man merkt nicht auf den ersten Blick, dass in Wirklichkeit hart gearbeitet wird.

Ja, vielfach denken die Außenstehenden: Die albern ja nur rum. Aber in dem Moment, wo gedreht wird, ist alles ganz präzise. Es erfordert auch eine wahnsinnige Konzentration: Wie heute Nacht, als Götz mit vier Löwen in einem Käfig war. Die sind ganz schön gefährlich. Da machst du einen falschen Schritt, und die sind blitzschnell da. Das ist eine Szene, wo er in einen Löwenkäfig eingesperrt wird, und er muss ja einmal zusammen mit den Löwen im selben Bild gezeigt werden. Also musste er rein. Zwar war der Dompteur dahinter, aber die Viecher sind so blitzschnell, und das ist wahnsinnig, wie er sich unter Kontrolle hat. Man kann das auch alles mit Schuss/Gegenschuss machen, aber wenn du einen Schauspieler hast, der sich das traut, und bei dem du auch die Sicherheit hast, weil er eine solche Disziplin hat, dann kann man sich das schon trauen.

Auch bei Action-Sachen, bei Stunt-Szenen, kann man sich hundertprozentig auf ihn verlassen. Das läuft so exakt ab, da ist mancher Stuntman ein Luftikus dagegen. Das hat man ja auch selten bei deutschen Schauspielern. Wer springt schon auf ein Autodach? Ich habe da immer ein leichtes Flattern.

Götz George als Schimanski

Welche von deinen Schimanski-Filmen findest du am besten?

Duisburg Ruhrort ist der beste. Ich mag gern die Kuscheltiere, Kielwasser und auch Gebrochene Blüten, denn das ist ein sehr artifizieller Tatort. Ich versuche ja immer mal etwas anderes auszuprobieren, damit ich nicht das Gefühl habe, ständig den selben Film zu drehen. Und Gebrochene Blüten spielt fast nur in einem Tanzsaal, ist mehr ein Kammerspiel. Ja, das sind eigentlich meine Lieblings-Folgen.

Die Götz-George-Filme sind sehr deutsche Filme. Wie sieht das aus mit Auslandsverkäufen?

Das ist ganz selten. Die verkaufen sich nicht so gut wie Derrick oder Der Alte. Mir ist nur bekannt, dass sich Kielwasser sehr gut verkauft hat. Aber nur als Einzelfilm, nicht als Tatort.

Das liegt wohl am brisanten Thema.

Ja, sicher, das ist ein gutes Thema. Sonst ist die Figur wohl nicht so leicht konsumierbar.

Vielleicht geht das über andere Arbeiten wie etwa Die Katze.

Ja, das könnte ich mir auch vorstellen. Zahn um Zahn und Zabou sind nur als Video im Ausland gut gelaufen. Zabou hat sehr viel Geld gemacht, und da haben sie noch gleich ZAHN UM ZAHN gekauft.

Mir fällt bei einigen der letzten TATORT-*Folgen auf, dass öfter eine starke weibliche Gegenfigur aufgebaut ist.*

Ja, deshalb mag ich auch GEBROCHENE BLÜTEN recht gern. Dort geht es ja nur darum. Der ist vor ZABOU entstanden und wurde auf Eis gelegt, weil man den Fernseh-Schimanski, während der Kino-Schimanski lief, zurückgehalten hatte. GEBROCHENE BLÜTEN ist ein Zweikampf zwischen Schimanski und einer Frau, die man nicht einordnen kann. Man weiß nicht, ob er auf sie steht oder sie auf ihn. Sie hält ihn bis zum Ende zum Narren.

Wie waren da die Dreharbeiten, wie lief das Verhältnis?

Die Dreharbeiten waren sehr, sehr anstrengend, weil Renate Krößner – wie Götz – sämtliche Möglichkeiten einer Szene auszuloten versuchte, was am Theater ja immer sehr schön ist; nur ich kam dadurch in einen ungeheuren Drehstress. Man muss ja immer die Termine einhalten. Ich selber mag das auch gern. Deshalb mache ich auch lieber Kinofilme, weil ich da mehr Zeit habe, alles auszuprobieren. Beim Fernsehen muss ich halt in vierundzwanzig Drehtagen fertig sein. Und das war beim Drehen von GEBROCHENE BLÜTEN ein Zweikampf zwischen Götz und Renate Krößner.

Verstanden sie sich eigentlich gut?

Nein, manchmal gar nicht. Bei Renan Demirkan ging es absolut nicht. Die konnten sich überhaupt nicht leiden. In ZABOU war es anders. Seltsamerweise finde ich dann aber das Verhältnis zwischen Schimanski und der Frau in ZAHN UM ZAHN spannender. In ZABOU mochten sich beide. Vielleicht liegt das daran.

Es ist überhaupt alles etwas anders geworden.

Die Figur hat sich verändert, und wenn du alles mal chronologisch siehst, dann fällt das ganz deutlich auf.

Wenn ich heute DUISBURG RUHRORT sehe, dann merke ich diese ganz seltsame Atmosphäre, die vielleicht daraus resultiert, dass wir, die wir das gemacht haben – Axel Block als Kameramann, Bernd Schwamm als Produzent, Götz, Feik und ich –, alle auf Teufel komm raus etwas machen wollten, was uns mehr entsprach als das, was wir vorher gemacht haben. Und wenn es nur einmal war. Denn der Film selber wurde bei der Abnahme gar nicht so positiv aufgenommen, aber ich weiß, dass uns das damals überhaupt nichts ausgemacht hat.

Wir hatten ursprünglich gedacht: Der WDR hat drei TATORT-Folgen in Auftrag gegeben, die machen wir jetzt, und dann werden wir abgeschossen. Dann hat sich das zwangsläufig durch den Erfolg verändert, wir selbst haben uns verändert, und insofern haben wir die Figur verändert, weil wir halt nicht mehr dieselben sind wie 1980. Man müsste vielleicht – wenn wir weitermachen – wieder ein bisschen zurückfinden zu den Anfängen.

Du hast gesagt: verändert, nicht vorwärts entwickelt.

Nein, verändert. Nicht bewusst entwickelt, die Figur ist so geworden – ein passiver Prozess gewissermaßen.

Ich habe schon das Gefühl, dass der Schimanski als Figur rauer geworden ist.

Nein, er ist nicht rauer geworden; rau war er in DUISBURG RUHRORT.

Rau ist vielleicht falsch, eher komplizierter.

Komplizierter?

Ich meine, zum Beispiel im Verhältnis zwischen Thanner und ihm, wenn es richtig zu Konflikten kommt.

Ja, da kommt ja auch mal der Satz vor, wir sind kein Team mehr, das Verhältnis war anders, aber rauer ist das nicht. Das ist so wie eine alte Ehe, wo man dauernd androht: Jetzt hau ich aber ab, und man macht doch weiter. So sehe ich das Verhältnis zwischen den beiden.

Aber wenn George selbst über die Figur Schimanski spricht, über sein Verhältnis zum Ruhrgebiet und zu den Menschen, dann habe ich das Gefühl, dass er doch viel stärker an der Figur hängt, als es aussieht.

Ja, an der Figur hängen wir alle. Man müsste nur der Figur einen neuen Kick geben. Wir spüren das alle. Wie das aussehen soll, das weiß ich auch noch nicht. Es ist aber noch etwas dazugekommen: Ich bin da oben im Ruhrgebiet sehr gern, ich drehe dort viel, viel lieber als hier unten in München. Ich habe immer das Gefühl, dass dort die Szenen anders werden, als wenn man sie in München im Atelier dreht. Das, was innen spielt, wird aus ökonomischen Gründen in München gedreht.

Wir haben früher drei Wochen im Ruhrgebiet gedreht, dann vierzehn Tage, jetzt ist es nur noch eine Woche. Wetterbedingt waren es bei MOLTKE glücklicherweise eineinhalb Wochen. Aber in München hat man nicht dasselbe Gefühl; die Kneipen sind anders, jeder geht abends nach Hause, weil die meisten Leute dort wohnen. Die Stimmung unter den Leuten ist oben eine ganz andere als dort, und es würde sehr viel ausmachen, wenn wir sechzig oder gar siebzig Prozent im Ruhrgebiet drehen würden.

Aber zurück zur Figur. Ich habe jetzt gedacht, man kann nicht immer in jeder Folge nur androhen: Jetzt fliegst du raus! In jedem Film kommt ja eine Szene vor, wo der Königsberg ihm mit der Suspendierung droht. Thanner kann auch nicht immer sagen: »Es reicht mir jetzt, ich habe die Nase voll, du machst nur Chaos und hast nur deine privaten Geschichten mit Frauen im Kopf« – und dann so weitermachen wie bisher. In jedem Film kommt so etwas vor, und irgendwann müsste man es mal

ernst nehmen. Dann fliegt Schimanski halt wirklich raus, und der Thanner bleibt bei der Polizei, und er …

… macht als Privatdetektiv weiter …

… und er braucht den Thanner für bestimmte Sachen, und der braucht den Schimanski – so könnte man es auch machen. Wenn er kaltgestellt ist, können dann auch Leute aus der Vergangenheit kommen, die ein Süppchen mit ihm zu kochen hätten. Es muss ja nicht das sein, aber man kann nicht ewig Szenen in Anführungsstrichen drehen und immer nur so tun als ob. Wenn ich jetzt solche Auseinandersetzungen zwischen Schimanski und Königsberg oder Thanner drehe, dann glaube ich das Ganze ja selber nicht mehr, weil ich weiß: Das ist alles nur pro forma.

Ich finde halt, eine Portion Glaubwürdigkeit und Realismus müsste auch in einer solchen fiktiven Sache stecken. Also wenn mir der Rohrbach sagt, du machst jetzt keinen Film mehr, dann heißt das eben: Ich mache wirklich bei der Bavaria zwei, drei Jahre keinen Film mehr, und so könnte es dem Schimanski ja auch mal gehen. Es gibt ja auch in amerikanischen Kriminalromanen Detektive, die rausgeflogen sind und doch irgendwie ihre Arbeit fortsetzen. Vielleicht geht man mal in so eine Richtung, wenn man das weiter macht, sonst hat man doch allmählich das Gefühl, man dreht sich nur im Kreis.

Man könnte ihn auch mal richtig Mist bauen lassen, und dann sitzt er im Knast.

Ja, aber dann müsste er richtig leiden und nicht nur in Anführungsstrichen. Obwohl: Wir trauen uns ja schon ganz absurde Dinger. Wenn ich heute Nacht Götz in den Käfig krabbeln und auf allen Vieren durchs Gatter laufen lasse, welcher deutsche Kommissar macht das?!

Na ja, sicher, aber darum geht es nicht, sondern darum, die Figur wieder in Bewegung zu bringen.

Wir hatten schon mal derartige Drehbuchentwürfe. Chiem hat mal eine Geschichte geschrieben, wo Schimanski kaltgestellt wird und als Dorfpolizist Dienst schiebt. Er kommt dann aber am Ende wieder, als Held sogar – und das fand ich dann auch wieder ein bisschen inkonsequent.

Bei uns klappt das halt nicht mit so einer Konsequenz, dazu lieben wir unsere Helden zu sehr. Da gab's einen hochgejubelten TATORT *mit Manfred Krug, wo Sozialkritik so stark eingebracht wurde, dass es triefte.*

Das mag ich auch nicht. Der hatte gute Momente, war ordentlich und sauber gemacht. Aber den Schimanski hat ja gerade ausgezeichnet, dass die Sozialkritik immer so nebenbei läuft und nicht so explizit ausgestellt ist.

Das ist in deutschen Filmen überhaupt oft so mies: Immer mit dem Zeigefinger drauf! Ich mag es lieber wie in den ausländischen Filmen – so nebenbei. Das ist viel stärker, als wenn der Drehbuchautor die Zeitung aufschlägt und sämtliche »brennenden Themen« abhakt. Ich finde auch die so genannten deutschen Sozialkrimis fürchterlich, die sind arg platt. Bei uns gibt es nur die große Kunst, und dann gibt's den Didi, und dazwischen ist's ziemlich dürftig. In Frankreich gibt es dagegen so schöne Sachen …

… wie ENGEL AUS STAUB *oder – weiter zurück – José Giovannis* OHNE ANGABE DER ADRESSE.

Ja, das ist sehr schön. Aber bei uns gibt es halt keine funktionierende Filmindustrie, und wenn's eine gäbe, würde beziehungsweise müsste sie auf Stars aufbauen.

Du würdest ja auch lieber Kinofilme machen; was schwebt dir da vor?

Das ist bei mir sowieso etwas schizophren. Auf die großen Showfilme stehe ich nicht, und die kleinen Kinofilme, die ich mag – wie von Giovanni oder Truffaut früher, etwa LA SIRÈNE DU MISSISSIPPI oder ENGEL AUS STAUB –, die werden hier nicht gemacht oder du drehst sie fürs Fernsehen. Doch da bräuchtest du vierzig bis fünfzig Drehtage, aber du hast nur die Hälfte. Und deswegen könnte ich so eine Qualität wie ENGEL AUS STAUB gar nicht erreichen – abgesehen von meinem Talent.

Von daher verstehe ich auch, warum du stillere Filme mehr magst als solche wie ZAHN UM ZAHN, *weil das halt wieder zu äußerlich ist.*

Film ist immer äußerlich, aber ich finde da drin zu viel gewollte Action, Action um der Action willen. Ich persönlich mag keine deutschen Filme, bei denen ich glaube, sie schon mal als amerikanische gesehen zu haben – nur etwas besser. Das gilt auch für meine eigenen.

Auch für DIE KATZE?

DIE KATZE ist mir zu kalt. Ich bewundere, wie das gemacht ist, eine tolle Leistung vom Dominik. Aber ich mag es nicht, wenn ich mich als Zuschauer mit keiner Person identifizieren kann.

Gespräch mit Dominik Graf

Dein Vater war ein berühmter Schauspieler. Hat dich das bei der Arbeit belastet?

Es gibt einen unterbewussten Beweiszwang selbst gegenüber Menschen, die schon lange nicht mehr leben. Das ist sicher ein Grund dafür, weshalb ich auch Filme mache, die ich ursprünglich gar nicht machen wollte. Es hängt damit zusammen, dass ich irgendwann einmal das Gefühl hatte, beweisen zu müssen, dass ich irgendetwas auf einem künstlerischen Gebiet kann. Das heißt also: Was ich machen wollte – nämlich Musik –, das ging nicht, malen konnte ich nie, fotografieren konnte ich auch nicht, also habe ich mich auf das nächste gestürzt, von dem ich glaubte, das könne ich vielleicht. Und jetzt habe ich halbwegs unter Beweis gestellt, dass ich das kann. Das ist bei mir auch eine Zäsur. Und zwar endgültig.

Da kommt noch etwas anderes dazu: Wenn man einen auf dem gleichen Gebiet erfolgreichen oder bedeutenden Vater hat – bei mir ist das nicht ganz vergleichbar mit Götz George –, dann werden einem so ein bisschen die Knie weich. Du denkst, du gibst nach, wolltest ja eigentlich mal was ganz anderes, ausgerechnet das wolltest du nicht. Und dann machst du doch genau das. Da bleibt auch so ein ganz tiefes Unbehagen mir selbst gegenüber, das ich dann nur durch noch größere Leistungen kompensieren kann, um mir selbst zu beweisen, dass das keine Faulheit oder Trägheit oder auch Bequemlichkeit ist, dass man keine Lust hat, von mir aus, Archäologe zu werden, sondern dass es doch scheinbar um etwas geht, was nur mit Talent zu begründen ist. Dieses Talent muss aber ständig bewiesen werden – bis zur Selbstdestruktion. Auch posthum. Natürlich spielt da der frühe Tod des Vaters die wichtigste Rolle.

Mein Vater war einundvierzig Jahre, als er starb, und ich war dreizehn. George war, glaube ich, neun, als sein Vater starb – auch vergleichsweise jung. Bei Kindern großer Väter gibt es eben ein gewisses Schuldgefühl, sich nicht selbst durchgesetzt zu haben und nicht einen ganz anderen Weg gegangen zu sein, sondern den gleichen ausgelatschten Weg, und den unter erheblich größeren Anforderungen an sich selbst, als es ein anderer täte.

Spielen wolltest du nie?

Nein, in einem eigenen Film werde ich mal wieder spielen. Und ich weiß nicht, wie stark das bei so jemandem wie Götz ist. Oder besser: Wie das bei Leuten ist, die auch noch exakt den gleichen Beruf haben; bei einem Regisseur und einem Schauspieler ist das ja doch ein bisschen unterschiedlich, das ist ja mehr oder weniger ein anderer Beruf. Aber andererseits ist es auch so, dass Götz auch Regisseuren, die ihr Handwerk beherrschen, immer noch etwas sagen kann.

Götz erklärt ihnen, wie eine Action-Szene zu machen ist, und da sind immer ein, zwei Gedanken dabei, die besser sind als die eigenen. Da muss man ganz genau hinhören, manchmal sind unter seinen Einfällen absolute Juwelen. Und dann kommt bei Götz dazu, dass er einfach intuitiv sehr viel von Film versteht, mehr als viele andere Schauspieler. Das ist ein ganz wichtiger Aspekt, und das merkt man bei der Zusammenarbeit immer wieder, das hilft dann auch.

DIE KATZE war ja auch so ein Brecher. Das waren die schwersten Dreharbeiten, die ich erlebt habe. Der ganze Schnitt war so kompliziert. Wir hatten Berge von Material, und das musste ja alles ineinander verzahnt werden. Da sind die Szenen in der Bank, im Hotelzimmer, in der Polizeizentrale, dann draußen auf der Straße, und das alles mehrmals, und die ganze Nachbearbeitung musste in dreieinhalb Monaten vonstatten gehen. Das will ich auf keinen Fall wieder machen.

Bei TRIO war das noch schlimmer, aber da war ja alles schlimm. So etwas möchte ich auch nicht mehr machen.

Gibt es bei solchen großen Kinoproduktionen wie DIE KATZE *Einspruch von Seiten der Produzenten, wollen die beispielsweise den George ein paar Mal mehr im Film sehen als die anderen Figuren?*

Wenn das im fertigen Film so rüberkommt, dann ist das meine Sache, meine Auffassung, diese schwierige Rolle so spielen zu lassen, dass man auch spürt, dass sie eben nur von einem Star spielbar ist. In solchen Momenten ist der Star mit seinem ganzen düsteren Personenaufbau sehr im Vordergrund. In solchen Momenten ist er weniger Schauspieler als einfach die

Dominik Graf (Mitte) und Götz George am Set von »Die Katze«

Figur, mehr die Silhouette der Figur. Auch wenn er etwa die Waffe zusammenbaut. Ich glaube, ich habe bisher keinen in Deutschland gefunden, der die Waffe so zusammenbauen kann. Das ist George. Er »macht« es richtig, er »spielt« dann nicht.

Es gibt allerdings auch Momente, in denen der George ganz einfach als die starke Figur, der kraftvolle Typ zu sehen ist – vielleicht ist es das eigene Bewusstsein, dass man da einen Götz-George-Film machen muss?

Machen will, nicht muss. Das meine ich ja: Wenn ich mich schon auf eine solche kommerzielle Geschichte einlasse, die ja nicht vom Ursprung das ist, was mir als Kino vorschwebt, so will ich sie doch ganz machen, will dem Star auch alles geben, dann bediene ich das Genre schon.

George ist ein Star, eigentlich der einzige männliche Star seiner Generation bei uns in Deutschland. Wie ist das für dich, mit einem Star wie ihm zusammenzuarbeiten? Wie arbeitest du, wie gehst

du mit ihm um, wie er mit dir und den anderen Partnern?

Es gibt noch ein paar gute Leute, aber derentwegen geht man leider nicht ins Kino. Noch nicht. Ich muss sagen – der TATORT, den ich vor der KATZE mit ihm gemacht habe, der war schon wichtig für mich. Man hatte mich immer gewarnt und gesagt: Du wirst dein blaues Wunder erleben, und man hatte auch ihn vor mir gewarnt. Und wir sind da wie so zwei Maschinen aufeinandergerattert. Nun arbeite ich sehr viel mit Schauspielern und bestimme auch sehr viel, was die Schauspieler zu tun haben und wie etwas gemacht wird, und da knallt man bei ihm voll dagegen, weil er eigentlich derjenige ist, der in vielen Situationen die Szenen so machen möchte, wie er sie sich vorstellt. Manchmal hat er Recht, manchmal nicht.

Aber ich muss sagen, er hat es schon sehr schnell akzeptiert, dass da jemand ist, der einfach mit ihm umgeht, und dass das alles auch ganz richtig ist, was der will. Hajo [Gies] arbeitet da anders Er lässt ihn machen und feilt später. Ich bin jemand, der morgens früh mit den

Einstellungen ankommt, und dann kommt der George mit seinen Vorstellungen, und die passen nun manchmal gar nicht in mein Konzept.

Es kam dann eben beim TATORT zum Riesenkrach, nachdem es dreieinhalb Wochen verdächtig gut ging. Der dauerte zwei Tage, wir sahen uns nicht einmal an. Dann war alles wieder in Ordnung. Das fing ganz simpel an: Ich habe ihm gesagt, er soll zum Fenster gehen, und er: »Warum zum Fenster, ich bin doch sehr gut hier, und die Schauspielerin ist doch auch hier.« – »Nein, du gehst zum Fenster oder sie, ich kann euch ja nicht eine halbe Minute nur hier sitzen haben.« – »Nein, ich habe keine Lust, mich zu bewegen, nur weil du willst, dass ich mich bewege.« Und das gab dann fünf Stunden lang Geschrei, von dem er auch hinterher behauptete, dass das ganze Team das als sehr wohltuend empfand, dass ich mal angeschrieen wurde, und da war ich beleidigt, und schließlich war er wieder beleidigt, und ich war noch mal beleidigt, und nach zwei Tagen haben wir uns wieder vertragen.

Danach war die Arbeit zwischen uns beiden sehr gut. Am Ende hatte ich auch das Gefühl, dass zwischen uns beiden eine Beziehung besteht. Es gibt eben so einen unterirdischen Kanal, in dem schwimmt er, wenn er arbeitet. Er ist ja im Augenblick, glaube ich, dabei, sein Image zu verbreitern. Und dann ist es ja, wie gesagt, auch gut, was er macht. Er kann eine Waffe bedienen, er rammt die Tür richtig, er kann einen Satz mit vielen Wenn und Aber so natürlich formulieren, dass man nur noch zurücknehmen muss, während man bei anderen Schauspielern sagen muss: Bitte betonen Sie nicht so, sondern so. Man muss denen alle fünf Minuten quasi eine neue Schauspielschule angedeihen lassen.

Und nach dem Krach und der Versöhnung ging es bei der KATZE dann unglaublich gut. So etwas hatte ich noch nie beim Film erlebt, die Arbeit war sehr kompliziert, sehr aufwändig, und es war für mich eine neue Erfahrung, wie

Götz mir geholfen hat. Da war er derjenige, bei dem man die dreißig Jahre Berufserfahrung gespürt hat. Er sagte: »Ruhig bleiben, wir machen unseren Film weiter.« Das spürt man auch in diesem Film, dass er nicht die Absicht hatte, überzuagieren. Er ist nicht gebremst worden, er hat sich selbst gebremst – die ganze Zeit auf Sparflamme.

Aber zur Intention des Films: Wenn er mehr gemacht hätte, hättest du ihn schon zurückgenommen?

Natürlich.

Wie siehst du ihn als Star?

Das ist für mich auch der entscheidende Punkt, warum ich so gern mit ihm arbeite: Er ist für mich unaustauschbar deutsch. Er hat berühmte und fantastische Eltern gehabt und hat damit eine deutsche Kulturvergangenheit. Die trägt er mit sich herum, und das spürt man auch. In dem Mann sind auch inzwischen fünfunddreißig Jahre Schauspielererfahrung, wenn man bedenkt, unter was für Leuten er schon gespielt hat.

Was gibt es für dich an Vorbildern?

Als ich anfing, mich fürs Kino zu interessieren, waren Leute wie François Truffaut für mich Vorbilder. Dahin möchte ich auch ganz allmählich wieder zurück. Ich habe ja so angefangen, und als ich gemerkt habe, dass meine Vorstellung vom Autorenfilm nicht funktioniert hat, und zwar so sehr nicht funktioniert hat, dass ich meinen Beruf hätte aufgeben können, wenn ich so weitergemacht hätte, da habe ich mir gesagt: Gut, jetzt beschäftigst du dich halt mit anderen Sachen, und dann habe ich eben nur noch Auftragsproduktionen gemacht.

Das war so 1978, 1979, 1980. Daher kommt dann auch diese schnelle Erzählweise. Wie schnell erzähle ich eine nicht ganz einfache Situation, und ich denke, wenn man in Deutschland kommerzielle Filme macht – und das ist

DIE KATZE ja –, dass bestimmte Sachen, die ich sicherlich auch noch auf Lager hätte, da einfach fehl am Platz sind. Und wenn ich mich auf so eine Geschichte einlasse, die mir nicht hundertprozentig am Herzen liegt, die ich aber trotzdem faszinierend finde, dann versuche ich, sie aber auch konsequent zu machen.

Manche haben dann bei der KATZE gesagt, wo sind denn die Geiseln, da gibt's ja gar keine Beziehungen. Das habe ich ganz bewusst so gemacht. Es ist aber bei uns dann schon eine Tendenz, dass man alles, was man an amerikanischen Filmen schätzt – diese Einfachheit, ja Naivität –, uns dann gerade vorwirft, und ich möchte dann immer sagen: Schaut euch doch mal die Amerikaner an, die ihr mögt, da ist es doch auch so.

George als Star in der BRD, das ist etwas anderes als in Frankreich beispielsweise. Man würde es, glaube ich – ähnlich wie Clint Eastwood, Robert De Niro oder John Wayne in den USA –, dem Götz George übel nehmen, wenn er etwas anderes, etwa in einer Komödie oder einem ernsten Stück, spielen würde.

Nein, das glaube ich nicht. Es liegt eher daran, dass bei uns so wenig Filme dieser Art gedreht werden, dass es sehr gute Komödien so gut wie gar nicht gibt. Wenn der George mal eine andere Sache macht und wenn man dann weiß, danach kommt er doch wieder wie gewohnt, dann würde das vom Publikum schon angenommen.

Aber DIE KATZE *ist, was den George anbelangt, doch wieder nur das gleiche mit umgekehrten Vorzeichen.*

Ja, es ist wie beim Schach eine Variante. Das liegt auch an ihm und auch an den Produzenten, die vor lauter Angst gar nichts anderes machen wollen. Da ist die ständige Angst, und deshalb macht man es den Fernseherfolgen nach. Wenn man das genau betrachtet, sind die ganzen deutschen Erfolge der letzten Jahre nur

Fernseherfolge. Otto ist ein Fernseherfolg, Schimanski ist eine Fernsehfigur. DIE UNENDLICHE GESCHICHTE war die erste originäre Kinosache.

Alles andere ist verlängertes Fernsehen. Es existiert einfach eine gewisse Angst, etwas anderes zu machen, und beim Götz weiß ich eben auch nicht, ob das nicht auch bei ihm etwas mit Angst zu tun hat. Denn wenn ich an Belmondo in DAS GEHEIMNIS DER FALSCHEN BRAUT – LA SIRÈNE DU MISSISSIPPI denke, den Film von Truffaut, den ich am meisten mag, da ist nun der absolute Großstar des französischen Films ein fast schwacher Nicht-Liebhaber, der sich seine Frauen per Anzeige suchen muss. Das finde ich wahnsinnig stark, und dass Jean-Paul Belmondo das spielt, ist fantastisch.

Und ich glaube, dass Götz auch gut solche Rollen spielen könnte, in denen er es schafft, körperlich weniger gewichtig zu erscheinen. Sie puschen ihn dauernd in diese übermännlichen Rollen. Sie denken: Was soll er in einer Liebesgeschichte, wenn er die Leinwand schon dermaßen ausfüllt, dass kaum ein anderer Platz hat? Und genau das stimmt nicht. Ich bin überzeugt, wenn er wüsste, was er spielen müsste, dann würde er es schaffen, fragiler zu erscheinen.

Am tollsten fand ich ihn als Friedrich Wilhelm und nicht in AUS EINEM DEUTSCHEN LEBEN, was immer so als Paradebeispiel herangezogen wird. Da spielt er neben Wolfgang Kieling. Und Friedrich Wilhelm war ein Zwerg, und der Götz schafft es einfach, kleiner zu erscheinen als er ist. Die ganze Körperlichkeit, das verrückte Aussehen – und er schafft es einfach, und das ist wirklich toll, und da glaube ich, dass der Schauspieler Götz George noch viele, viele Möglichkeiten hat.

Als Friedrich Wilhelm sitzt er da auf einem hohen Stuhl und kichert mit diesem rokokoblassen Gesicht und wirkt beängstigend authentisch – 18. Jahrhundert –, und da ist es noch weit hin, bis man mal sagen kann, der George ist das und das. Er hat so viele Möglichkeiten, und da wirkte er plötzlich auch viel kleiner, schmaler, anders.

Ich würde mir wirklich wünschen, dass er jetzt so Sachen macht, die auf einer ganz anderen Seite stehen. Aber ich glaube, er hat etwas Angst. Das ist ja auch zu verstehen, wenn man einmal so eine Durststrecke hinter sich hat wie die Autorenfilmzeit. Es gibt ja bei jedem Schauspieler so einen Moment, wo das Selbstbewusstsein wirklich angeknackst ist. Götz hat ein sehr, sehr sensibles Selbstbewusstsein. Er ist nicht der Brecher, als der er oft erscheint. Eine Weile hat ihn kaum jemand im Kino besetzt. Die Schimanski-Rolle kam doch für ihn wie ein Segen und hat das ganze Selbstbewusstsein in ihm wieder geweckt.

Damals hat man Götz George, als er ein guter Schauspieler zu werden begann, an seinem Vater gemessen: Götz George, der Sohn.

Ja, er konnte keinen Huster lassen, nichts äußern, ohne dass man an den Vater dachte. Man brauchte eine Figur, ein Bild von ihm, das dem entgegenwirkte: Götz George, der Sohn von Heinrich George. Und es scheint jetzt so, dass er nicht mehr der George Sohn ist, sondern Schimanski. Und es ist wohl das Problem, aus diesem Schimanski jetzt wieder Götz George zu machen.

Ilse Hofmann

Gespräch mit Ilse Hofmann

Götz George war bei uns lange das, was seit Anfang des neuen Jahrtausends wohl Moritz Bleibtreu ist: der einzige männliche Star, dessentwegen die Leute ins Kino gehen. Wie erklärst du dir das?

Nun, es ist ja allmählich bei uns heraus, dass die Kinostars vom Fernsehen gemacht werden. Damals, als die Figur Schimanski erfunden wurde, waren die anderen Kommissare bei uns meist Biedermänner, und da ist diese Figur besonders aufgefallen. Sie war etwas ganz anderes, und das hat sich durchgesetzt.

Es sind schließlich Millionen von Fernsehzuschauern, die das sehen, und das färbt eben auch aufs Kino ab. Denn auf der Leinwand verspricht man sich noch mehr Action, noch mehr Aufwand.

Liegt das deiner Meinung nach an der gesamten Figur, oder hätte es das gleiche gebracht, wenn man einen unbekannten Schauspieler aufgebaut hätte?

Nein, wenn man jemanden gehabt hätte, der nicht diese Vitalität, diese schauspielerische Qualität besitzt, dann wäre dieser Schimanski ganz schnell wieder weg gewesen – wie viele andere TATORT-Kommissare auch. Also, es ist schon klar, dass das an die Person von Götz gebunden ist.

Es gibt aber auch ein anderes Beispiel: Klaus Wennemann als FAHNDER hat – obwohl ihn vorher sicher kaum jemand kannte – mit seiner Serie einen wahnsinnigen Popularitätsschub erhalten.

Du sprichst von Biedermännern – in Amerika oder auch in Frankreich ist es oft so, dass da Leute zu Stars aufgebaut werden, die zwar dann nicht richtig einschlagen, aber immer noch ein Millionenpublikum erreichen.

Ja, aber das liegt daran, dass man die entsprechend verkauft, und das gerade findet bei uns nicht statt. Also, Werbung fürs Fernsehen, das gibt's ja gar nicht. Insofern müssen dann die Filme für sich selber sprechen, und das ist dann doch schon der entscheidende Unterschied zu Amerika.

Wie war deine Arbeit mit Götz George?

Die war sehr positiv. Götz war immer sehr gut vorbereitet, er kennt seine Figur sehr genau und hat sich selbst immer viel überlegt. Man kann das voll ausnutzen, kann sich seiner Kraft voll bedienen. Und das eben ist sehr angenehm, weil ich das Gefühl hatte, dass er immer mit einhundertprozentigem Einsatz an die Sache rangeht.

Ich denke schon, dass der anhaltende Erfolg der Schimanski-TATORT-Folgen etwas damit zu tun hat, dass er eine ziemlich große Lebendigkeit besitzt.

Hast du viel vorgegeben, alles sehr klar festgelegt, oder hast du ihn eher spontan arbeiten lassen?

Ich lasse ihn immer erst machen. Das mache ich eigentlich bei allen Schauspielern, und wenn mir etwas nicht gefällt, redet man darüber und versucht, sich auf etwas zu einigen, mit dem alle einverstanden sind. Das mache ich jetzt mit Klaus Löwitsch bei PETER STROHM genauso.

Wie siehst du die Entwicklung der Figur Schimanski? Meinst du, sie hat sich verändert?

Nein, ich glaube nicht, weiß es aber nicht. Als Beteiligter sieht man ja manches nicht so genau. Ich denke aber, dass sich der Schimanski insofern etwas verändert, als sich im deutschen Fernsehen alles in den letzten Jahren verändert hat. Ich glaube, dass die Figur am Anfang radikaler war. Aber vielleicht vertue ich mich da, man müsste das am Beispiel der alten Filme noch einmal kontrollieren.

Du meinst, das ist zurückgegangen?

Ich bilde es mir ein, vielleicht stimmt es nicht. Ein ganz großes Problem sehe ich persönlich auch darin, dass die wenigsten Autoren, die Schimanski-Drehbücher schreiben, überhaupt das Ruhrgebiet kennen. Ich habe gerade in Herne gedreht, da gibt es Ecken und Menschen, mit denen dieser TATORT heute überhaupt nichts mehr zu tun hat. Und das ist etwas, was man auch in vielen anderen deutschen Krimis beobachten kann: Sie spielen immer mehr in Schickeriakreisen oder sagen wir mal im Großbürgertum, und das ist nicht so wahnsinnig typisch oder ausschließlich typisch für das Ruhrgebiet. Ich meine, man könnte doch auch ganz andere Geschichten (und das meine ich mit radikaler) erzählen, weil der Menschenschlag da ja außerordentlich interessant ist.

Die meisten Autoren sitzen in München und sind vielleicht ein- oder zweimal in Duisburg gewesen, zur Premiere von ZAHN UM ZAHN oder so. Aber ich glaube kaum, dass sie großartig in die Ecken und Winkel oder durch die Stadt gehen und sich mal anschauen, was da los sein könnte. Das ist ein prinzipielles Problem hier in Deutschland, dass man ständig über irgendwelche abstrakten und ausgedachten Dinge Filme machen muss.

Das ist bei den Autoren sowieso so eine Sache; es ist doch wohl relativ zufällig, was an Geschichten angenommen wird. Irgendwo ist das auch die mangelnde Kontinuität der Serie, die näher am Milieu und näher an der Situation sein könnte.

Ja, auf Dauer wird man sich sicher etwas überlegen müssen. Ich glaube, dass das Ruhrgebiet unerschöpflich ist, aber was dort oft erzählt wird, hat meist nichts mit dem Ruhrgebiet zu tun. Das sind Geschichten, die auch im Schwarzwald spielen könnten.

Was sagst du dazu, dass Schimanskis Einzelgängertour von Folge zu Folge kritisiert wird und doch keine Konsequenz daraus gezogen wird?

Letztlich ist das nur eine Behauptung, dass Schimanski so sehr aus dem Apparat rausschert. Ich bin mir ziemlich sicher, dass die Polizei oft auch mit Methoden arbeitet, die vielleicht sogar noch weiter über die Legalität hinausgehen.

Andererseits glaube ich, dass man wahnsinnig enttäuscht wäre, wenn man Polizeirealität mitbekäme, denn das ist sicher wahnsinnig langweilig. Den Polizisten gefällt das im Fernsehen selbst oft sehr gut. Sie halten das für überzogen, schauen es sich aber gern an, und wenn man die bei der Arbeit sieht, dann sehen sie zwar schon so aus wie im TATORT, nur sind sie viel, viel langweiliger. Und so gesehen ist der Schimanski auch eine Kunstfigur, und das soll er auch bleiben, muss er sogar.

Drehst du gern Krimis?

Mir ist das Genre egal, wenn die Geschichte gut ist.

George hat als Schauspieler eine ziemliche Breite; warum, glaubst du, spielt er nur Rollen wie Schimanski oder Ähnliches? Keine Komödienrollen beispielsweise.

Einmal wird bei uns so etwas kaum gedreht, und außerdem läuft es bei uns im Fernsehen und im Kino immer noch so: Wenn man einmal eine bestimmte Art von Rollen gespielt hat, spielt man diese den Rest seines Lebens. Dass der Löwitsch immer Bösewichter spielen muss, ist absolut absurd. Er könnte wunderbar Klamotte spielen, aber darauf würde niemand kommen.

Das gleiche gilt auch für Bruno Ganz und ebenso für Götz: einmal Schimanski – immer Schimanski, und wenn man die anderen Rollen – etwa in der KATZE – ansieht, dann ist es sehr ähnlich. Das gleiche war es ja auch damals mit dem Marius [Müller-Westernhagen]: Der war halt der Theo aus THEO GEGEN DEN REST DER WELT, und als er versuchte, da herauszukommen, war die Kinokarriere erst mal abgeschnitten.

Nun hat der George in Frank Beyers DER KÖNIG UND DER NARR als Friedrich Wilhelm etwas ganz anderes gedreht.

Ja, dass der auch andere Sachen machen kann, hat man am Film vom Theo [Kotulla] gesehen: AUS EINEM DEUTSCHEN LEBEN.

Würdest du es wagen, George in einer leichten Komödie in einer ganz anderen Rolle zu besetzen?

Klar würde ich das. Ich würde es auch deshalb wagen, weil ich mir einen gewissen Reklamewert davon verspreche. Wenn man schon so jemanden hat, soll man das auch ausnützen. Es gibt sogar einen Stoff, wo ich an ihn gedacht habe, eine Kriminalkomödie. Das steht leider im Moment nicht zur Debatte, aber es wäre ein wunderbares Buch.

Er ist nicht immer der Siegertyp; in den letzten Filmen gibt man ihm auch kontra.

Ach, das ist doch nur Verschleierung, das ist Pose.

Ich meine, es wäre von der Figur her durchaus glaubwürdig, wenn es am Ende einmal nicht so gut ausginge.

Natürlich wäre das denkbar. Aber das trauen die sich nicht. Das war schon so bei den GRENZGÄNGERN, die sollten ganz anders ausgehen, aber das ging dann nicht. Da kam plötzlich die Anweisung von oben: Verbrechen darf sich nicht lohnen – und dann mussten wir was ändern. So etwas ist halt traurig und macht einen so mutlos.

Gespräch mit Theodor Kotulla

Du hast 1977 mit Götz George Aus einem deutschen Leben *gedreht. Das war nicht nur einer der
wichtigsten Filme der Siebzigerjahre, es war auch
einer der wichtigsten Filme des Schauspielers
Götz George. Zehn Jahre später hast du einen*
Tatort *mit dem Titel* Einzelhaft *mit Götz George als Schimanski gemacht. Wie bist du darauf
gekommen?*

Nun, ich habe damals, bei Aus einem deutschen Leben, sehr gern mit Götz George gearbeitet; und ich habe damals gemerkt, dass er
ein ganz toller Schauspieler ist. Ich muss sagen,
dass seit dieser Zeit bei mir immer der Wunsch
vorhanden gewesen ist, ja geradezu das Bedürfnis, wieder mal mit ihm zu arbeiten. Warum es
dann so lange gedauert hat, runde zehn Jahre
immerhin, bis es tatsächlich dazu gekommen
ist …?

Sehr viele Filme habe ich in dieser Zeit
nicht gemacht. Wenn ich daran dachte, George
zu besetzen, hatte er keine Zeit. Es hat auch
von Seiten der Bavaria mal Angebote an mich
gegeben, einen Schimanski-Tatort zu machen;
aber da ging es aus irgendwelchen Gründen bei
mir nicht.

Mitte Juni 1987 hat mich Bavaria-Produzent
Wolfgang Hesse, der auch noch keinen Tatort
produziert hatte, gefragt, ob wir es nicht mal
gemeinsam mit diesem Genre versuchen sollten. Es gab damals noch kein detailliert ausge-
arbeitetes Drehbuch, sondern erst so eine Art
Treatment. Aber die Story und die bereits aus-
geführten Dialoge von Frank Göhre – er hatte
am Drehbuch von Carl Schenkels Abwärts mitgearbeitet – haben mir sehr zugesagt: Und so
habe ich ja gesagt.

Was hat dir bei Göhre so zugesagt?

Gefallen hat mir zunächst, dass der Schimanski hier nicht so sehr in den Vordergrund ge-
schoben wird. Da es zu der erzählerischen

Struktur der Schimanski-Tatort-Folgen gehört, dass die Geschichte immer aus der Sicht
von Schimanski und Thanner erzählt werden
muss, ist Schimanski auch in Einzelhaft die
Figur, die im wörtlichen Sinne am häufigsten
auf der Bildfläche erscheint. Dennoch ist für
mich die Ilona – die Frau, die von Brigitte Karner gespielt wird – quasi die heimliche Hauptfigur. Außerdem versteht es Göhre, hervorragende Dialoge zu schreiben, die die Redeweise
so genannter »kleiner Leute« – Werftarbeiter,
Taxifahrer und Imbissbudenbetreiber beispielsweise – sehr treffend und mit Witz einfangen,
ohne dass diese Personen, und das ist das Entscheidende, von oben herab behandelt werden.

Ich würde sagen, ich weiß, wovon ich rede,
denn ich habe selber jahrelang im Gebiet von
Duisburg gelebt – genauer gesagt in Homburg
am Niederrhein, wo ich auch Abitur gemacht
habe, und das inzwischen von Duisburg einge-
meindet worden ist; und schließlich habe ich
zweieinhalb Jahre im Steinkohlenbergbau unter Tage gearbeitet, um mir das Geld zum Stu-
dium zu verdienen.

*Hattest du nach deinem ersten Film mit George
verfolgt, was er inzwischen gemacht hat?*

Ich habe immer mit Interesse verfolgt, was
er jeweils gedreht hat. Gesehen habe ich nur einiges: den Film Der König und sein Narr von
Frank Beyer, nach dem Roman von Martin Stade, den Kinofilm Abwärts von Carl Schenkel,
und dann habe ich mir, bevor ich mit den Vor-
bereitungen zu Einzelhaft angefangen habe,
sechs Schimanski-Tatort-Folgen bei der Bavaria angeschaut. Leider habe ich Götz nie auf
der Bühne gesehen. Ich hoffe allerdings, dass
sich mal die Gelegenheit ergibt, das Versäumte
nachzuholen.

*Du hast anfangs gesagt, du hättest gleich bei
deinem ersten Film mit ihm erkannt, dass Götz
George ein toller Schauspieler sei …*

Du meinst, ich sollte das nicht einfach so als

Theodor Kotulla (Mitte),
Eberhard Feik und Götz
George in einer Dreh-
pause von »Einzelhaft«

preisende Feststellung stehen lassen, sondern näher erläutern. Ich will es versuchen.

Also, ich muss bei Götz oft an das berühmte »Paradox des Schauspielers« von Diderot aus dem Jahre 1773 denken. Diderot legt in diesem polemischen Aufsatz, den er in Form eines Dialogs darbietet, seine Theorien über das Theater und über Schauspieler dar, auf denen übrigens auch die von Brecht fußen. Man könnte sogar sagen, seit Diderot nichts Neues. Diderot erläutert, welche Eigenschaften seiner Ansicht nach einen guten Schauspieler ausmachen. Ich darf mal zitieren: Diderot: »… Ich verlange von ihm sehr viel Urteilskraft; für mich muss dieser Mensch ein kühler und ruhiger Beobachter sein; ich verlange von ihm daher Scharfblick, nicht aber Empfindsamkeit, verlange die Kunst, alles nachzuahmen, oder – was auf dasselbe hinausläuft – eine gleiche Befähigung für alle möglichen Charaktere und Rollen.« – Gesprächspartner: »Keine Empfindsamkeit!« – Diderot: »Keine!« Wozu freilich gesagt werden muss, dass, wenn Diderot nach damaligem Sprachgebrauch »Empfindsamkeit«

sagt, er – salopp ausgedrückt – »Gefühlsseligkeit« meint.

Diderot hat nichts dagegen, dass ein Schauspieler Empfindungen hat, das wäre ja auch absurd, er hat lediglich etwas dagegen, dass er in bloßen Gefühlen ertrinkt und den Verstand, die »Urteilskraft« verliert. Und »viel Urteilskraft«, »kühle und ruhige Beobachtungsgabe« sowie die »Kunst, alles nachzuahmen« – diese drei Eigenschaften sind bei Götz in hohem Maße anzutreffen.

Das klingt alles immer noch sehr abstrakt, aber ich will das an einem Beispiel klar machen. In dem Dialog mit einem mutmaßlichen Verbrecher wirft Schimanski diesem in aggressiver Sprache und mit kaltem Gesichtsausdruck massive Beschuldigungen an den Kopf. Ich war sehr mit dem Ergebnis zufrieden. Da Götz aber weiß, dass ich von bestimmten Takes gern Varianten drehe, bot er mir ganz spontan an: »Soll ich dasselbe jetzt noch mal mit einem lächelnden Gesichtsausdruck bringen? Vielleicht ist die Wirkung dieser Stelle dann viel stärker?« Ich hatte nichts dagegen, und sofort nahmen wir diesen Take mit einem hinterlistig lächelnden Schimanski auf.

Ich habe mich dann am Schneidetisch für die zweite, die »lächelnde« Version entschieden, weil sie in die Stimmung des Verhörs tatsächlich besser hineinpasste. Natürlich kann ich mich nicht immer für die Vorschläge von Götz – und er macht eine ganze Menge! – entscheiden, das dürfte wohl auch ohne weitschweifige Erklärungen klar auf der Hand liegen.

Götz macht aber so viele Vorschläge, dass man sich fragt, ob er vielleicht nicht mal die Möglichkeit bekommen sollte, selber bei einem Film Regie zu führen, auf der Bühne hat er ja auch schon selber inszeniert. Ich will mit diesem Beispiel sagen: Wäre Götz jetzt ein hauptsächlich von »Empfindsamkeit«, also »Gefühlsseligkeit« gelenkter Schauspieler, wie das ja etwa Stanislawski, im Gegensatz zu Diderot, empfohlen hat, dann hätte er nicht derart blitzschnell von brutal auf lächelnd umschalten können; denn Gefühle sind weit unbeweglicher als kühle Technik. Vor allem hätte er dann beides nicht mit derselben Präzision abliefern können.

Das klingt jetzt so – vor allem, wenn man den Film noch nicht gesehen hat –, als wäre der tolle Schauspieler allein dadurch gegeben, dass er die gewünschten Reaktionen auf Kommando ausspuckt wie eine Maschine, oder heute müsste man eher sagen: wie ein Computer. Also: gekonnt ausspucken, abliefern muss er, der gute Schauspieler, Worte, Gesten und Mimik schon, das ist gar keine Frage; aber zugleich – und das ist der springende Punkt! – muss er dabei wirken wie ein durch und durch menschliches Wesen; wie ein Roboter, bei dem man total vergisst, dass man einen Roboter vor sich hat und nicht einen Menschen.

Darin besteht meiner Meinung nach die Kunst eines jeden Schauspielers – für Diderot damals wie heute für uns! Zu den Eigenschaften eines guten Schauspielers kann auch ge-

hören – ich sage hier nicht unbedingt: sollte gehören –, dass er seine Urteilskraft und seinen Scharfblick in Hinblick auf die zu erzählende Geschichte einsetzt, um diese, in den Grenzen des ihr eigenen Rahmens, möglichst zu bereichern.

Und hierbei kann man bei Götz nun wirklich aus dem Übervollen schöpfen. Er überschüttet einen mit Vorschlägen und Einfällen. Ehrlicherweise wird man sagen müssen, dass vieles aus der Sicht des Filmemachers wahrscheinlich nicht brauchbar sein dürfte, und die Entscheidung sollte ausschließlich bei diesem liegen. Wenn der Filmemacher einen Stil hat, wird er sich mit kühlem Kopf das heraussuchen, was seinen Stil weitertreibt, von mir aus bis an die Grenze des gerade noch Tragbaren. Er darf nur nicht über diesen Stil hinausschießen.

Und jetzt ein Beispiel für einen erfolgreich integrierten Vorschlag von Götz in unserem Film EINZELHAFT: Schimanski wird von zwei Zuhältern zusammengeschlagen. Am nächsten Tag trifft er den einen von ihnen, Berni, mehr oder weniger per Zufall wieder, verfolgt ihn, nimmt ihn fest und beginnt, ihn in seinem Büro auf dem Polizeirevier zu verhören. Vorschlag von Götz: Bei der Schlägerei hält sich Schimanski an der Wildlederjacke von Berni fest und reißt, während er zu Boden geschlagen wird, unbeabsichtigt ein kleines Stück Leder aus der Jacke heraus. Diesen Lederflecken hält er dann beim Verhör dem Berni quasi als zusätzliches Beweismaterial unter die Nase, und Berni, der wieder dieselbe Jacke trägt, ist so verdutzt, dass ihm ein blödes, auch nicht im Drehbuch vorhandenes »Scheiße, das muss ich kunststopfen lassen!« entfährt.

Ich habe diesen Vorschlag, nach anfänglichem Zögern, angenommen – denn hier zwei Varianten zu drehen, wäre zu aufwändig gewesen – und bin danach in den Mustern sehr froh darüber gewesen, weil dieses kleine Moment mit dem Lederfleckchen den Ablauf der Szene ohne Frage um eine sardonische Nuance bereichert hat.

Wie breit schätzt du Georges schauspielerische Möglichkeiten ein? Manche meinen, er könne alles spielen.

Also gut, wir wollen nicht übertreiben. Sicherlich kann Götz nicht schlicht und einfach alles spielen. Das kann kein Schauspieler, zumal im Film. Das ginge bei Götz auch schon aufgrund seiner durchtrainierten physischen Erscheinung nicht.

Was mir hingegen sicher scheint, ist die Tatsache, dass Götz als Schauspieler sehr viel mehr kann, als ihm in seiner »Stammrolle«, des Horst Schimanski, abgefordert wird. Aber selbst hier, in einer doch relativ »eingerahmten« Figur, ist seine Schwingungsweite einfach erstaunlich. Er springt auf ein anfahrendes Auto und hält sich am Schiebedach fest, er hechtet aus einem relativ hochgelegenen ersten Stock in einen mit Kartons beladenen Lieferwagen. Gut. Okay. Das kann man sich antrainieren – wird man sagen –, das ist keine große Kunst. Obwohl man bei uns die Schauspieler mit der Lupe suchen kann, die sich das so professionell antrainiert haben, dass man ruhigen Gewissens von einem Stuntman absehen kann.

Aber dann hat der Götz eine lyrische Szene mit der Brigitte Karner, die ihresgleichen sucht im so genannten jungen und im gegenwärtigen deutschen Film. Da habe ich nicht die geringsten Hemmungen, das zu sagen, obwohl es sich doch um die eigenen Brötchen handelt, die hier angepriesen werden: Ich weiß einfach, was wir da zustande gebracht haben.

Wie siehst du das, der George – auch wenn er andere Filme wie DIE KATZE *dreht oder mit Frank Beyer* DER BRUCH *– ist immer auf eine bestimmte Figur festgelegt, obwohl er über ein breiteres Spektrum verfügt.*

Das ist ja eben so bedauerlich, dass er immer auf so einer Schiene fährt, weil er – wie du

selbst sagst – schauspielerisch eine größere Amplitude hat. Das hängt wohl auch mit den Grenzen unserer ganzen Kinosituation zusammen.

In Frankreich spielt Depardieu in knallharten Gangsterfilmen wie WAHL DER WAFFEN von Alain Corneau und dann in Marguerite Duras' NATHALIE GRANGER mit Jeanne Moreau und Lucia Bose, einem Film, der ästhetisch so avanciert ist, dass man für so einen Film bei uns nirgends Gelder herkriegen würde. Und er spielt in Maurice Pialats DIE SONNE SATANS einen Priester. In all diesen Genres ist er als Schauspieler gut, und man nimmt ihm das ab. Solche schauspielerischen Fähigkeiten hätte George auch. Aber bei uns fehlt eben diese Filmszene. Und es ist mir absolut gleichgültig, was bestimmte Filmkritiker hierzu sagen mögen, die sich wie die Päpste aufführen, ansonsten aber einen Zoom von einer Kamerafahrt und eine Handkamera nicht von einer Steadycam unterscheiden können.

Götz ist so rar bei uns, dass wir Filmemacher und die Film- und Fernsehproduzenten verhindern sollten, dass er eines Tages ins internationale Geschäft abwandert, bevor wir ihn richtig eingesetzt und ausprobiert haben, und im Grunde muss man sich schon wundern, dass er nicht längst abgedriftet ist aus unserer behäbigen und harmlosen Filmlandschaft.

Was übrigens das Ausprobieren angeht: Da gibt es – um nur ein Beispiel zu nennen – ein wirklich explosives Stück von Albert Drach, einem fast vergessenen Wiener Schriftsteller, der jetzt fünfundachtzig ist, über den Marquis de Sade und dessen verdrängte Rolle in der Französischen Revolution, aus dem ich wahnsinnig gern einen Film mit Götz in der Titelrolle machen würde. Das mag auf den ersten Blick reichlich abwegig klingen: Götz George als der Marquis de Sade. Aber ich weiß, dass gerade diese Koppelung einen außergewöhnlichen Film abgeben könnte.

Nun gibt es eine ganze Reihe vergleichbarer Schauspieler wie Bruno Ganz, Otto Sander, Klaus Löwitsch beispielsweise, nur dass sie nicht ein solches Star-Image haben. George ist nicht nur – wie die eben genannten – ein guter Schauspieler, er ist darüber hinaus auch noch ein Star. Was macht einen Star aus?

Für das Zustandekommen eines Star-Images gibt es sicherlich mehrere Gründe. Nichts hat nur einen Grund. So gibt es auch für das Erscheinen eines Stars mehrere Faktoren: soziale, psychologische, kulturelle, sogar politische im weitesten Sinne, die physische Erscheinung des betreffenden Schauspielers, es gibt den Zeitgeist, zweifellos auch Elemente der Mode und so weiter. Die Gründe sind also vielfältig.

Dennoch kann man mit einem einzigen Satz sagen, was einen Star ausmacht: Ein Schauspieler ist dann ein Star, wenn die Zuschauer wegen ihm ins Kino gehen, und zwar egal, was er spielt. Wegen Bruno Ganz und Otto Sander oder auch wegen Michael König gehen höchstens Insider ins Kino, nicht aber ein breites Publikum. Das geht wegen Götz George ins Kino. Insofern nimmt er bei uns eine einzigartige Stellung ein.

Sind nicht Stars aufbaubar? Die Major Companies machen das doch, und das haut mal hin, mal nicht. Nach James Deans Tod baute Elia Kazan Warren Beatty auf; Marlon Brando war zwar zu Beginn schon erfolgreich, aber aufgebaut hat man ihn auch, und ähnlich war es mit Dustin Hoffman und Al Pacino, ganz zu schweigen von Steve McQueen, der eine große Anlaufzeit brauchte, bis er »kam«.

Ich finde, dass ein Star so funktioniert, dass die Leute ins Kino gehen, ohne dass man versucht hat, ihn aufzubauen. Insofern war zwar James Dean ein Star und Marlon Brando auch, bei Warren Beatty ist die Sache aber dann nicht mehr so gut gelaufen. Andererseits kann die Star-Position auch eine große Gefahr sein.

Ich meine insofern, dass man gerade auf ihn kommt, weil er diese Zugkraft, diese Ausstrahlung hat, und nicht wegen seiner schauspielerischen Eigenschaften. Das heißt, es besteht die Gefahr, dass er in Filmen unter rein kommerziellen Gesichtspunkten besetzt wird. Götz muss auch darauf achten, dass man ihn nicht einfach, ob die Rolle passt oder nicht, besetzt, nur weil er ein Star ist. Du weißt ja, dass in ZAHN UM ZAHN und ZABOU die Leute wegen Schimanski reingegangen sind.

Ich habe da folgendes erlebt: Als ich in der KATZE war und aus dem Kino rausgekommen bin, stand da eine Gruppe von jungen Leuten, so Anfang bis Mitte zwanzig, und ich hörte, wie der eine Junge ein Mädchen fragte: »Na, sind die Schimanski-Fans auf ihre Kosten gekommen?« So ganz befriedigt schienen die Schimanski-Fans nicht – George spielt ja dort einen Bankräuber –, auf jeden Fall sind sie aus einem Grund hingegangen: wegen George.

Sie gehen in die DIE KATZE, nicht wegen des Regisseurs, nicht wegen der Story, sondern weil Schimanski eine Rolle spielt. Die Leute in Duisburg sagen ja auch, wenn sie Götz sehen: »Guten Tag, Herr Schimanski.«

Ja, neulich, als ich aus einer Kneipe mit George rausging, sprach ihn auch ein älterer Mann mit Herr Schimanski an, und es sah so aus, als ob er sich schon damit abgefunden hat.

Nun, vor einem Jahr war er noch ziemlich sauer und sagte: »Ich heiße George.« Gut, man kann schon sagen, dass das Fernsehen einen Star gemacht hat, der plötzlich auch im Kino ein Star ist; dass die Leute seinetwegen ins Kino gehen.

In Frankreich kannst du eine ganze Reihe von Leuten aufzählen, die Stars sind. Da hast du Yves Montand, Gerard Depardieu, Jean-Paul Belmondo, Claude Brasseur, Catherine Deneuve, Philippe Noiret, Jean-Louis Trintignant, etcetera.

In Amerika gibt es aber eine Reihe von Schauspielern, denen man den Rollenwechsel, den Image-Wechsel übel genommen hat. Etwa Clint Eastwood, als er den schwer kranken Soldaten spielt, der in einem Dreifrauenhaus fertig gemacht wird in Don Siegels BETROGEN, *Al Pacino, als er den schwulen Bankräuber in* HUNDSTAGE *spielte, oder Robert De Niro als Arbeiter neben Meryl Streep. Andererseits aber ist es in den USA nicht ungewöhnlich, wenn ein Kinostar vom Fernsehen herkommt – wie Michael Douglas.*

Bei uns gibt es eine ganze Reihe guter Schauspieler, die bekommen im Kino keine Rolle, weil sie auf das Fernsehen festgelegt sind. Sascha Hehn, Helmut Zierl, Günter Lamprecht gehen im Kino nicht.

Bei George kommen da wohl zwei Dinge zusammen, einmal die Popularität durch das Fernsehen und die Ausstrahlung, dieses Image wie bei Humphrey Bogart, das man einfach nicht erklären kann. Man schaut sich Humphrey Bogart auch in einem schwächeren Film an, den man sonst gar nicht sehen würde. Wie er sich bewegt, das ist einfach gut, wie bei James Dean oder Marlon Brando. Bei uns ist Götz George hier der Einzige auf weiter Flur

Aber was macht das aus?

Das gewisse Etwas, eine ganz bestimmte Art von physischer Präsenz, die Bogart ja auch hatte.

Eine physische Präsenz, verbunden mit einer erotischen Ausstrahlung, die auch bei Männern funktioniert.

Ja, deshalb habe ich das vorhin gesagt: Der Junge hat das Mädchen gefragt – mit einem erotischen Unterton.

Und sie sind dank der Cleverness der Produzenten – wie ich das sehe – auf ihre Kosten gekommen.

Von allen TATORT-Kommissaren, die es bei uns gab, ist einfach George – schon als Schauspieler – der beste. Und dass er ein guter Schau-

spieler ist, sieht man auch in seinen Schimanski-Filmen. Ich bilde mir ein, dass man da auch merkt, dass er mehr drauf hat als diese Figur, die doch nach einem gewissen Schema läuft, laufen muss.

Ich glaube, George ist dann immer am besten, wenn er gegen die Rolle spielen muss, wenn er Angst, Hilflosigkeit, Verzweiflung zeigt – etwa wie gerade in der KATZE.

Ja, genau. Das finde ich auch, etwa auch in der bereits erwähnten Szene mit Brigitte Karner in EINZELHAFT, wo er erst die Zigarette dreht und man das Gefühl hat, jetzt kommt es möglicherweise zu einer Umarmung – das ist ja mit sehr leisen Tönen gespielt, und es fällt kein Wort.

Man glaubt, dass da nichts passiert, und im Grunde läuft darunter eine ganze Geschichte ab.

Emotional passiert da ungeheuer viel. Ich glaube auch, dass George trotz der Schimanski-Figur sich im Laufe der Zeit ungeheuer entwickelt hat, auch als Schimanski. Er kann inzwischen fast alles spielen.

Bei uns ist das so eine Sache, aber wenn Gerard Depardieu, den man schauspielerisch mit Götz vergleichen kann, in einem Thriller spielt und dann in einem Film von Marguerite Duras oder Alain Resnais, dann nimmt man ihm das ab, ja es wird ihm sogar hoch angerechnet. Ich glaube, bei uns ist das ganz anders. Wenn George etwa eine solche Rolle spielen würde, die weitab vom Image des Schimanski oder des Bankräubers in der KATZE ist, dann könnte ich mir vorstellen, dass man dann von Kritikern zu hören bekommt: Na ja, im Grunde bleibt er der Schimanski.

Zu vergleichen ist das mit Sean Connery, der in THE OFFENCE *von Sidney Lumet spielte oder in* THE HILL, *und man hat auch gesagt, dass er eben doch nur ein James Bond ist. Dabei war Connery schon damals ein hervorragender Schauspieler. In*

Ecos DER NAME DER ROSE hat man das ja noch als Reklame benutzt und gesagt: *Der Bond ist jetzt ein Mönch.* Aber woran mag das liegen, dass man in Frankreich so etwas darf und bei uns nicht?

Ich weiß auch nicht; ich glaube, das liegt an der ganzen Filmkultur. Bei uns existiert sie nicht. Solche Filme, wie sie in Frankreich gemacht werden, gibt es nicht. Der Regisseur von DIE SONNE SATANS, Maurice Pialat, hat sich gesagt: Warum soll ich nicht Depardieu nehmen, warum soll ich nicht das Star-Image benutzen, wenn er für diese Rolle geeignet ist? Und so wird fürs Publikum ein Film interessanter durch einen Star wie Depardieu.

Andererseits hat Pialat Depardieu schon in LOU-LOU als jugendlichen Draufgänger eingesetzt. Bei den Amerikanern ist es auch so, dort nehmen sie es dem Star auch übel, wenn er in der falschen Rolle zu sehen ist.

Ja, insofern ähnelt die Situation bei uns schon der amerikanischen Szene. Sicher spielt es auch eine Rolle, dass wir uns den Amerikanern schon viel mehr angepasst haben als andere Europäer.

Gespräch mit Brigitte Karner

Wie war die Arbeit bei der TATORT-Folge EINZEL-HAFT mit Götz George und dir?

Man hatte mich vorher vor ihm gewarnt, aber ich muss sagen, das ist schon sehr speziell, wie jeder auf ihn reagiert. Man kommt an den Drehort, und der Götz redet erst einmal eineinhalb Stunden, sagt, was jeder machen soll und was er machen wird, er ist voll drauf. Das finde ich wunderbar an ihm: er ist richtig heiß, ja, er will alles gut machen, setzt sich ein, überlegt sich was. Und wenn ein Kollege oder eine Kollegin sich dadurch auf den Schlips getreten fühlt, dann krachen sie zusammen.

Ich saß da, habe ihn angeschaut und habe gewartet, bis er zu Ende war, und dann haben wir jeder für sich unsere Arbeit getan, gemeinsam. Am Anfang konnte er mich nicht einschätzen, weil ich immer so ruhig war. Und da habe ich ihm einfach mal gesagt: »Ich finde das toll von dir, du unterhältst mich in der Früh, dann wache ich auf und fange an zu arbeiten« – ungefähr so.

Ich verstehe, woher das bei ihm kommt, weil er sich wirklich einsetzt, weil er sagt: Der Schimanski, das ist meine Figur. Ich halte mein Gesicht hin, ich bin der, der dafür gerade steht. Dennoch kann er mich nicht beeinflussen, in dem, was ich mache. Und das tut er auch nicht. Wenn er spürt, dass du weißt, was du machst, achtet er das völlig. Er hat im TATORT schon einige Kollegen und Regisseure gehabt, die wirklich nicht genau wussten, wie.

Man merkt auch die Unterschiede – außerdem gibt es in letzter Zeit öfter wirkliche Gegenfiguren.

Ja, wohl auch deshalb, weil man befürchtet, dass sonst das Interesse an der Figur nachlässt, wenn sie nicht gefordert wird. Als man mich fragte, ob ich die Rolle spielen wollte, war für mich Theo Kotulla ausschlaggebend. Ich wollte mit ihm arbeiten. Deswegen habe ich auch ja gesagt. Und bei dem, was ich von Theos TATORT bislang gesehen habe, fiel mir auf: Götz ist nach wie vor sehr hektisch, aber ringsherum sind die Leute sehr ruhig – was dann auch der Figur zugute kommt.

Das ist mir auch aufgefallen, allerdings gibt es eine solche Ruhe auch in GEBROCHENE BLÜTEN. Das ist sehr poetisch, fast ein Melodram, und sowohl in BROKEN BLOSSOMS als auch in ZAHN UM ZAHN gibt es auch starke Gegenfiguren – Renate Krößner im einen, Renan Demirkan im anderen.

Was ich beim Götz toll finde, ist die Tatsache, dass er überhaupt nicht zu jenen Schauspielern gehört, die nicht mit starken Partnern arbeiten können. Im Gegenteil, er ist ein total

Theodor Kotulla (links),
Brigitte Karner und
Götz George am Set von
»Einzelhaft«

professioneller Typ, der froh ist, wenn er einen starken Partner oder Gegenspieler hat. Er muss nur spüren, dass alles auf einer Schiene läuft. Er muss Vertrauen haben in die Sache, das heißt, ins gemeinsame Ziel. Wenn ein Partner oder eine Partnerin vor allem stark ist, um sich selbst wichtig zu nehmen, und dabei – seiner Meinung nach – die Arbeit zurücktritt, gibt es plötzlich eine Rivalität, wie das so unter Schauspielern ist. Und vor allem fürchtet Götz, es könne dem Resultat schaden.

Weshalb ging es bei dir gut?

Weil jeder seine eigene Sache gemacht und dabei die Arbeit des anderen nicht beeinträchtigt hat.

Ich denke aber doch, du willst auch etwas für dich?

Ja, ich will meine Arbeit gut machen und ich will, dass das Ganze gut wird. Ich bin immer froh, wenn der Partner gut ist, und das will der Götz genauso. Wir haben uns fein ergänzt. Da war ein Achtungsabstand und auch eine große Sympathie – und vor allem einfach ein gutes Zusammenarbeiten.

Worauf führst du zurück, dass Götz beim Publikum so gut ankommt? Bruno Ganz, Otto Sander und Klaus Löwitsch etwa sind auch sehr gute Schauspieler, aber wegen ihnen gehen die Leute nicht ins Kino.

Also, Löwitsch würde ich noch am ehesten in Richtung Götz sehen, aber Ganz und Sander sind ganz andere Charaktere. Götz ist aus dem Volk, spontan bei aller Professionalität. Man könnte ihn als einen modernen Volksschauspieler bezeichnen.

Und deshalb kommt er an?

Glaube ich schon, weißt du, er redet so, wie's ihm gerade kommt, und er spürt genau, was man tun muss. Er hat diese spontane Sammlung in Duisburg gemacht. Das braucht man nicht überzubewerten. Er weiß auch, dass das seinem Image gut tut. Das ist klar. Er ist nicht nur ein guter Mensch. Er ist schon »unten« gewesen und weiß, warum er jetzt wieder oben ist, und er will absolut oben bleiben. Er hat auch einen ganz sicheren Instinkt dafür, was die Menschen sagen, denken und hören wollen. Er muss auch nicht immer nur freundlich sein und vermittelt das Gefühl: Das ist einer, den kennen wir, das ist einer von uns, so einer wie der, der mit meinem Mann auf der Schicht ist – nur ein bisserl besser. Er ist aber auch kein Überfahrer.

Er ist aber nicht nur der Typ, sondern er kann auch ausgezeichnet spielen, etwa wenn du ihn als Friedrich Wilhelm II in DER KÖNIG UND SEIN NARR *von Frank Beyer siehst, und er spielt ja auch immer wieder Theater.*

Ich habe ihn im Theater nie gesehen, ich weiß also nicht, ob er als »Schimanski zum Anfassen« reist oder ob es ihm doch gelingt, in einer Bühnenfigur aufzugehen. Auf der Bühne möchte ich ihn jetzt nicht mehr sehen. Das hat nichts damit zu tun, ob er ein guter oder ein schlechter Schauspieler ist. Er ist eben jetzt Schimanski. Sicher kann er immer noch etwas anderes spielen, aber wenn er auf Tournee geht, dann deshalb, weil die Leute Schimanski persönlich sehen wollen.

Und da spielte er auch noch mit Feik zusammen.

Ja, das ist es eben. Ich habe dir gesagt, was ich gut an ihm finde – und ich lasse ihn auch unangetastet auf seinem Sockel stehen –, aber man darf jetzt nicht anfangen, Götz George zu dem Schauspieler zu stilisieren, der alles kann. Alles muss er ja auch nicht können.

Er ist halt ein Star.

Er kokettiert halt wahnsinnig herum. Man weiß ja genau – und auch Götz weiß das –, dass Bescheidenheit eher angemessen ist in diesem Beruf als das dicke Auftreten. Je mehr er Star ist – wofür er um jeden Preis kämpft und wofür er alles tut –, um so mehr tut er bescheiden und sagt: Das ist ja nichts und macht ja nichts, und dann ist er mal so oder so. Das sind so Stimmungsschwankungen, die er aber nur mit Journalisten hat! In der Arbeit habe ich das nie bemerkt.

Ich will ihm damit nicht in den Rücken fallen, sondern nur sagen, dass ich glaube, er

brächte mit dem Theo nur unter größter Mühe noch einmal einen solchen Film zustande wie AUS EINEM DEUTSCHEN LEBEN. Vielleicht kann er das später wieder, aber im Moment habe ich nicht diesen Eindruck.

Es ist auch die Frage, was er angeboten bekommt. Ich denke, dass er so wie Gerard Depardieu auch komische Rollen spielen könnte. Depardieu kann in Frankreich alles spielen. Bei uns würde man ihm das wahrscheinlich übel nehmen, wenn er von seinem Image abweicht.

Das stimmt aber auch nur bedingt. Da muss ich dir leider widersprechen. Wenn man nicht unbedingt will, muss man nicht. Es zwingt einen doch keiner, ein Image zu haben, Schimanski zu werden.

Ich weiß nicht, ob er andere Rollen angeboten bekommt, weil das Image stark ist, aber auch der Körper ist stark, hart, gestählt – Schimanski. Da würde ich sagen, dass der Vergleich mit Depardieu nicht stimmt, weil Depardieu körperlich weich ist. Er ist von einer physischen und psychischen Offenheit und Beweglichkeit weicher. Depardieu schlüpft in die Rollen rein, er ist zwar immer Depardieu, aber er kann ganz verschiedene Sachen machen und hat immer so eine männlich-weiche Sinnlichkeit. Soviel ich weiß, ist er auch durch kein vergleichbares Image geprägt.

Und das gleiche hat Götz in harter Männlichkeit. Nur, das Harte ist weniger wandelbar als das Weiche. Trotzdem kann er auch weich und zart sein, aber das Kämpferische in seiner Person sehe ich immer. Da bieten sich vielleicht komische Rollen nicht an, obwohl – was ist komisch? Götz lässt sich auf sehr viel ein.

Man könnte ja aber noch weitergehen im Rollenspektrum. Ich könnte ihn mir schon in einer Komödie vorstellen. Bei uns gibt es aber nicht Regisseure wie die Franzosen Jean Girault oder Claude Zidi.

Das, was der Götz George erreicht hat, ist

doch schon sehr, sehr viel. Warum muss man dauernd weinen und sagen: Es muss auch was anderes geben. Wir haben hier in diesem Lande nur begrenzte Möglichkeiten zu arbeiten und nur eine begrenzte Kinolandschaft, und es gibt nur ganz wenig Leute, die was machen. Und von den wenigen gibt es noch weniger, mit denen es sich rentiert zu arbeiten. Also, dafür hat er schon sehr viel erreicht.

Und da beißt sich die Katze in den Schwanz: Was bei uns nicht möglich ist, ist nicht möglich. Und das finde ich auch bei ihm komisch, diese Jammerei. Er macht Pressekonferenzen und jammert über die Bedingungen, die er da für seinen Schimanski hat, zu wenige Drehtage und wie sie ihn alle behandeln und überhaupt.

Dass er diese Sache in der DDR macht, ist großartig, und warten wir einmal ab, wie das wird. Und wenn das wirklich gut wird, dann werden sie alle wieder knien und sagen: Großartig, toll! Und wenn es das nicht wird, ist es auch nicht tragisch. Dann hat er mit neuen Leuten und unter anderen Umständen etwas ausprobiert, und das ist sein Recht – und hoffentlich ganz viel Spaß gehabt. So sehe ich das

Gespräch mit Renate Krößner

Welchen Unterschied gibt es zwischen der Arbeitsweise in der DDR und bei uns?

Der erste auffallende Unterschied liegt in der Drehdauer. In der DDR hat man wesentlich mehr Zeit. Hier muss man sehr viel schneller fertig sein. Abgesehen davon, habe ich ja noch nicht so viele Erfahrungen.

Wie sind Sie an die Rolle in GEBROCHENE BLÜTEN gekommen?

Hajo Gies hat sich bei mir gemeldet, wir sind in Kontakt gekommen, haben ein Gespräch darüber geführt, und er hat mir das Buch zugeschickt. Das hatte mir gefallen, wir unterhielten uns, und dann beschlossen wir zusammenzuarbeiten.

Wie empfanden Sie das Klima bei der Arbeit am TATORT?

Ich empfand die Gesamtatmosphäre als sehr produktiv. Ich bekam zwar mit, dass sich vor allem Götz darüber aufregte, dass die Drehtage reduziert werden sollten, aber dadurch kam

Renate Krößner in
»Gebrochene Blüten«

eigentlich keine Unruhe auf, weil Hajo Gies für mich eine so angenehme Arbeitssituation schaffte, weil er sehr offen war und als Zuhörer sehr ruhig sein konnte.

Ich habe nie rausbekommen, ob er wirklich so ruhig und gelassen war, oder ob er seine Nervigkeit gut verdecken kann. Jedenfalls ist er in der Lage, die Hektik, die ihn vielleicht ergreift, nicht auf seine Mitarbeiter zu übertragen. Und das empfinde ich als angenehm, als sehr angenehm. Denn man spürt schon, dass die Reduzierung der Drehtage, die von der Produktion diktiert wurde, einige Unruhe verbreitete.

Ich hatte trotzdem nie das Gefühl, dass man immer auf die Uhr sehen musste und über nichts mehr reden konnte.

Ich finde es interessant, dass Ihre Rolle wirklich eine Gegenfigur zu Schimanski ist und nicht einfach nur Beiwerk.

Das hat mich daran auch interessiert. Beim Lesen hatte ich das auch so empfunden, dass das eine Figur sein könnte, die ein Pendant zum Schimanski ist – nicht zum Götz. Und ich glaubte, dass Götz so etwas in den Schimanski-Filmen einfach nicht gewohnt ist, und es könnte auch sein, dass daraus so eine Bemerkung wie »Na, einfach bist du ja auch nicht gerade« resultiert. Und dann hat er mal gesagt, als ich wegen irgendwas motzte: »Du kannst dich ja nicht beschweren, so häufig wie hier bin ich noch nie von hinten zu sehen gewesen.«

Ich habe den Film nicht gesehen und weiß nicht, wie sehr er übertreibt, aber ich hatte bei der Arbeit schon gesehen, dass Schimanski, zumindest punktuell, schon mal aus dem Mittelpunkt rücken kann. Und das hat er eben so bezeichnet. Das fand ich sehr lustig. Außerdem merkt man natürlich, dass er sich nicht ganz auf die Schimanski-Rolle festlegen will. Er hat ja viele Fans, aber auch Kollegen legen ihn mal gern als Schimanski fest.

Es ist schon lange her, aber irgendwie habe ich das Gefühl, dass er schon mehr von sich verlangen möchte – und von sich verlangt wissen möchte – als den Schimanski. Nicht, dass er wenig bringt, es wäre nur eine Seite seiner schauspielerischen Ausdruckskraft. Wenn ich so bedenke, was die Attraktivität und Qualität von klassischen Krimis ausmacht, sind das schon die Frau-Mann-Geschichten.

So wie Bogart-Bacall?

Genau. Ich kann gar nicht sagen, dass es da ein unbedingtes Ende geben müsste, nur müssten die Gegenfiguren eine halbwegs eigenständige Geschichte haben. Nicht, dass sie immer nur mit den Augen des Kriminalkommissars betrachtet werden müssen.

War das für Sie ein Störfaktor in der Geschichte?

In dem Drehbuch, das ich zur Hand hatte, ist ein glücklicher Umstand gewesen, dass das nicht gestört hat.

Obwohl die Story von Ihrer Seite keine eigene Perspektive hat – denn alles ist wie sonst auch von Schimanski aus gesehen –, ist es doch eine Geschichte mit Background.

Ja genau, es war auch der Versuch, obwohl man die Biografie dieser Frau nicht richtig kennt oder auch nichts von ihr direkt zeigt, sondern irgendwann einmal was erklärt. Sie wird doch als eigenständiges Wesen gezeichnet. Und das wollte ich behaupten.

Ja, schon durchs Äußere, diese Art von Offenbachscher Olympia, die Schaufensterfigur und Puppe mit dem ausgestellten Rock.

Ja, da gab es bei der Arbeit schon Kämpfe, mit den Haaren, das Angeklatschte, das wollte zu Beginn selbst Hajo Gies nicht. Der sagte: »Das sieht ja so streng aus.«

So unerotisch.

Ja, das weiß ich nicht, ob er das gesagt hat, vor allem so hart. Ich habe das aber verteidigt und gesagt, das wäre doch gerade als Gegensatz zu dem albernen Tütu ganz gut. Ich fand das einfach ein mögliches Bild für so eine Figur. Wenn er dann bei ihr ist, hat sie auch die Haare ganz streng nach hinten – und das war ihm dann zu wenig feminin, und in allen anderen Bildern hat er aber dann darauf bestanden, so ein bisschen wild und weich – ich wollte das auch nicht so durchspielen.

Ich glaube, dass man es sich als Frau erlauben kann, sich einem bestimmten Frauenbild zu verweigern. Das fand ich für die Figur ganz reizvoll, sich auch auf die Vorstellung einzulassen, dass Schimanski so ein kleines Kätzchen haben muss, das sich an ihn schmiegt; ebenso die Vorstellung, sich zu verweigern, das fand ich schon wichtig. Außerdem versteckt sie diese Weichheit, und erst, wenn dieses »Versteckspiel« über die letzten Kräfte geht, bricht sie auf und die tiefe Verwundbarkeit wird sichtbar.

Wenn das aber nicht von vornherein so angedeutet wird, finde ich das – gerade bei einer Krimifigur – besser. Es müssen Geheimnisse da sein, und Geheimnisse unterstreicht man durch das Spiel, durch das, was nicht ausgesprochen wird, was nicht stimmt – was aber keiner weiß –, und auch durch Äußeres, und da denke ich, ist so etwas eine Möglichkeit gewesen.

Es ist auch ganz einfach eine schauspielerische Konkurrenz – das ist ja Spiel, da passiert etwas, und das Emotionale passiert hier nicht nur von ihm aus, sondern er wird weich gemacht.

Ich kann dazu nichts sagen, ich kenne es noch nicht. Ich habe versucht, das so zu spielen, und wenn das so rauskommt, ist das schon gut. Es kam gelegentlich dazu, dass wir ganz unterschiedliche Vorstellungen von Szenen hatten, und dann haben wir auch ganz hart diskutiert.

Ich glaube aber – und deshalb fand ich das Ganze auch überhaupt nicht unangenehm –, dass das in der Natur der Sache liegt, denn es

sind zwei unterschiedliche Figuren, und sie haben ganz unterschiedliche Interessen, und da muss halt die Diskussion von unterschiedlichen Punkten ausgehen, und die entgegengesetzten Interessen müssen durchgesetzt werden, weil diese auch erzählt und sichtbar gemacht werden müssen, denn diese Unterschiedlichkeit oder Unvereinbarkeit bringt die Konflikte. Konflikte, die Grundlage jeder guten, dramatischen Handlung sind. Deshalb fand ich das nicht unangenehm, sondern es war für mich klar: Wir müssen über einen Widerspruch zueinander kommen.

Wie ist das mit Ihren anderen Erfahrungen, beispielsweise am Hebbel-Theater mit dem MENSCHENFEIND von Molière? Bruno Ganz ist auch ein sehr starker und eigenwilliger Typ, obwohl Luc Bondy ein sehr präziser Regisseur ist. Gab es da nicht auch Schwierigkeiten zwischen solchen Gegenspielern wie Bruno Ganz und Renate Krößner? Der Bruno lässt sich ja auch nicht gern etwas vorspielen.

Das stimmt. Es ist jedoch bei Bruno verdeckter als bei Götz. Bei Bruno merkt man es nur an einer bestimmten Laune, wenn ihm etwas nicht passt. Götz hat eine enorme Wachheit über den ganzen Drehtag, quasi von Drehbeginn bis Drehende. Ich war überrascht, wie engagiert und ernsthaft er war. Er gab sich nicht mit der erstbesten Variante zufrieden, was mir sehr nahe kommt. Sobald ich merke, da steckt mehr drin, der richtige Punkt ist noch nicht gefunden, versuche ich, mehr herauszuholen. Ich kann jetzt nicht sagen, so denkt er auch.

Ich könnte mir vorstellen, dass er diese Wünsche auch ganz intensiv hat und dafür bereit ist, hart rangenommen zu werden und sich selber hart ranzunehmen. Ich habe wirklich etwas Schwierigkeiten, weil es so lange zurückliegt. Gut, ich habe Eindrücke, das ist klar, aber die Fakten sind nicht mehr so ganz genau da. Wenn Götz irgendetwas vorgeschlagen hat, wie man etwa eine Szene aufbaut und ausbaut, da war er schon mit zwei Meinungen konfrontiert, der des Regisseurs Hajo Gies und meiner noch dazu. Wie das nun unter einen Hut bringen, wie herausfinden, was am besten ist?

Aber ich empfand das nicht als Verwirrung oder als destruktiv, sondern es entspricht meiner Vorstellung von Arbeit, dass ich nicht nur das Recht, sondern auch die Pflicht habe, meine Vorstellungen zu äußern, weil ich ja die Rolle spiele und nicht Frau Müller oder Frau Schmidt, und ich gefälligst auch von meinen Erfahrungen, von meinen Sehnsüchten, von meiner Weltbetrachtung etwas in die Figur mit einbringen möchte.

Anhang

Filmografie

Abkürzungsverzeichnis:
AZ = Abendzeitung
BF = Blickpunkt: Film
FAZ = Frankfurter Allgemeine Zeitung
FK = Filmkritik
FNP = Frankfurter Neue Presse
FR = Frankfurter Rundschau
KStA = Kölner Stadt-Anzeiger
KR = Kölnische Rundschau
ND = Neues Deutschland
NZZ = Neue Zürcher Zeitung
RP = Rheinische Post
SaZ = Saarbrücker Zeitung
SZ = Süddeutsche Zeitung
StZ = Stuttgarter Zeitung
TAZ = Die Tageszeitung

Kinofilme

1953

Wenn der weiße Flieder wieder blüht
BRD
Regie: Hans Deppe. *Drehbuch*: Eberhard Keindorff, Johanna Sibelius, nach einer Novelle von Fritz Rotter. *Kamera*: Kurt Schulz, Herbert Geier. *Schnitt*: Walter Wischniewski. *Musik*: Franz Doelle.
Darsteller: Magda Schneider (Therese Forster), Willy Fritsch (Willy Forster), Paul Klinger (Peter Schröder), Romy Schneider (Evchen), GÖTZ GEORGE (Klaus), Hertha Feiler.
Produktion: UFA-Berolina. 95 Minuten.
Uraufführung: 24. 11. 1953.

INHALT: Als erfolgreicher Sänger kehrt Willy ins heimische Wiesbaden zurück, trifft dort seine Ehefrau Therese wieder und mit ihr das Töchterchen Evchen, das von der Existenz des Vaters nichts weiß und den berühmten Sänger anhimmelt. Kinokonflikte, Verwechslungen, Glück mit neuen Partnern und Freundschaft fürs Leben.

ZUM FILM: Götz George in einer noch kleinen Rolle als Freund der Mädchen, der ihnen mehrmals die Fahrräder halten darf.

1954

Ihre große Prüfung
BRD
Regie: Rudolf Jugert. *Drehbuch*: Gerda Corbett, Margarete Hohoff, nach einer Idee von Harald Bratt. *Kamera*: Werner Krien. *Schnitt*: Lisbeth Neumann. *Musik*: Friedrich Meyer. *Regieassistent*: Horst Rainer Erler.
Darsteller: Luise Ullrich (Helma Krauss), Hans Söhnker (Dr. Clausen). Hans Leibelt (Direktor Thomas), Ernst Schröder (Dr. Rottach). Paul Bösiger (Martin Bruck), Maria Sebaldt (Lotte Ermer), Karin Dor (Elena, Clausens Tochter), Arno Paulsen (Stadtrat Ermer), Ernst Waldow (Professor Renard), GÖTZ GEORGE (Peter Behrend), Ingeborg Morawski (Frl. Hellgiebel), Willy Rose (Pedell), Michael Chevallier (Andreas Lang), Nina von Porembsky (Otti Ermer), Hilde von Stolz (Frau Ermer).
Produktion: Roxy-Film. 92 Minuten.
Uraufführung: 24. 11. 1953.

KRITIK: Wolfgang Schwerbrock in *FAZ*, 23. 12. 1954; Kurt Weinhold in *KStA*, 27. 4. 1955.

INHALT: Tüchtige, forsch-sympathische Lehrerin hat es mit einer Horde flegelhafter Oberprimaner zu tun, mit denen sie sich nach Art des Genres eine Filmlänge herumplagen muss. Auch das Lehrerkollegium, rückständig und verklemmt, hat grundsätzlich etwas gegen die geschiedene Frau, die ihr eigenes Leben lebt und eine anständige Liaison mit einem Tierarzt (Hans Söhnker) unterhält.

ZUM FILM: Konventionelle Kinounterhaltung mit einer erfrischenden Luise Ullrich und ein paar glaubwürdigen Jungdarstellern. Einer von ihnen ist Götz George.

1956

Alter Kahn und junge Liebe/Sonne über den Seen
DDR

Regie/Drehbuch: Hans Heinrich, nach einem Szenario von Dieter Noll und Frank Vogel. *Kamera*: Eugen Klagemann. *Schnitt*: Hildegard Tegener, Ferdinand Weintraub. *Musik*: Gerd Natschinski. *Ausstattung*: Hans Poppe. *Kostüme*: Gerhard Kaddatz.

Darsteller: Alfred Maack (Schiffer Borchert), Erika Dunkelmann (Ehefrau Marie), GÖTZ GEORGE (Sohn Karl), Gustav Püttjer (Schiffer Vollbeck), Maria Häußler (Nichte Anne), Kurt Schmidtchen (Bootsmann Ernst), Horst Naumann (Kapitän Richter), Uwe Torsten (Buttje), Elfi Dugal (Dame), Waltraud Kogel (Assistentin), Alice Prill (Sekretärin).

Produktion: DEFA. 80 Minuten.
Uraufführung: 22. 2. 1957.

KRITIK: Rosemarie Rehahn in *ND*, 24. 2. 1957.

INHALT: Der alte Borchert geizt mit jedem Pfennig und nutzt seinen Sohn Karl weidlich aus, doch nicht aus Eigennutz: Durch den alten Kahn, mit dem er die Havel befährt, hat er sich finanziell übernommen, jetzt will er das Erbe für Karl wieder in Ordnung bekommen. Dabei geht er nicht immer gerecht vor, muss aber eines Tages erkennen, dass sowohl Karl als auch die zukünftige junge Frau wissen, was sie wollen.

ZUM FILM: Götz kann bereits in seiner dritten Filmrolle sein schauspielerisches Talent unter Beweis stellen.

»Als dieser Film besetzt wurde, ist Regisseur Hans Heinrich in die Schauspielschule gekommen, zu Else Bongers, wo wir gleichzeitig für Theater und Film ausgebildet wurden, uns also auch das Technische vermittelt wurde. Er kam in diese Schule, die einen sehr guten Ruf hatte, und hat uns beide, die Maria Häußler, die Tochter von Richard Häußler, und mich für das junge Liebespaar ausgesucht. Das waren die beiden tragenden Rollen. Dadurch habe ich sehr genau und sehr klar in jungen Jahren die Filmarbeit schon mal kennengelernt. Das war für mich eine ganz wichtige Erfahrung.« (G. G.)

1958

Solange das Herz schlägt
BRD

Regie: Alfred Weidenmann. *Drehbuch*: Herbert Reinecker. *Kamera*: Igor Oberberg. *Musik*: Hans-Martin Majewski.

Darsteller: O. E. Hasse (Dr. Hans Römer), Heidemarie Hatheyer (seine Frau), Hans Christian Blech (Dr. Laue, Chirurg), Eva-Katharina Schultz (Frau Laue), Charles Regnier (Chemielehrer Kenneweg), GÖTZ GEORGE (Eberhard Römer), Gritt Böttcher (Renate Römer), Ernst Schröder (Fran-

ke, Industrieller), Folker Bohnet (Werner Franke), Siegfried Schürenberg (Dr. Wieler), Ursula Herking (Schulsekretärin Frl. Hirschfeld), Friedrich Maurer (Mathelehrer Stubenrauch), Anneliese Book (Lehrerin Anne Sailer), Ludwig Linkmann (Schularzt Dr. Bernburg), Ruth Scheerbarth (Dr. Wessum), Ruth Jacobi (Sekretärin Müninger).

Produktion: UFA. 105 Minuten.
Uraufführung: 25. 12. 1958.

KRITIK: Enno Patalas in *FK* 2/1959.

INHALT: Angesehener Oberstudiendirektor mit treu sorgender Gattin und viel versprechenden Kindern wird eines Tages mit der Tatsache konfrontiert, dass er offensichtlich unheilbar krank ist. Aber da gibt es ja noch die Medizin!

ZUM FILM: Götz George hat hier schon eine größere Rolle als jazzbegeisterter Sohn der Familie.

1959

Jacqueline
BRD

Regie: Wolfgang Liebeneiner. *Drehbuch*: Johanna Sibelius und Eberhard Keindorff, nach einem Stoff von Jochen Huth. *Kamera*: Günter Senftleben. *Schnitt*: Margot von Schlieffen. *Musik*: Franz Grothe. *Regieassistent*: Horst Rainer Erler.

Darsteller: Johanna von Koczian (Jacqueline), Walter Reyer (Paul Büttner alias Caesar Meyer), Alexa von Porembsky (Frau Klose, Zimmervermieterin), Hans Söhnker (Theaterdirektor Zander), GÖTZ GEORGE (Gustav Bäumler, ein junger Boxer), Eva Maria Meinecke (Schauspielerin Charlotte Christens), Gretl Schörg (Frau Burg, Chefin der »Bunten Kuh«), Walter Ladengast (Dramaturg Nöll), Horst Tappert (Haack, Journalist), Erik Frey (Bolingbroke), Rudolf Carl (Bühnenportier), Gretl Elb (Souffleuse), Eva Gaigg (Abigal), Hans Erich Pfleger (Fabrikant Bonte), Alexander Hunzinger (Wirt), Walter Regelsberger (Schauspieler), Franz Loskarn (Türöffner), Paula Braend (Fischfrau am Viktualienmarkt).

Produktion: UFA. 104 Minuten.
Uraufführung: 17. 9. 1959.

KRITIK: Enno Patalas in *FK* 10/1959; Hans Jürgen Weber in *Der neue Film*, 24. 9. 1959; Wolfgang Gerbracht in *KStA*, 19. 9. 1959; K. H. Kramberg in *SZ*, 19. 9. 1959.

INHALT: Auf dem Viktualienmarkt lernen sich der arme Komponist und Schriftsteller und die saubere, brave Nachtklubsängerin kennen.

ZUM FILM: Eine nette, konventionelle Kinogeschichte, mit dem üblichen Pseudorealismus versetzt. Als junger Boxer fällt Götz George erstmals schauspielerisch auf und wird offiziell zum Publikumsliebling erklärt. Auch die Kritik ist ihm gewogen: »... ein begabter junger Boxer, Matador eines Halbstarkenkrawalls (treudoof Götz George – bisher noch nie so gut!)« (Wolfgang Gerbracht); »Die Überraschung ist Götz George, der als gutmütiger Profi-Boxer Gustav eine prächtig nuancierte Gestalt auf die Beine stellt. Komisch, rührend, unbeholfen, voller Echtheit in Spiel, Bewegung und Ausdruck – eine abgerundete Leistung. Hoffen wir nur, dass dieser begabte junge Künstler jetzt nicht gleich auf täppische Naturburschen mit ungeschicktem Sprachfehler festgelegt wird. Denn zweifellos kann er viel mehr.« (Hans Jürgen Weber)

Götz George erhält den Bundesfilmpreis und den Preis der Filmkritik.

»Das war für mich sehr wichtig, ein richtiger Durchbruch. Das Drehbuch war hervorragend, und ich habe wirklich Glück gehabt. Hätte ich diese Chance nicht bekommen, sähe mein Weg heute sicherlich anders aus. Gleich mit so einem Pfund anzufangen, schon Preise zu bekommen, und dann parallel die Theaterarbeit bei Hilpert.« (G. G.)

1960

Kirmes

BRD

Regie/Drehbuch: Wolfgang Staudte, nach einer Idee von Klaus Hubalek. *Kamera*: Georg Krause. *Schnitt*: Lilian Seng. *Ausstattung*: Ellen Schmidt, Olaf Ivens. *Kostüme*: Anneliese Ludwig. *Regieassistenz*: Rolf Honold.

Darsteller: Juliette Mayniel (Annette), GÖTZ GEORGE (Robert Mertens), Hans Mahnke (Paul Mertens), Wolfgang Reichmann (Georg Hölchert), Fritz Schmiedel (Pfarrer), Manja Behrens (Martha Mertens), Erika Schramm (Eva Schumann), Elisabeth Goebel (Wirtin Balthausen), Benno Hoffmann (Wirt Balthausen), Irmgard Kleber (Else Mertens), Solveig Loevel (Gertrud), Hansi Jochmann (Erika),

Götz George in »Kirmes«

Rudolf Birkenmeyer (Hauptmann Menzel), Reidar Müller (Leutnant Wandray), Horst Niendorf (junger Soldat).

Produzenten: Harald Braun, Helmut Käutner, Wolfgang Staudte. *Produktion*: Freie Film Produktion GmbH. 104 Minuten.

Uraufführung: 2. 7. 1960 (Berlinale). *Kinostart*: 18. 8. 1960.

KRITIK: Theodor Kotulla in *FK*, 8/1960; Karl Korn in *FAZ*, 29. 8. 1960; Dieter Wolf in *Deutsche Filmkunst* 10/1960; Horst Knietzsch in *ND*, 11. 3. 1964; Friedrich Luft in *Die Welt*, 4.7.1960; Karena Niehoff in *Der Tagesspiegel*, 5.7.1960.

INHALT: In einem kleinen Eifeldorf wird 1960 bei Erdarbeiten die skelettierte Leiche eines deutschen Soldaten gefunden. Als man der Sache nachgeht, stellt sich heraus, dass es sich bei dem Toten um einen gewissen Robert Mertens handelt. Er hatte sich fünfzehn Jahre zuvor, des Tötens überdrüssig, von seiner Truppe abgesetzt, als diese auf dem Rückzug zufällig durch sein Heimatdorf kam. Anstatt ihn aber wieder in die Gemeinschaft aufzunehmen, behandelte man ihn wie einen Aussätzigen und ließ ihn nicht zur Ruhe kommen. Durch die Unvorsichtigkeit seiner Geliebten erhielten die Behörden, die Robert Mertens als Deserteur verfolgten, einen Hinweis auf seinen Verbleib. Mertens nahm sich aber das Leben, um seinen Verfolgern zu entgehen. Einem Vaterlandsverräter wollte die Dorfgemeinschaft jedoch nicht einmal die letzte Ehre erweisen, weswegen man seine Leiche einfach am Straßenrand verscharrte. Als sie fünfzehn Jahre später wieder ausgegraben wird, werden alle Beteiligten von der Vergangenheit eingeholt. Doch nicht einmal nach so langer Zeit sind sie in der Lage, sich zu ihrer Schuld zu bekennen, ja, sie empfinden sie noch nicht einmal. Für sie ist der Tote nach wie vor ein Vaterlandsverräter.

»Die Zusammenarbeit mit Staudte kam später und war sehr fruchtbar. Aber auch da habe ich das Glück gehabt, dass Staudte den Film eigentlich viel kleiner besetzen wollte, schmäler, ohne diese physische Präsenz. Der Mertens sollte ein kleiner, mickriger Mensch sein, aber Staudte hat dann gesagt, die Tragik liege eigentlich darin, dass der Sturzmoment ein größerer ist, weil dieser junge Mensch psychisch und physisch damit leben muss, dass er ein Fahnenflüchtiger ist. Das sind eben solche Überlegungen gewesen, und es war schön, sich mit Staudte zu unterhalten. Er wollte mich von seiner Idee überzeugen, und ich war damals noch sehr jung, für mich war er ein Gott, und so habe ich mit ihm ganz wertfrei diskutiert und gesagt: ›Okay, dann besetzen Sie die Rolle so, aber ich finde es toll, wenn einer prädestiniert wäre für das Soldatendasein und dann plötzlich etwas kapiert.‹ Staudte hat das verstanden und gesagt: ›Das ist richtig. Da hast du Recht.‹ Ich fühlte mich als Schauspieler oder zumindest als Gesprächspartner anerkannt. Das habe ich dann immer weiter vervollständigt, beziehungsweise auf den Weg mitgenommen, und ich war dann immer fürchterlich erstaunt, wenn Regisseure mich bevormunden wollten.« (G. G.)

1961

Die Fastnachtsbeichte
BRD

Regie: William Dieterle. *Drehbuch*: Kurt Heuser, nach der gleichnamigen Vorlage von Carl Zuckmayer. *Kamera*: Heinz Pehlke. *Schnitt*: Carl Otto Bartning. *Musik*: Siegfried Franz. *Darsteller*: Hans Söhnker (Panezza), Gitty Daruga (Viola), Friedrich Domin (Dr. Henrici), Berta Drews (Frau Bäumler), GÖTZ GEORGE (Clemens), Hilde Hildebrand (Madame Guttier), Grit Böttcher (Bertel), Ursula Heyer (Rosa), Helga Schlack (Bettine), Helga Tölle (Katharina), Rainer Brandt (Ferdinand), Herbert Tiede (Merzbecher), Milena von Eckardt (Frau Panezza), Albert Gessler (Dr. Classen), Christian Wolff (Jeanmarie).
Produktion: UFA. 99 Minuten.
Uraufführung: 15. 9. 1960.

KRITIK: Dietrich Kuhlbrodt in *FK* 4/1961.

INHALT: Während des Karnevalstreibens in der närrischen Hochburg Mainz im Jahre 1913 verliebt sich ein alternder Karnevalsprinz in die 19-jährige Prinzessin. Ein bislang Totgeglaubter wird wirklich ermordet und ein Soldat gerät in Verdacht, seinen Bruder umgebracht zu haben.

ZUM FILM: Wortreich und einfallsarm hat US-Heimkehrer William Dieterle das Zuckmayersche Drama fürs Kino inszeniert. Statt gegen den bundesdeutschen Kinomief anzugehen hat er ihn damit nur bereichert.

»Für diesen Film kam William Dieterle zurück aus Hollywood, und du spürtest ihm schon an, dass er eine völlig andere Schule hatte. Der ließ sich ganz andere Dinge ins Atelier bauen, hatte einen anderen Anspruch. Er ging anders mit einem ins Zeug und sagte zu meiner Mutter, die ja in einer kleinen Rolle mitspielte: ›Dieser Junge ist sehr eigenständig‹, und er würde es bewundern, dass ich ganz ohne große Scheu zu ihm hingegangen sei und gesagt habe, das fände ich ganz schlecht, was er da von mir wolle. Ich möchte ihm das mal so vorspielen, wie ich das empfinde, und er hatte einen ganz, ganz großen Gefallen an mir gefunden, was mir dann meine Mutter wiedererzählte. Sie sagte: ›Der ist ganz zufrieden mit dir‹, und auch Zuckmayer, der dann auch nach der Premiere des großen Films, der ja quasi noch in der UFA-Ära gedreht wurde, weinte. Das ist für einen jungen Menschen ein ungeheures Lob. Ich war überhaupt nicht zufrieden mit dem, was ich da machte, aber dadurch wirst du selbstbewusster, das braucht man vor allem für die Bühne. Deine ganzen Verklemmungen, weil der Beruf so wahnsinnig schwer ist, wenn du da ganz allein auf der Bühne stehst, wenn der Vorhang aufgeht oder die Kamera zu surren anfängt und die Klappe geschlagen wird, da sind so wahnsinnig viele Ängste zu überwinden, dass du erst mal ein ganz starkes Selbstwertgefühl haben musst. Du bist dann auch dein härtester Kritiker, weil du nie – selbst wenn der Regisseur sagt, das sei fabelhaft – zufrieden bist. Es kam öfter vor, dass ich sagte: ›Bitte, lass es uns noch mal wiederholen, ich finde das nicht gut, dann hast du zumindest eine Fassung, die du bevorzugst, und eine, die ich bevorzuge.‹ Die endgültige Entscheidung muss ich dann dem Regisseur überlassen. Der Zuckmayer-Film war eine ganz anstrengende Erfahrung. Alles, was du in dieser Perfektion noch geliefert bekommst in jungen Jahren, da können heute junge Schauspieler gar nicht mehr mitreden, weil sie das gar nicht geboten bekommen, dass ein richtiger Altmeister, der in Amerika sehr gute Filme gedreht hat, auf einmal mit dem, was hier geboten wird, auch sehr einverstanden ist – oder andererseits mit Forderungen kommt, die ihm eigentlich gar kein Produzent erfüllen will.« (G. G.)

Der Teufel spielt Balaleika
BRD

Regie: Leopold Lahola. *Drehbuch*: Heinrich Dechamps, Johannes Kai, Leopold Lahola. *Kamera*: Karl Schröder (Scope). *Musik*: Z. Borodow.
Darsteller: Charles Millot (Oberleutnant Seidenwar), GÖTZ GEORGE (Peter Joost), Anna Smolik (Elens), Pierre Parel (Oberleutnant Fusow), Rudolf Forster (Admiral), Wilmut Borell (Mitterle), Peter Neusser (Beckmann), Günther Jerschke (Aktivist Gellert), Sieghart Rupp (Lauterbach), Peter Lehmbrock (Ebermeier), Franz Muxeneder (Hintermoser), Joachim Rake (Brennecke), Henry van Lyck (Kolitz), Oda Hiroki (Akimoto), Georges You (Yoshohito).
Produktion: UFA. 117 Minuten.
Uraufführung: 21. 2. 1961.

KRITIK: Enno Patalas in *FK* 4/1961.

ZUM FILM: Prädikatisiert und von der Kritik teilweise hoch gelobt: »Endlich ein deutscher Kriegsgefangenenfilm ohne Schablone.« Was an diesem wie vielen anderen Filmen über Kriegsgefangenenlager verärgert, ist vor allem die Gleichsetzung sowjetischer Soldatenlager in Sibirien, die bei aller Härte und vielleicht auch Ungerechtigkeit der Bestrafung für kriegerische Taten dienen, mit jenen Konzentrationslagern der Nazis, die den Auftrag hatten, ein ganzes Volk auszurotten. Götz George spielt einen Jungen, der von seinen Erfahrungen gelernt hat. Die Jahre in Sibirien haben ihn verändert. »Es sind immer die gleichen, die sich satt fressen, während andere arbeiten und verrecken«, sagt Peter Joost im Film.

»Das war ein sehr ambitionierter Film von Leopold Lahola, der sehr jung gestorben ist. Peter Bamberger, der den Film produziert hat, wollte ihn dann in den Siebzigerjahren noch mal auf die Leinwand bringen, weil der Film für die damalige Zeit schon eine Bedeutung hatte. Er kriegte auch gute Kritiken. Sehr imponiert haben mir die beiden Exilrussen, die in dem Film mitspielen und ganz hervorragende Schauspieler waren. Von daher muss man das auch sehen, wie ich heute diese Filme beurteile: Wenn ich sage, der Film ist schlecht, aber da waren zwei wunderbare Schauspieler drin, oder: die eine Sequenz war wunderbar fotografiert, oder: diese Szene war toll gespielt. So beurteile ich heute Filme. Ich gehe niemals aus einem deutschen Film raus und sage: Das war ein Wurf. Jetzt schon eher, aber vor zehn Jahren ...« (G. G.)

Mörderspiel/Le jeu de l'assassin
BRD/Frankreich

Regie: Helmuth Ashley. *Drehbuch*: Thomas Keck und Helmuth Ashley, nach dem gleichnamigen Roman von Max Pierre Schaeffer. *Kamera*: Sven Nykvist. *Schnitt*: Walter Boos. *Musik*: Martin Böttcher. *Ausstattung*: Rolf Zehetbauer, Herbert Strabel. *Kostüme*: Ilse Dubois. *Regieassistenz*: Eberhard Schröder.
Darsteller: Magali Noël (Eva Troger), Harry Meyen (Andreas Troger), Robert Graf (Dr. Horn), GÖTZ GEORGE (Kersten), Hanne Wieder (Journalistin), Wolfgang Reichmann (Dr. Rosen), Anita Höfer (Babsy), George Rivière (Dahlberg), Margot Hielscher (Claudia Ahrends), Heinz Klevenow (Hauser), Uschi Siebert (Margit), Wolfgang Kieling (Kriminalinspektor), Armin Dahlen (Kriminalassistent), Balduin Baas (Diener), Ruth Grossi (Frau Rosen).
Produzenten: Utz Utermann, Claus Hardt. *Produktion*: Bavaria/Société Les Films Gibé, Paris/Filmaufbau, Göttingen. 81 Minuten.
Uraufführung: 16. 10. 1961 (Savoy-Theater, Düsseldorf).

KRITIK: Martin Ripkens in *FK* 11/1961; Peter W. Jansen in *Der Mittag*, 24. 10. 1961.

INHALT: Krankhafter Frauenmörder nutzt Nobel-Party als Alibi für seine letzte Bluttat.
»Bei diesem Film hatten wir eine ganz tolle Besetzung, aber das war auch ein Film mit falschen Ambitionen. Da hat einer gesagt, nun machen wir mal einen Film, hatte einen der weltbesten Kameramänner, den Schweden Sven Nykvist, ganz tolle Schauspieler wie Wolfgang Reichmann und Robert Graf, aber die waren alle völlig verzweifelt, weil der Regisseur Helmuth Ashley sich einfach übernommen hatte – so fand ich das jedenfalls –, der mich auch damals wahnsinnig quälte, weil er mich einfach überhaupt nicht kommen ließ. Der sagte einfach: ›Mach das, mach das‹, und das war's dann. Und wie man Sven Nykvist behandelte, das war einfach eine Schande.« (G. G.)

Unser Haus in Kamerun
BRD

Regie: Alfred Vohrer. *Drehbuch*: Georg Hurdalek, nach einer Originalidee von Horst Wendlandt. *Kamera*: Karl Löb. *Musik*: Martin Böttcher.
Darsteller: Johanna von Koczian (Doris Kröger), Horst Frank (Klaas Steensand), GÖTZ GEORGE (Georg Ambrock), Hans Söhnker (Willem Ambrock, sein Vater), Berta Drews (Tante Edith), Katrin Schaake (Christine Ambrock), Walter Rilla (Konsul Steensand), Helga Sommerfeld (Manuela Ingaridez), Kenneth Spencer (Diener »Bismarck«), Henry Vahl (Taxichauffeur), Joseph Offenbach (Direktor), Uwe Friedrichsen (Rolf Ambrock), Käte Jaenicke (Elli Dörfler), Helga Münster (Ina Lorenz), Barbara Lienau (Frau Konsul Steensand).
Produktion: Rialto. 103 Minuten.
Uraufführung: 21. 12. 1961.

ZUM FILM: Illustriertenroman, klischeehaft und verlogen: Der schwächliche Sohn eines nationalistisch gesinnten und reichen Farmers in Tanganjika kommt, um seinen Horizont zu erweitern, nach Hamburg. Dort gerät er, labil wie er ist, in Beziehung zu einem Scheckfälscher und Gauner. Dessen »auf die schiefe Bahn geratene« Freundin rettet er und kümmert sich um sie und ihr uneheliches Kind. Götz George als labiler, aber wandlungsfähiger junger Mann.

1962

Ihr schönster Tag/Das Fenster zum Flur
BRD

Regie: Paul Verhoeven. *Drehbuch*: Curt Flatow und Horst Pillau, nach Curt Flatows Bühnenstück DAS FENSTER ZUM FLUR. *Kamera*: Heinz Hölscher. *Musik*: Friedrich Schröder.
Darsteller: Inge Meysel (Frau Wiesner), Rudolf Platte (Karl Wiesner), Sonja Ziemann (Tochter Helene), Brigitte Grothum (Tochter Inge), Axel Scholtz (Sohn Herbert), GÖTZ GEORGE.
Produktion: Melodie. 93 Minuten.
Uraufführung: 3. 4. 1962.

KRITIK: Reinhold E. Thiel in *FK* 5/1962.

INHALT: Der Titel des erfolgreichen Stücks zeigt den Blickwinkel an. Aus dem Kellerfenster heraus betrachtet die Portiersfrau Wiesner die Welt, und so sieht sie auch nur einen kleinen Ausschnitt und nicht das, was in der Familie vorgeht. Das Lenchen hat gar keinen Millionär geheiratet, der Herbert studiert nicht mehr Medizin, und ihr Mann, der Straßenbahnfahrer, kann bald nichts mehr sehen.

ZUM FILM: Dennoch hat die Geschichte ein Happyend; zwar erweist sich der Traum vom Glück am Ende als Illusion, doch die wird nicht als solche empfunden, denn was geschieht, hat seine Ordnung. Am Ende weiß der Zuschauer: Auch wenn man alles falsch macht, ist es schon richtig. Lebenslüge als Komödie.
»Es war eine schöne Arbeit. Das war ja eigentlich ein Theaterstück von Curt Flatow. Regisseur war der Altmeister Paul Verhoeven, da musste ich auch kämpfen, das war eine schöne Erfahrung, die ich da gemacht habe, und auch ein ganz lustiger Film. Die Inge Meysel spielte mit und Rudolf Platte, eine wunderbare Besetzung. Das war ganz prima. Die

Meysel ist ja eine ganz hervorragende Schauspielerin, die war damals toll.« (G. G.)

Das Mädchen und der Staatsanwalt

BRD

Regie: Jürgen Goslar. *Drehbuch*: Jürgen Goslar, Fred Ignor. *Kamera*: Werner M. Lenz. *Musik*: Hans-Martin Majewski.
Darsteller: Wolfgang Preiss (Staatsanwalt Soldan), Elke Sommer (Renate Hecker), GÖTZ GEORGE (Jochen Rehbert), Paul Dahlke (Vorsitzender), Fritz Tillmann (Verteidiger Dr. Stoll), Berta Drews (Frau Hecker), Agnes Fink (Frau Soldan), Ann Smyrner (Monika Pinkus), Gisela Uhlen (Schwester Magda), Horst Janson (Thomas Ungermann), Ann Savo (Gerichtsreporterin), Matthias Fuchs (Berndt), Carsta Löck (Zuchthausaufseherin), Camilla Spira (Gefängnisinsassin), Dorothea Wieck (Oberin), Alexander von Richthofen (Claus), Stanislav Ledinek (Autohändler), Klaus Dahlen (Charly), Herbert Weissbach (Jugendpfleger), Joachim Hansen (Patient).
Produktion: Winston. 88 Minuten.
Uraufführung: 8. 3. 1962.

Elke Sommer und Götz George in »Das Mädchen und der Staatsanwalt«

KRITIK: Wilfried Berghahn in *FK* 4/1962.

INHALT: Der Staatsanwalt ist ein Haderlump. Er bringt die brave, arme Frau Hecker (Berta Drews) ins Gefängnis, weil sie nichts dagegen unternommen hat, dass ihr attraktives Töchterchen, Elke Sommer, mit dem Autohändler, Götz George, in ihrer Wohnung Liebe macht. Und dabei ist der saubere Staatsanwalt Soldan, Wolfgang Preiss, selber dem Töchterchen verfallen.

ZUM FILM: Jürgen Goslars Film sagt: So nicht, mein Herr Staatsanwalt!

Der Schatz im Silbersee

BRD/Jugoslawien

Regie: Harald Reinl. *Drehbuch*: Harald G. Petersson, nach dem Roman von Karl May. *Kamera*: Ernst Kalinke (Scope). *Schnitt*: Hermann Haller. *Musik*: Martin Böttcher.
Darsteller: Lex Barker (Old Shatterhand), Pierre Brice (Winnetou), Karin Dor (Ellen Patterson), GÖTZ GEORGE (Fred Engel), Marianne Hoppe (Mrs. Butler), Eddie Arent (Castlepool), Herbert Lom (Cornel Brinkley), Jan Sid (Patterson), Ralf Wolter (Sam Hawkins), Mirko Bauman (Gunstick Uncle).
Produktion: Rialto/Jadran. 111 Minuten.
Uraufführung: 14. 12. 1962.

INHALT: Karl Mays Roman vom wertvollen Goldschatz, der in falsche Hände gerät, dann aber von den unzertrennlichen Freunden Winnetou und Old Shatterhand zurückerobert wird. Es diente dem krisenhaften Kino der beginnenden Sechzigerjahre als Anreiz für eine erfolgreiche Serie.

ZUM FILM: Regisseur Harald Reinl hatte bereits mit seinen Familienserien und Heimatfilmen, später auch mit einer erfolgreichen Edgar-Wallace-Serie zur Sanierung der Filmwirtschaft beigetragen. Er hat mit Karl May erstmals ein amerikanisches Genre für den europäischen Markt erobert. Das führte ganz rasch zu dem von ihm inspirierten Italo-Western. Götz George spielt die kleine, aber wichtige Rolle eines guten, wackeren jungen Helden mit dem schönen Namen Fred Engel.

1963

Nur tote Zeugen schweigen/Hipnosis

BRD/Spanien/Italien

Regie: Eugen Martin. *Drehbuch*: Gerhard Schmidt, Francis Niewel, Giuseppe Mangione. *Kamera*: Franz Sempere. *Schnitt*: Edith von Seydewitz. *Musik*: Angelo Francesco Lavagnino, Roman Vlad.
Darsteller: Jean Sorel (Erik Stein), Heinz Drache (Inspektor Kaufmann), GÖTZ GEORGE (Chris Kronberger), Eleonora Rossi-Drago (Magda Bergen), Margot Trooger (Katharina, Ballettmeisterin), Mara Cruz (Karin Kronberger), Werner Peters (Kommissar), Massimo Serato (Georg von Cramer).
Produktion: Germania International/Procusa/Domiziano Internazionale. 85 Minuten.
Uraufführung: 31. 1. 1963.

INHALT: Ein Varieté-Künstler, Bauchredner und Hypnotiseur wird ermordet. Sein Gehilfe erweist sich als eiskalter Mörder, dem ein geheimnisvoller Fremder auf die Spur kommt, obwohl der Verdacht auf einen Botenjungen fällt.

ZUM FILM: Der Film bezieht seine Spannung aus der Suche nach dem unbekannten Verfolger.
»Das war eine Koproduktion, der Regisseur war Eugenio

Martin, ein Spanier, ein guter Mann eigentlich. Die Geschichte war auch gut. Ich will mir das noch einmal angucken, weil ich wissen möchte, wie dieser Film heute wirkt.« (G. G.)

Liebe will gelernt sein
BRD

Regie: Kurt Hoffmann. *Drehbuch*: Erich Kästner, nach seinem gleichnamigen Bühnenstück. *Kamera*: Herbert Geyer, Ricci Weihmayr. *Schnitt*: Ursula Kahlbaum. *Musik*: Hans-Martin Majewski. *Regieassistenz*: Werner Grassmann, Thomas Grimm.

Darsteller: Barbara Rütting (Hermine), Martin Held (Mylius), GÖTZ GEORGE (Hans-Georg), Loni von Friedl (Margot), Margarethe Haagen (Frau Krüger), Grit Böttcher (Dora), Fita Benkhoff (Ilse), Bruno Hübner (Feldhammer), Charles Regnier (Kramer), Ralf Wolter (Müller), Blandine Ebinger (Frl. Bretschneider), Michael Barry (Andreas), Hertha Saal (Nelly), Dagmar Hank, Peter Striebeck, Helmut Gentsch, Ilse Page, Alfons Teuber.

Produktion: Independent. 93 Minuten.
Uraufführung: 1. 3. 1963.

INHALT: Die es noch lernen müssen, nachdem sie es bereits ausprobiert haben. Der zweijährige Sohn ist der schlagende Beweis. Sie, das sind Hans-Georg und Margot. Er ist ein eifriger Medizinstudent, Sohn der Arztwitwe Hermine. Deren Bruder, Hans-Georgs Onkel, der mit einer attraktiven Schauspielerin zusammenlebt, soll den »unerfahrenen Jungen« (von Sohn und Verhältnis weiß man noch nichts!) in Leben und Liebe einführen.

ZUM FILM: Erich Kästners Drehbuch und Kurt Hoffmanns Regie sind nicht so federleicht, wie es Thema und Milieu verlangten. Die großen Darsteller, Held und Rütting, sind nicht ganz so überzeugend wie die frischen Jungen, Götz George und Loni von Friedl. Unterhaltung, mit ein wenig Schwerfälligkeit und Wortlast serviert.

»Den Film inszenierte Kurt Hoffmann. Das war für mich damals sehr wichtig, weil das ein guter Mann war. Meine Partnerin Loni von Friedl hatte ich gerade bei der Bambi-Verleihung kennen gelernt. Wir waren 1962 ›Beste Nachwuchsschauspieler‹. Diese ganzen Preise darf man ja nicht zu ernst nehmen, das hat zu viel mit Vermarktung zu tun.« (G. G.)

Mensch und Bestie/Die Flucht
BRD/Jugoslawien
Regie: Edwin Zbonek. *Drehbuch*: Sigmund Bendkower und Al Bronsowy, nach einer Idee von Robert Azderball. *Kamera*: Nenad Jovicic. *Musik*: Iva Radic.
Darsteller: GÖTZ GEORGE (Franz Köhler), Günther Ungeheuer (Willy Köhler), Katinka Hoffmann (Krankenschwester), Helmut Oeser, Alexander Allerson, Helmut Sobotka, Herbert Kersten.

Produktion: CCC-Film, Berlin/Avala, Belgrad. 88 Minuten (Kino: 79 Min.).
Uraufführung: 2. 7. 1963 (Filmfestspiele Berlin). *Kinostart*: 1980; unter dem Titel DIE FLUCHT am 30. 8 1985 im ZDF gesendet.

INHALT: Kain und Abel im Zweiten Weltkrieg. Franz Köhler ist es gelungen, dem KZ-Terror zu entfliehen. Er hat eine Mission: Die Insassen des Lagers sollen liquidiert werden. Köhler schlägt sich zur russischen Front durch, um durch einen Scheinangriff auf das Lager das Leben der Kameraden zu retten. Doch die SS ist ihm auf der Spur; sein eigener Bruder, der KZ-Aufseher ist, wird ihn am Ende schnappen.

»Das war als Drehbuch eigentlich recht sentimental, aber durch die Konsequenz, mit der Edwin Zbonek das gedreht hatte, ungeheuer spannend. Aber das ging so ans Eingemachte, das hätten die Leute gar nicht verstanden. Deshalb hat man den Film später völlig zusammengeschnitten und eine ganz andere Geschichte draus gemacht. Der Aufbau der Story konnte dann nicht mehr nachvollzogen werden. Ich war damals Artur Brauner sehr dankbar, weil er – obwohl er viel Schrott gemacht hat – ein ambitionierter Produzent gewesen ist. Er hat immer sein Anliegen gehabt, und das wollte er aufgearbeitet wissen. Er hat sehr viel investiert – tut es auch jetzt noch. Ich finde es toll, wenn ein Produzent nicht nur auf Einspielergebnisse achtet, sondern auch noch Ideale hat. Der Film war ein Filmfestspielbeitrag in Berlin, wo er in der ursprünglichen Fassung lief, und er wurde ausgebuht. Brauner sagte, das sei gesteuert gewesen. Dann hat der Film keinen Verleih gefunden, und in der neuen Fassung wollte man ihn wieder ganz neu rausbringen. Man titelte ihn um, und als man wieder keinen Verleih fand, wurde er ans Fernsehen verkauft.« (G. G.)

Wartezimmer zum Jenseits
BRD
Regie: Alfred Vohrer. *Drehbuch*: Eberhard Keindorff und Johanna Sibelius, nach dem Roman *Zahl oder stirb* von James Hadley Chase. *Kamera*: Bruno Mondi. *Schnitt*: Hermann Haller. *Musik*: Martin Böttcher.
Darsteller: Hildegard Knef (Lorelli), Richard Münch (Alsooni), GÖTZ GEORGE (Don Micklem), Heinz Reincke (Dickes), Carl Lange (Crantor), Adelheid Seek (Lady Halen), Pinkas Braun (Carlos), Hans Paetsch (Sir Cyrus Bradley), Jan Hendriks (Felix), Hans Clarin (Harry Mason), Klaus Kinski (Shapiro).
Produktion: Rialto. 90 Minuten.
Uraufführung: 23. 4. 1964.

KRITIK: Dietrich Kuhlbrodt in *FK* 6/1964.

INHALT: Die Schildkröte mit dem Totenkopf ist das Emblem des italienischen Grafen und seines Syndikats, das grausam seine Feinde vernichtet. Götz George als Neffe eines im Auftrag des italienischen Adligen ermordeten briti-

Hildegard Knef und Götz George in
»Wartezimmer zum Jenseits«

schen Politikers wird von einer liebesbedürftigen Lady vor einem qualvollen Tod gerettet.

ZUM FILM: Inmitten eines prominenten, aber keineswegs in Hochform agierenden Ensembles hat Götz George hier wenig Möglichkeiten, sich schauspielerisch zu entfalten. Regisseur Vohrer, der gelegentlich bei Edgar Wallace und Karl May unterhaltsame Variationen ins herkömmliche Genre brachte, hatte hier keine sehr gute Hand, und Kameramann Bruno Mondi hat auch schon bessere Zeiten gesehen.

1964

Herrenpartie
BRD/Jugoslawien
Regie: Wolfgang Staudte. *Drehbuch*: Werner Jörg Lüddecke, Arsen Diklić, Wolfgang Staudte. *Kamera*: Nenad Jovicić. *Schnitt*: C. O. Bartning. *Musik*: Zoran Hristić.
Darsteller: Hans Nielsen (Friedrich Hackländer), GÖTZ GEORGE (Herbert Hackländer), Rudolf Platte (Werner Drexel), Mira Stupića (Miroslava), Milena Dravić (Seja), Olivera Marković (Lia), Gerlach Fiedler (Redakteur Otmar Wengel), Friedrich Maurer (Studienrat Karl Asmuth), Reinhold Bernt (Fernfahrer Willi Wirth), Herbert Tiede (Inspektor Ernst Sobotka), Gerhard Hartig (Kurt Siebert, Kunststoffhändler), Ljubica Janicijević.
Produzent: Rüdiger Freiherr von Hirschberg. *Produktion*: Neue Emelka/Neue Münchner Lichtspielkunst GmbH/Avala-Film, Belgrad. 92 Minuten.
Uraufführung: 27. 2. 1964.

KRITIK: Manfred Delling in *Film* (Velber) 8/1964 und in *Die Welt* 7. 7. 1964; Reinhold E. Thiel in *FK* 4/1964; Karena Niehoff in *Der Tagesspiegel*, 5. 7. 1964; Hans Prescher in *epd/KIRCHE UND FILM* 4/1964; Kurt Weinhold in *KStA*, 4. 7. 1964; Hans Christoph Blumenberg in *KStA*, 11. 7. 1973; HRB in *FR*, 11. 7. 1973.

INHALT: 20 Jahre nach dem Krieg bleibt ein deutscher Männergesangsverein in einem jugoslawischen Dorf hängen, weil der Sprit ausgegangen ist. Den misstrauischen Frauen des montenegrinischen Dorfes singen die Deutschen ein schmetterndes »Heil deutsches Lied, heil deutsches Wort« zur Begrüßung, ohne auch nur im mindesten daran zu denken, dass das Wort »Heil« bei den Jugoslawinnen schreckliche Erinnerungen wachrufen könnte. Tatsächlich sind während des Krieges alle Männer des Dorfes bis auf einen von den Deutschen umgebracht worden. Entsprechend feindselig ist die Stimmung nun. Zwar versuchen die Sangesbrüder zunächst, durch gut gemeinte Gesten die Atmosphäre zu entschärfen, doch als diese Versöhnungsversuche von den Frauen zurückgewiesen werden, verschanzen sich die deutschen Männer wieder trotzig hinter ihrem kraftstrotzenden Deutschtum.

Der Konflikt spitzt sich gefährlich zu, bis es den zwei jüngsten Mitgliedern des Männervereins gelingt, die verbohrten Alten davon zu überzeugen, dass man nicht so tun dürfe, als sei die Vergangenheit vergessen und die deutschen Gräueltaten schon längst verjährt. Aber auch bei den Jugoslawinnen gibt es eine junge Frau, die sich bei ihren Leuten nachdrücklich für einen Sinneswandel einsetzt. Die Jugend, so die Botschaft dieses Films, muss die Versöhnung einleiten – und sie tut es auch.

»Der Film ist im Kino überhaupt nicht gegangen. Aber das war auch die Situation. Das Drehbuch war eines der besten, die ich überhaupt gelesen habe. Und dann wurde das umgeschrieben und verwässert. Mitten in dieser Situation gab es noch Privatprobleme im Team, und die mussten wir auch ausbaden. So wurde das eine sehr, sehr beschwerliche Arbeit, die Staudte schließlich in den Sand gesetzt hat.

Der hat mich blond färben lassen, weil ich einen deutschen Jungen spielen sollte, der sich gerade gegen diese ganze Nazivergangenheit auflehnt. Da spielten dann bei der ganzen Sache viele emotionale Dinge mit, die die Arbeit belasteten. Die ganze Wut auf junge Männer musste ich dann ausbaden. Das Drehbuch war ganz anders, ganz stark politisch ausgerichtet, mit einer gewissen Süffisanz gegenüber dem Nazitum. Gerade jetzt, wo wir wieder bei 2,1 Prozent für die NPD sind, muss man darüber nachdenken. Heute würde ein solches Thema sicherlich wieder gehen, wenn einer Mut hätte, denn das war eine phänomenal tolle Geschichte.

Frank Beyer würde das heute ganz anders machen. Der hat diese Ernsthaftigkeit und trotzdem diesen durchscheinenden Humor. Die Gruppe der Neonazis kriegte einfach bei Staudte ein Eigenleben, das so persifliert war, dass sie keine Glaubwürdigkeit mehr hatte. Das fand ich nicht gut. Staudte hat das zeitweilig damit erklärt, dass er nicht so drehen konnte, wie er wollte. Aber ihm hatte wohl einfach die Zivilcourage gefehlt.

Als er drüben angefangen hatte, galt seine Sympathie der Kommunistischen Partei, aber gleichzeitig hatte er Probleme mit den Genossen in der DDR. Das war immer wechselseitig, nicht ganz politisch artikuliert, was man bei einem Film ja machen muss. Man muss Farbe bekennen, muss sagen, also das haben wir vor. Das soll ja nicht beschönigen, sondern etwas zeigen, was wirklich passiert ist; das war im Endeffekt dann inkonsequent. Durch die Querelen, die die Genossen da drüben machten, hat er sich halt hinreißen lassen und eine seichte Bearbeitung von dem wunderbaren Drehbuch gemacht. Dadurch ist so ein Film verschossen.« (G. G.)

Unter Geiern

BRD/Frankreich/Jugoslawien

Regie: Alfred Vohrer. *Drehbuch*: Eberhard Keindorff und Johanna Sibelius, nach dem Roman von Karl May. *Kamera*: Karl Löb. *Schnitt*: Hermann Haller. *Musik*: Martin Böttcher.
Darsteller: Pierre Brice (Winnetou), Stewart Granger (Old Surehand), GÖTZ GEORGE (Martin), Elke Sommer (Annie), Walter Barnes (Baumann), Mario Girotti (Baker jr.), Renato Baldini (Leader), Sieghardt Rupp (Preston), Mila Baloh (Weller), Louis Velle (Gordon), Paddy Fox (Old Wabble), Georg Mitic (Wokadeh), Dunja Rajter (Betsy).
Produktion: Rialto/Societe Nouvelle/Atlantis-Film, Rom/Jadran-Film, Zagreb. 103 Minuten.
Uraufführung: 8. 12. 1964.

KRITIK: Peter H. Schröder in *FK* 2/1965.

INHALT: Weiße Gangster treiben ihr Unwesen und täuschen vor, dass Indianer die Täter sind. Old Surehand und Winnetou durchschauen das Spiel und können den Konflikt zwischen den Weißen und den Indianern bereinigen.

ZUM FILM: Innerhalb der seinerzeit erfolgreichen Karl-May-Filme eine der sorgfältiger gemachten Produktionen. Götz George als Martin hier noch einmal als Partner von Elke Sommer in der Rolle eines tapferen, braven Jungen.

1965

Ferien mit Piroschka

Österreich/BRD

Regie: Franz Josef Gottlieb. *Drehbuch*: Kurt Nachmann und Ference Földessy, nach einem Roman von Hugo Hartung. *Kamera*: Tibor Vagyoczky, Richard Angst. *Schnitt*: Annemarie Reisetbauer. *Musik*: Peter Fenyes.
Darsteller: Marie Versini (Tery), GÖTZ GEORGE (Thomas Laurends), Dietmar Schönherr (Alfi Trattenbach), Terry Torday (Karin), Gisela Uhlen (Frau Laurends), Liselotte Bav

(Ilona), Hilda Gobbi (Katalin), Janos Görbe (Pali-Bacsi), Istvan Bujtor (Ferenc).
Produktion: Sascha/Schlaraffia/Mafilm. 94 Minuten.
Uraufführung: 31. 12. 1965.

INHALT: Playboy aus Hamburg verliebt sich in eine Puszta-Schöne so sehr, dass seine frühere Geliebte bei ihrer Ankunft in Ungarn nur noch fehl am Platz ist.

ZUM FILM: Trotz des erfrischenden Spiels von Marie Versini und Götz George nur ein schwaches Remake des Hugo-Hartung-Erfolges ICH DENKE OFT AN PIROSCHKA von Kurt Hoffmann.

»Das sollte ein Remake sein. Das ist eine Zeit gewesen, die ich auch nicht missen möchte. Das war eine schöne Zeit, das hat aber mit dem Film selbst wenig zu tun. Drei Monate Ungarn – die Umstände waren einfach interessant. Das muss man ja immer mit einfließen lassen. Wenn ich einen Riesenerfolg habe mit einem Film, der mir keinen Spaß gemacht hat, würde ich auch darüber gerne reden wollen. Aber das waren Filme, die haben mir Spaß gemacht.« (G. G.)

Sie nannten ihn Gringo

BRD/Spanien

Regie: Roy Rowland. *Drehbuch*: Clark Reynolds, Helmut Harun. *Kamera*: Manuel Merino (Scope). *Schnitt*: Fred Srp. *Musik*: Piero Piccioni, Heinz Gietz.
Darsteller: GÖTZ GEORGE (Mace), Helmut Schmid (Ken), Alexandra Stewart (Lucy), Daniel Martin (Gringo), Sieghardt Rupp (Reno), Sylvia Solar (Kate), Peter Tordy (Martin).
Produktion: Germania International/Procusa. 8/ Minuten.
Uraufführung: 19. 3. 1965.

INHALT: Ein gelähmter reicher Rancher wird von seinem Verwalter übers Ohr gehauen. Auch sonst ist er ein mieses Stück ist und bringt den verschollenen Sohn des Rangers auf krumme Wege. Schließlich bringt der heldenhafte She-

Götz George in »Sie nannten ihn Gringo«

riff alles wieder ins rechte Lot und der schwache Sohn wird stark, indem er sein Leben für seinen Vater opfert.

ZUM FILM: Für deutsche Verhältnisse erstaunlich gut gemacht, doch die Produktion täuscht: Der Regisseur ist ein Hollywood-Profi.

Winnetou und das Halbblut Apanatschi
BRD/Jugoslawien
Regie: Harald Philipp. *Drehbuch*: Fred Denger, nach Motiven aus Karl Mays *Halbblut*. *Kamera*: Heinz Hölscher. *Schnitt*: Jutta Hering. *Musik*: Martin Böttcher.
Darsteller: Lex Barker (Old Shatterhand), Pierre Brice (Winnetou), Ralf Wolters (Sam Hawkins), Uschi Glas (Apanatschi), GÖTZ GEORGE (Jeff), Walter Barnes (Mac Haller), Ilija Djuvalekovski (Curly-Hill), Marinko Cosic (Happy), Nada Kasapic (Bessie), Petar Dobric (Sloan), Vladimir Leib (Pincky), Mihail Baloh (Judge), Abdurahman Salja (Rank).
Produzent: Horst Wendlandt. *Produktion*: Rialto/Jadran. 90 Minuten.
Uraufführung: 17. 8. 1966.

ZUM FILM: Der Karl-May-Boom versinkt in Agonie. Ohne Reinl oder Vohrer, die bei allem traditionellen Mief noch Profis im Action-Genre waren, geht nichts mehr. Auch Götz George ist noch mal dabei, hier heißt er Jeff – mehr ist dazu nicht zu sagen.
»Dann kam der letzte Karl-May-Film von Harald Philipp. Alles das, was so naiv und locker angefangen hatte, wurde jetzt mit einem ungeheuren Leistungsdruck noch mal versucht.« (G. G.)

1968

Ich spreng' euch alle in die Luft/Inspektor Blomfields Fall Nr. 1/Mad Joe/Der Superbulle
BRD
Regie: Rudolf Zehetgruber. *Drehbuch*: Rudolf Zehetgruber, Katharina Gajda. *Kamera*: Hannes Staudinger. *Schnitt*: Annemarie Reisetbauer. *Musik*: Hans Hammerschmid. *Regieassistent*: Günther Köpf.
Darsteller: GÖTZ GEORGE (Eddie Blomfield), Eddi Arent (Harry Colman), Ingeborg Schöner (Susan Gillespie), Walter Barnes (Lancaster), Anthony Steel (Arthur Baker), Siegfried Wischnewski (Inspektor Sterling), Werner Pochath (Johnny Smith), Gert Günther Hoffmann (Mac O'Hara), Herbert Fux (Blinky Smith), Marianne Hoffmann (Nellie), Karl Schönböck (Colonel Lister), Leopold Rudolf (»Shakespeare«), Kurt Sowinetz (Brown), Barbara Lorenz (Mary), Rudolf Barry (Merrick).
Produktion: Constantin/Barbara-Film/Terra-Filmkunst. 92 Minuten.
Uraufführung: 16. 4. 1968.

INHALT: Ein Rauschgiftsüchtiger will seinen Bruder rächen, der bei einem Fluchtversuch vor dem dem Kriminalbeamten Eddie Blomfield in den Tod rast. Der Rächer taucht mit einem Fläschchen Nitroglyzerin in einem Polizeirevier auf und droht, es in die Luft zu sprengen.

ZUM FILM: Oberflächlich, aber spannend und mit Anklang von britischem Humor.

Der Todeskuß des Dr. Fu Man Chu
BRD/Spanien/USA
Regie: Jess Franco. *Drehbuch*: Peter Welbeck, nach einem Illustriertenroman von Sax Rohmer. *Kamera*: Manuel Merino. *Schnitt*: Alan Morrison. *Musik*: Daniel White.
Darsteller: Christopher Lee (Fu Man Chu), Richard Green (Nayland Smith), GÖTZ GEORGE (Carl), Loni von Friedl (Celeste), Tsai Chin (Lin Tang), Maria Rohm (Ursula), Howard M. Crawford (Doktor Petrie), Ricardo Palacios (Sancho), Frances Kahn (Carmen), Isaura de Oliveira (Yuma), Shirley Eaton.
Produktion: Terra/Ada/Udastex. 82 Minuten.
Uraufführung: 23. 8. 1968.

ZUM FILM: Wohl eher wegen der schönen Ferienlandschaft als aus Freude an dem drittrangigen Horror-Thriller aus der Reihe der beliebten Sax-Rohmer-Verfilmungen haben Loni von Friedl und Götz George an diesem Unternehmen teilgenommen. Der böse Dr. Fu Man Chu (ein schaurig-schöner Christopher Lee) will die Welt diesmal mit Hilfe leicht bekleideter schöner Mädchen retten, die sich mehr oder weniger gerne von Giftschlangen beißen lassen.
»Das war einfach ein schönes Erlebnis. Ich durfte zusammen mit meiner Frau (Loni von Friedl) nach Brasilien fliegen, wo ich die Arbeitsatmosphäre einer internationalen Produktion kennen gelernt habe. Eine englische Produktion, finanziert mit Geld von der Constantin. Das war ein belangloser Regisseur, der sich auf alles andere konzentriert hat als auf den Film. Die Begegnung mit Christopher Lee war einfach toll. Wir haben uns über Musik und Theater unterhalten, und er hat auch den Kopf geschüttelt über die Produktion, aber rückblickend war das ein wunderbares Erlebnis, weil ich halt drei Monate Zeit hatte, Brasilien kennen zu lernen, und weil ich merkte, was es heißt, in so einer englischen Produktion drinzustehen, wo einfach Geld da war, wo Großzügigkeit herrschte und einem sehr viel ermöglicht wurde.« (G. G.)

Himmelfahrtskommando El Alamein/Commandos
BRD/Italien
Regie: Armando Crispino. *Drehbuch*: Dario Argento, Lucio Battistrada, Armando Crispino, Stefano Strucchi, nach einer Idee von Don Martin und Artur Brauner. *Kamera*: Benito Frattari. *Schnitt*: Daniele Abiso. *Musik*: Mario Nascimbene.
Darsteller: Jack Kelly (Captain Valli), Lee van Cleef (Sergeant Sullivan), Joachim Fuchsberger (Oberleutnant Heitzel),

GÖTZ GEORGE (Rudi), Otto Stern (Braumann), Heinz Reincke (Hans), Marilu Tolo (Adriana), Helmut Schmid (Hauptmann Miller), Giampiero Albertini (Leutnant Tomassini), Marino Mase (Dino).
Produktion: CCC/PEC/CCI. 88 Minuten.
Uraufführung: 8. 8. 1969.

ZUM FILM: Amerikanische GIs erobern, als Italiener verkleidet, ein Militärlager in El Alamein und täuschen auch die Deutschen. Irgendwann ist der Krieg zu Ende. Vor dem glücklichen Ende gibt es allerdings noch einige harte Action-Spannung. Wieder einmal dient der Krieg als Tummelplatz fürs das große Abenteuer.

»Das war ein reines Kommerzunternehmen – auch für Brauner. Für mich war das nicht so, weil ich spielen wollte. Der Film war sehr gut besetzt, etwa mit Lee van Cleef. Dann sollte es ein absoluter Antikriegsfilm sein, aber die Erfahrung lehrt ja, dass Kriegsfilme nie Antikriegsfilme sind. Wir mussten alle englisch sprechen, und im Endeffekt war es sehr lehrreich, was ich nicht bedauert habe.« (G. G.)

1969

Le vent d'est/Ostwind
Frankreich/Italien/BRD
Regie: Group Dziga Vertov (Jean-Luc Godard, Jean-Pierre Gorin, Gerard Martin). *Drehbuch*: Daniel Cohn-Bendit, Jean-Luc Godard. *Kamera*: Mario Vulpiani. *Schnitt*: Jean-Luc Godard, Jean-Pierre Gorin.
Darsteller: Gian Maria Volonte (Soldat), Anne Wiazemsky (Hure), Christiana Tullio-Altan (Mädchen in Rosa), Rick Boyd (Indianer), GÖTZ GEORGE (Funktionär), Glauber Rocha, Daniel Cohn-Bendit, Marco Ferreri, Jean-Luc Godard.
Produktion: Poli, Rom/Anouschka, Paris/CCC, Berlin. 95 Minuten.
Uraufführung: 6. 5. 1970 (Filmfestival Cannes).

ZUM FILM: Eine Folge von Überlegungen und Gedanken über die Unmöglichkeit, wirksame politische Filme zu machen, oder aber die Studentenrevolte vom Mai 1968 auf filmischem bzw. überhaupt kulturellem Wege fortzusetzen. Wie Glauber Rocha und Marco Ferreri hat auch Götz George nur einen kleinen Part.

»Dann habe ich eine kleine Rolle bei Godard und Cohn-Bendit gespielt. Brauner hatte Geld gegeben und wohl geglaubt, ich spielte eine Hauptrolle. Als ich in Frankreich ankam, war schon der letzte Drehtag, und ich spielte nur eine ganz kleine Rolle. Die haben einfach das Geld von Brauner genommen, und der war nachher natürlich ganz irritiert darüber, was mit seinem Geld gemacht worden war.« (G. G.)

1976

Die Diamanten des Präsidenten/The Pawn
BRD/Frankreich/USA
Regie: Claude Boissol. *Drehbuch*: Jean-Michel Charlier, Pierre Nivollet. *Musik*: Jack Arel.
Darsteller: Michel Constantin, Lena Ferugia, Ferdy Mayne, GÖTZ GEORGE, Robert Drayton, Sandra Prinsloo, Ken Gampu, Michael McGovern, Ian Yule, Patrick Mynhardt, Carel Trichardt, Stuart Parker, Cocky Thlothlamaje, Dennis Maraba, Joe Stewardson.

INHALT: Ein Politkrimi.

1977

Aus einem deutschen Leben
BRD
Regie: Theodor Kotulla. *Drehbuch*: Volker Canaris, Theodor Kotulla, nach dem Roman *La mort est mon mètier* von Robert Merle. *Kamera*: Dieter Naujeck. *Schnitt*: Wolfgang Richter. *Musik*: Eberhard Weber.
Darsteller: GÖTZ GEORGE (Franz Lang), Elisabeth Schwarz (Else Lang), Hans Korte (Heinrich Himmler), Kai Taschner (der junge Franz), Kurt Hübner (Oberst von Jeseritz), Matthias Fuchs (Sturmbannführer Keller), Walter Czaschke (Obersturmbannführer Eichmann), Sigurd Fitzek (Hauptmann Günther), Werner Schwuchow (Obersturmführer), Peter Franke (Schrader), Claus-Dieter Reents (Ordonanz Setzler), Anne Tegtmeier (Oberschwester), Elisabeth Stepanek (junge Schwester), Evelyn Matzura (Mutter von Franz), Hermann Günther (Soldat Schmitz), Yaak Karsunke (Unteroffizier), Martin Ripkens (Angestellter), Peter Moland (Arbeiter Henckel), Brigitte Janner (Magd), Hans Schulze (US-Oberstleutnant), Folke Wiegers (Kadow), Claus Fuchs (Geschäftsführer), Klaus Münster (Landarbeiter), Wolfgang Müller (SA-Mann Otto), Claus Enskat (SA-Mann Freddie), Winfried Elste (Arbeiter Siebert), Dietrich Kerky (Leutnant im Freikorps), Werner Eichhorn (Arbeiter Erich).
Produktion: Iduna/WDR. 145 Minuten.
Uraufführung: 18. 11. 1977.

KRITIK: Rolf Thissen in *KStA*, 19. 11. 1977.

ZUM FILM: Wenn man so will, ist AUS EINEM DEUTSCHEN LEBEN die verfilmte Biografie des berüchtigten Lagerkommandanten von Auschwitz, Rudolf Höß, nur heißt er in diesem Film Franz Lang. Er hat eine strenge Erziehung genossen, weil der Vater sehr hart war. Schon als Siebzehnjähriger lernt Höß/Lang den Krieg kennen – den Ersten Weltkrieg, bei dem er an die Front muss.

Nach dem Krieg ist er arbeitslos und schließt sich, wie so viele seiner Generation, einem Freikorps an. Durch einen

Freund lernt er führende Leute in der zunächst noch unbedeutenden NSDAP kennen. Der Mord an einem Kommunisten wertet ihn in der Parteihierarchie beträchtlich auf und fördert seine Parteikarriere, umso mehr, als er für seine Überzeugungstat ins Zuchthaus muss. Nach seiner Entlassung ist er eine Weile Landwirt, um dann, bald nach der Machtergreifung der Nationalsozialisten, Adjutant in Dachau zu werden. Schließlich bekommt er von Himmler persönlich den Auftrag, in Auschwitz die »Endlösung« vorzubereiten und »bestmöglichst durchzuführen«.

Höß/Lang tut das, was ihm befohlen wurde. Keine Sekunde lang überlegt er sich, ob es nicht vielleicht einen Grund geben könnte, diesen Befehl nicht auszuführen. Er führt ihn mit der Effizienz einer Maschine aus. Er habe nur immer seine Pflicht getan, einen anderen Weg habe er nicht gesehen. Schuld? Nein, er würde jederzeit wieder seine Pflicht tun.

1984

Abwärts

BRD

Regie/Drehbuch: Carl Schenkel. *Kamera*: Jacques Steyn. *Musik*: Jacques Zwart.

Darsteller: Götz George (Jörg), Renee Soutendijk (Marion), Hannes Jaenicke (Pit), Wolfgang Kieling (Gössmann), Klaus Wennemann.

Produktion: Laura/Mutoscope/Dieter Geissler. 90 Minuten.

Uraufführung: 4. 5. 1984.

INHALT: Frankfurt am Main, Freitagabend in einem Geschäftshochhaus. Der Lift ist mit vier Personen besetzt, als er plötzlich zwischen zwei Stockwerken stecken bleibt. Der Einzige, der die vier Leute befreien könnte, ist der Wachmann, doch der hört die Alarmglocke nicht, weil er fernsieht. Die Enge bringt Konflikte zum Ausbruch, die sich im Alltag zwischen den vier Personen angestaut haben. Marion nutzt die Gelegenheit, um ihrem Freund Jörg zu zeigen, dass es außer ihm noch andere Männer gibt, für die sie sich interessiert, und macht den kleinen, unscheinbaren Vertreter Pit an. Daraufhin entsteht zwischen den beiden Männern eine heftige Auseinandersetzung, die die Situation nur noch verschärft.

Der Vierte im Aufzug hat währenddessen nur einen Gedanken im Kopf: das viele Geld in seinem Aktenkoffer, das er gerade seinem autoritären Chef gestohlen hat.

1985

Zahn um Zahn

BRD

Regie: Hajo Gies. *Drehbuch*: Horst Vocks, Thomas Wittenberg. *Kamera*: Jürgen Jürges. *Schnitt*: Margot von Schliefen. *Musik*: Klaus Lage Band. *Kostüme*: Rosemarie Herrmann.

Darsteller: Götz George (Horst Schimanski), Eberhard Feik (Thanner), Renan Demirkan (Ulli), Rufus Beck (Hacker), Charles Brauer (Grassmann), Ulrich Matschoss (Königsberg), Herbert Steinmetz (Krüger sen.), Martin Lüttge (Wilkens).

Produktion: Hartmut Grund für Bavaria Atelier GmbH. 95 Minuten.

Uraufführung: 9. 10. 1985 (Lichtburg, Duisburg). *Kinostart*: 10. 10. 1985.

KRITIK: Norbert Grob in *KStA*, 12. 10. 1985; Barbara von Jhering in *Der Spiegel*, 14. 10. 1985.

INHALT: Alfred Krüger bringt erst seine Familie und dann sich selbst um. Einzig seine kleine Tochter hat sich retten können. Schimanski war ein Schulfreund des Toten und glaubt als Einziger nicht an Selbstmord. Selbst Thanner steht gegen ihn. Schimanski beginnt trotzdem zu ermitteln und hat es bald mit dem ehemaligen Chef Krügers, Grassmann, zu tun, der den Toten wegen Unterschlagung hoher Geldsummen entlassen hatte. Der raue Umgangston, den Schimanski dem Unternehmer gegenüber anschlägt, kostet ihn die Dienstmarke, was ihn aber nicht davon abhält, weiter zu ermitteln.

In der Journalistin Ulli findet er eine Verfechterin seiner Theorie. Auch wenn die beiden nicht wirklich zusammenarbeiten, ergänzen sich ihre Ermittlungen, die sie schließlich nach Marseille führen, wo es zu gefährlichen Zusammenstößen mit der Unterwelt kommt. Schimanski gelingt es trotzdem – nicht zuletzt durch Ullis Hilfe –, den Fall zu entwirren. Die endgültige Lösung findet der vom Jäger zum Gejagten gewordene Polizist erst, als er nach Duisburg zurückkehrt.

1987

Zabou

BRD

Regie: Hajo Gies. *Drehbuch*: Martin Gies, Axel Götz. *Kamera*: Axel Block. *Schnitt*: Hannes Nikel. *Musik*: Klaus Lage, Tina Turner, Joe Cocker.

Darsteller: Götz George (Horst Schimanski), Eberhard Feik (Thanner), Claudia Messner (Conny), Wolfram Berger (Hocks), Hannes Jaenicke (Melting), Ralf Richter (Sandrovski).

Produzent: Günter Rohrbach für Bavaria Atelier GmbH/ Neue Constantin/WDR. 102 Minuten.

Uraufführung: 5. 3. 1987.

KRITIK: Ponkie in *AZ*, 5. 3. 1987; Hans Dieter Seidel in *FAZ*, 7. 3. 1987; Milan Pavlovic in *KStA*, 7. 3. 1987; Kai Hoffmann in *FR*, 9. 3. 1987; Claudius Seidl in *Die Zeit*, 13. 3. 1987.

INHALT: Schimanski findet diesmal in einem zwielichtigen Amüsierschuppen, wo er harten Drogenhändlern auf der Spur ist, die Tochter seiner alten Jugendfreundin wieder. Für Conny war Schimanski immer schon mehr als eine Vaterfigur. Schimanski will Conny helfen, gerät aber dadurch selbst in allerlei kriminelle Verwicklungen. Man findet ihn betrunken und mit Drogen voll gestopft, er hat mehrere Verkehrsunfälle verursacht und aus seiner Dienstpistole wurde überdies ein Todesschuss abgefeuert. Schimanski, der das alles nur in Trance erlebt, erwacht im Krankenhaus unter Polizeigewahrsam.

Aber Conny, die sich jetzt Zabou nennt, bringt wieder Verwirrung ins Spiel. Sie gibt sich als Lockvogel her, obwohl sie in Wirklichkeit den Mann liebt. Neue Spitzenleute des Drogenkonzerns werden getötet, und die Frage nach dem großen Unbekannten wird immer verworrener. Obwohl »Schimmi« am Ende das Rätsel löst, ist er doch alles andere als zufrieden. Denn nichts ist so verlaufen, wie er es sich vorgestellt hatte. Von Conny ist er am meisten enttäuscht.

ZUM FILM: In drei Schlüsselszenen beweist Hajo Gies, dass er die Polizistenfilme von Don Siegel und William Friedkin, DIRTY HARRY und FRENCH CONNECTION, nicht nur gesehen, sondern auch verstanden hat. Am Ende humpeln Schimanski und Thanner aus dem Bild, zwei Westerner, die ohne einander nicht auskommen können. (Milan Pavlovic)

Die Katze
BRD

Regie: Dominik Graf. *Drehbuch*: Uwe Erichsen und Christoph Fromm, nach dem Roman *Das Leben einer Katze* von Uwe Erichsen. *Kamera*. Martin Schäfer. *Schnitt*: Christel Suckow. *Musik*: Andreas Köbner. *Songs*: Eric Burdon, Cruzados, Roger Chapman, The Hollies, Annabel Lamb, Chris Rea.
Darsteller: GÖTZ GEORGE (Probek), Gudrun Landgrebe (Jutta), Joachim Kemmer (Voss), Heinz Hoenig (Junghein), Ralf Richter (Britz).
Produzenten: Bernd Eichinger/Georg Feil. *Produktion*: Bavaria Atelier GmbH/Neue Constantin/ZDF. 118 Minuten.
Uraufführung: 28. 1. 1988.

KRITIK: Alfred Holighaus in *tip* 3/88; Urs Jenny in *Der Spiegel*, 18. 1. 1988; Bodo Fründt in *SZ*, 21. 1. 1988; Heike Kühn in *FR*, 22. 1. 1988; Norbert Grob in *Die Zeit*, 22. 1. 1988; Hans Schifferle in *KStA*, 23. 1. 1988.

INHALT: Ein Mann und eine Frau im leidenschaftlichen Liebesrausch. Götz George und Gudrun Landgrebe tun ihre anstrengende Arbeit. Man sieht natürlich nur die Schweiß gebadeten Gesichter in Ekstase. Sie hat einen Ehemann, zu Hause sitzt und nachdenkt. Vielleicht darüber, was seine Frau so alles treibt. Mit wem, das weiß er – wie der Zuschauer in wenigen Minuten erkennen wird.

Die Begegnung zwischen Probek und Jutta ist auch eine

geschäftliche, denn es geht um drei Millionen Mark. Probek ist ein ganz gewiefter Gangster, der sich an die attraktive Ehefrau des Bankfilialleiters Ehser herangepirscht hat – oder sie sich an ihn? Sein Ziel ist ein raffiniert ausgeklügelter Bankraub. Weil er sich selbst die Hände nicht schmutzig machen will, leitet er den Coup von den oberen Etagen eines Nobelhotels aus. Der kleine Handlanger in der Bank und ein Kompagnon von Probek machen die Drecksarbeit und erfahren erst nach und nach, was der Boss so im Einzelnen plant. Der wusste sehr wohl, dass in der Bankfiliale nicht viel zu holen war und fordert daher die Helfershelfer auf, Geiseln zu nehmen, um Lösegeld zu erpressen. Doch einiges konnte auch der clevere Gentleman-Gangster nicht ahnen: Erstens gehen seine Gehilfen eben nicht ganz so geschickt und emotionslos zu Werk, wie es der Plan erfordert hätte, und zweitens ist Kriminalinspektor Voss ein ebenbürtiger, manchmal sogar überlegener Gegenspieler.

Am Ende ist es Jutta gleichgültig, mit welchem der Männer sie die drei Millionen Mark durchbringen wird, denn auch ein Bankdirektor mit einem Koffer voller Banknoten im Privatwagen muss nicht unbedingt ein Ehrenmann sein.

1988

Der Bruch
BRD/DDR

Regie: Frank Beyer. *Drehbuch*: Wolfgang Kohlhaase. *Kamera*: Peter Ziesche. *Schnitt*: Rita Hiller. *Musik*: Günther Fischer.
Darsteller: Rolf Hoppe (Markward), Otto Sander (Lubowitz), GÖTZ GEORGE (Graf), Reiner Heise (Pinske), Jürgen Walter (der schöne Müller), Angelika Waller (Anita Graf), Franziska Troegner (Frau Markward), Klaus Manchen (Dombrowski), Gerhard Händel (Lotz), Hermann Beyer (Kollmorgen), Jens-Uwe Bogadtke (Biegel), Ulrike Krumbiegel (Tina), Thomas Rudnick (Bubi), Volker Ranisch (Julian), Hildegard Alex (Tinas Wirtin), Heinz Dieter Knaup (Escheritz), Günter Rüger (Pförtner), Peter Mohrdieck (Notar), Axel Werner, Hans Jochen Röhrig, Joachim Schönfeld (Polizisten), Ute Loeck (Dame), Hannes Stelzer (Mucker), Peter Pauli (Erbsenschieber), Magne Brekke (Rotarmist), Elke Schuhrk (Julianes Mutter), Christel Peters (Wirtin von Lubowitz).
Produktion: Gerrit List für DEFA/Allianz. 116 Minuten.
Uraufführung: 15. 2. 1989 Berlinale. *Kinostart*: 16. 2. 1989.

KRITIK: Manfred Hobsch in *Zitty* 4/89; Albrecht Hinze in *SZ*, 27. 1. 1989; Bodo Fründt in *SZ*, 18. 2. 1989; Gregor Dotzauer in *FAZ*, 28. 2. 1989.

INHALT: Berlin, 1946. Ein Grammofon auf einem Trümmergrundstück, ein Mädchen, das sich mit einem Ganoven einlässt, zwei Jungs, die auf dem Schwarzmarkt zum zweiten Mal geschnappt werden und im Bau landen. Zwei zwielichtige Gestalten gründen eine Immobilienfirma, beim

Rausgehen fragt einer den anderen: »Was sind denn Immobilien?« Es geht natürlich um eine Scheinfirma, und das Ganze ist nur Tarnung, klar. Ein Bankgebäude, ein Tingeltangel, Kneipe, Kino und Boxhalle unweit vom Alexanderplatz.

Ein Ganoventrio hat es auf einen Tresor abgesehen. Der ehemalige Marinekoch Graf kommt mit einem Plan, der arbeitslose Kriminelle Lubowitz organisiert die Sache und holt sich zur Ausführung den Profi Markward, der als atheistischer Grabprediger ein biederes Leben führt. Zur Tarnung mieten Graf und Lubowitz einen schäbigen Büroraum, gründen eine Scheinfirma und drehen in aller Gemütsruhe das Ding. Doch die Polizei hat schon Lunte gerochen, und Kommissar Kollmorgen, ein alter Sozi mit einem massiven Misstrauen gegenüber dem Kapital, verdächtigt den Bankdirektor. Als der sich als schuldlos erweist, notiert Kollmorgen das gelassen: »Nicht jeder Klassenfeind ist ein Kassendieb.«

ZUM FILM: Eine kleine Diebesgeschichte mit Neigung zum Anachronismus. Doch Wolfgang Kohlhaase und Frank Beyer sind Profis und Tüftler zugleich. In der Detailliebe, in den kleinen, feinen und sehr genauen Beobachtungen liegt die Würze: Jede einzelne der Dutzend Figuren hat ihr Eigenleben, ihre Persönlichkeit, ihren Pfiff. Der atheistische Grabprediger Markward mit Schalk in den Augen, der Halbprofi und trockene Witzbold Lubowitz und der schmalzige Galan Graf passen so gar nicht zusammen und schaffen den Coup mehr mit Glück als mit Verstand.

Nicht weniger unprofessionell sieht es bei der Polizei aus, die den Fall mehr zufällig löst.

1989

Zwei Frauen/Silent Like Glas
BRD
Regie: Carl Schenkel. *Drehbuch*: Bea Hellmann, Carl Schenkel. *Kamera*: Dietrich Lohmann. *Schnitt*: Norbert Herzner. *Musik*: Anne Dudley.
Darsteller: Jami Gertz (Eva), Martha Flimpton (Claudia), Bruce Payne (Dr. Behringer), Rip Torn (Dr. Markowitz), George Peppard (Herr Martin), Gayle Hunnicutt (Frau Martin), Dayle Haddon (Darlene), Therese Merritt (Schwester Wilson), Carin C. Tietze (Schwester Flannery), Jessica Kosmalla (Alison), Hannes Jaenicke (Ivanov).
Produktion: Bavaria/Roxy/Lisa. 103 Minuten.
Uraufführung: 6. 7. 1989.

BERICHT: Susanne Hengesbach in *KStA*, 15. 9. 1989.

INHALT: Der Film erzählt eine autobiografische Geschichte. Die junge Tänzerin Eva Martin bricht nach der Premiere auf der Bühne zusammen. Im Krankenhaus stellt man fest, dass sie an Krebs erkrankt ist. Hoffnung gibt es kaum mehr. Dort lernt sie die kauzige Claudia Jacobi kennen, die einen makabren Humor hat.

Sie ist an lymphatischer Leukämie erkrankt. »Ich dachte immer, dass man daran stirbt«, sagt Eva, als sie von Claudias Krankheit erfährt, und diese antwortet: »Tut man ja auch, ich tu seit Monaten nix anderes. Ich sterb und sterb und sterb. Aber so flott wie im Kino geht dat inner Wirklichkeit nich.«

ZUM FILM: Das Ganze ist eine Tragikomödie, in der es gelegentlich sehr heiter zugeht, doch die Heiterkeit ist eher Galgenhumor. Götz George hat die Autorin des Buches, Bea Hellmann, kennen gelernt und sah in ihrem Buch einen aufregenden Filmstoff, den er sofort Carl Schenkel erzählte. Gemeinsam haben sie sich später um das Projekt gekümmert und das Drehbuch entwickelt.
Götz George sollte ursprünglich die Rolle von Evas Vater (jetzt gespielt von George Peppard) übernehmen, doch die Dreharbeiten überschnitten sich mit Reinhard Hauffs BLAUÄUGIG, der in Argentinien gedreht wurde.

Blauäugig
BRD

Götz George in Reinhard Hauffs Film »Blauäugig«

Regie: Reinhard Hauff. *Drehbuch*: Dorothee Schön. *Kamera*: Hector Morini. *Schnitt*: Heidi Handorf. *Musik*: Marcel Wengler. *Regieassistent*: Peter Carpentier.
Darsteller: GÖTZ GEORGE (Johann Neudorf), Miguel Angel Sola (Daniel), Julio de Grazia (von Elz), Alex Benn (Alfredo), Alberto Segado (Gomez), Noemi Morelli (Ana), Haydee Padilla (Frau Garaguso), Walter Soubrie (Herr Garaguso), Monica Galan (Elena), Marta Cerain (Frau von Elz), Emilia Mazer (Laura).
Produktion: Eberhard Junkersdorf für Bioskop-Film. 87 Minuten.
Uraufführung: Filmfestspiele Venedig, 9. 9. 1989. *Kinostart*: 5. 10. 1989.

KRITIK: Hans Dieter Seidel in *FAZ*, 11. 9. 1989; Wolfram Schütte in *FR*, 11. 9. 1989; Josef Schnelle in *KStA*, 11. 9. 1989; Peter Buchka in *SZ*, 5. 10. 1989; Heike Kühn in *FR*, 5. 10. 1989; Milan Pavlovic in *KStA*, 7. 10. 1989; Mirko Weber in *Die Welt* , 10. 10. 1989; Claudius Seidl in *Die Zeit*, 20. 10. 1989.

INHALT: Johann Neudorf heißt eigentlich Hanus Novak. Durch Zwangsadoption bei deutschen Eltern entkommt er dem Naziterror. Nach dem Krieg emigriert er nach Argentinien und wird dort unter seinem deutschen Namen ein erfolgreicher Geschäftsmann mit den besten Kontakten zur Wirtschaft und zu den Militärs. Den Terror der Militärjunta in den späten Siebzigerjahren will er so lange nicht wahrhaben, bis eines Tages seine schwangere Tochter entführt und kurz darauf ermordet wird. Das Kind hat sie noch zur Welt gebracht, aber niemand weiß, wo es ist.

Während sich Johann auf die Suche macht, wird er von Daniel, dem Freund seiner Tochter, als Fluchthelfer benutzt und somit für die Militärs als Subversiver eingestuft. Alfredo, sein eigener Sohn, der als Offiziersanwärter auf der anderen Seite steht, wird zum Verräter an Daniel und mitschuldig, als dieser erschossen wird. Johann wird gefangen genommen und in geheime Lager verschleppt, wo er den Folterungen nur durch alte Kontakte entkommen kann.

Wieder auf freiem Fuß, zeigt Johann, dass er die Situation verstanden hat. Er beginnt mit eiserner Energie auf eigene Faust gegen Unrecht und Terror zu kämpfen.

1991

Schtonk!
BRD

Regie: Helmut Dietl. *Drehbuch:* Helmut Dietl, Ulrich Limmer. *Kamera:* Xaver Schwarzenberger (Scope). *Schnitt:* Tanja Schmidbauer. *Musik:* Konstantin Wecker. *Ausstattung:* Götz Weidner, Benedikt Herforth.
Darsteller: GÖTZ GEORGE (Hermann Willié), Uwe Ochsenknecht (Fritz Knobel), Christiane Hörbiger (Freya von Hepp), Rolf Hoppe (Karl Lentz), Dagmar Manzel (Biggi), Veronica Ferres (Martha), Rosemarie Fendel (Frau Lentz), Karl Schönböck (Professor Strasser), Harald Juhnke (Kummer, Ressortleiter), Ulrich Mühe (Dr. Wieland, Verlagsleiter), Martin Benrath (Uwe Esser, Chefredakteur), Hermann Lause (Kurt Glück, Chefredakteur), Georg Marischka (Von Klantz), Peter Roggisch (SS-Obersturmbannführer), Andreas Lukoschik (Knopp, Buchhalter), Thomas Holtzmann (Cornelius, Notar), Hark Bohm (Pfarrer), Fritz Lichtenhahn (Gutachter, Schweiz), Wolfgang Menge (Gutachter, London), Willy Harlander (Grenzbeamter).
Produzenten: Günter Rohrbach, Helmut Dietl. *Produktion:* Bavaria Atelier GmbH. 115 Minuten.
Uraufführung: 12. 3. 1992.

Götz George in »Schtonk!«

KRITIK: *Stern*, 26. 9. 1991; *Zoom* 5/1992; Alfred Holighaus in *tip* 6/1992; H.G. Pflaum in *SZ*, 11. 3. 1992 (Interview mit H. Dietl), 12. 3. 1992; Helmut Schmitz in *FR*, 12. 3. 1992; Ponkie in *AZ*, 12. 3. 1992; Günter Jurczyk in *StZ*, 12. 3. 1992; Helmut Schödel in *Die Zeit*, 13. 3. 1992; Brigitte Desalm in *KStA*, 14. 3. 1992.

ZUM FILM: Eine Komödie um die legendären Hitler-Tagebücher im *Stern*. Ein Fälscher und ein Reporter »entdecken« die Tagebücher Adolf Hitlers und schlagen aus diesem Knüller so lange Kapital, bis ihre Karrieren mit lautem Knall im Knast enden.

INHALT: Schon als Knabe im zerbombten Berlin entdeckt Fritz Knobel, wie leicht man gute Geschäfte mit Leicht- und Gutgläubigen machen kann. Er dreht GIs Führer Memorabilien an, die freilich von ihm selbst fabriziert sind. Aus dem kleinen Fritz wird der Kunst- und Antiquitätenhändler »Professor Dr. Knobel«, der in einem schwäbischen Dorf an Fälschungen aller Art werkelt, ohne allerdings daraus auch richtig Kapital schlagen zu können. Dabei gelingt dem »künstlerischen Multitalent« ein Gemälde von Toulouse Lautrec genauso gut wie eines von Adolf Hitler.

Als Knobels Ehefrau Biggi ihm nicht mehr Modell stehen will, findet er in der drallen Kellnerin Martha bald eine neue Muse. Mit zwei Geliebten hat auch Hermann Willié, von Geldnöten geplagter Reporter der Illustrierten »HH-press«, zu tun: Die eine ist ein ziemliches Wrack, heißt »Carin II« und war einst stolze Yacht von Hermann Göring. Die Zweite ist auch nicht mehr taufrisch, heißt Freya von Hepp und ist die Nichte des besagten Reichsmarschalls.

Bei einem Nähmaschinen-Fabrikanten, der anlässlich von Hitlers Geburtstag zu einem »Kameradschaftsabend« lädt, begegnen sich Knobel und Willié. Das Verhängnis nimmt seinen Lauf, denn Knobel präsentiert gerade ein geheimes Tagebuch des Führers, das er selber produziert hat. Willié wittert eine Weltsensation, öffnet bei seinem Verlag die Geldhähne, während Knobel Schwerstarbeit leistet und das Gesamtmachwerk seines Lebens schafft. Als die Hitler-Tagebücher einer erstaunten Öffentlichkeit präsentiert werden, sieht sich Willié auf dem Höhepunkt seiner Karriere. Allerdings nicht lange.

»Und da hast du dann so etwas wie die Arbeit mit Helmut Dietl bei SCHTONK!. Das ist eine Sternstunde, so etwas kriegst du wirklich nur alle zehn Jahre, einen solchen Regisseur! Die Arbeit war so gewaltig. Wir haben ja wirklich keine Komödienregisseure, und das ist der Dietl. Der Letzte, an den ich mich noch erinnern kann, war Kurt Hoffmann.

Und Helmut Dietl ist eine ganz andere, politisch ausgerichtete Begabung. Wenn du das Glück hast als Schauspieler, in die Hände eines solchen Regisseurs zu kommen, und wenn der dich noch mag, dann hast du für einen Moment ein ungeheueres Glücksgefühl und wirst am Ende in eine fürchterliche Grauzone zurückgeschmissen, wenn du wieder ins Fernsehen zurückkehrst, und du bist tief irritiert, weil alles im Grunde nicht funktioniert.« (G. G.)

1993

Ich und Christine
BRD

Regie/Drehbuch: Peter Stripp. *Kamera*: Peter Brand. *Schnitt*: Silvia Hebel. *Musik*: Karl-Heinz Wahren.
Darsteller: GÖTZ GEORGE (Bruno), Christiane Paul (Christine), Daniel Morgenroth (Clemens), Jutta Speidel (Luzie), Peter Fitz (Hotte), Maximilian Wigger (Egon), Nina Petri (Silvia).
Produktion: Manfred Durniok/WDR. 92 Minuten.
Uraufführung: 2. 9. 1993.

KRITIK: *tip* 19/1995; Dorothee Nolte in *Der Tagesspiegel*, 16. 9. 1993; Angela Schmitt-Gläser in *FR*, 17. 9. 1993; Fritz Göttler in *SZ*, 20. 9. 1993.

INHALT: Die Radio-Popsängerin Christine lebt mit einem gleichaltrigen Juristen zusammen, will aber ihre Freiheit nicht zu Lasten einer stumpfen Zweierbeziehung verkümmern lassen. Da verliebt sie sich eines Tages in den weitaus älteren Betonmischerfahrer Bruno ...

ZUM FILM: »Only you? Ein Mädchen, das einem unversehens vor den Kühler purzelt, damit fängt es also an, auf einer Straße im Stoßverkehr, mitten in der Stadt: Sommer in der City, der Ozonhimmel über Berlin. Die Menschen sind gereizt und erregt – ein Wetter für Wunscherfüllungen aller Art; genau das richtige Klima für all jene Ereignisse, die das ganze Leben verändern und Träume Wirklichkeit werden lassen … (Fritz Göttler)

1993/94

Die Sturzflieger
BRD

Regie: Peter F. Bringmann. *Drehbuch*: Matthias Seelig. *Kamera*: Frank Brühne. *Schnitt*: Annette Dorn. *Musik*: Paul Vincent Gunia. *Ausstattung*: Götz Heymann.
Darsteller: Ingo Naujoks (Rio Kowalski), GÖTZ GEORGE (Replikant Max), Anja Kling (Angie), Michael Markfort (Spike), Michael Habeck (Nelson Lee), Andreas Kunze (Mann am Totalisator), Robert Fasser (Drago), Paulus Manker (Garcia), Sigo Lorfeo (Luigi), Andras Friscay Kali Son (Gibson), Peter Clös (Redner).
Produzent: Günter Rohrbach. *Produktion*: Bavaria Atelier GmbH/ZDF/Taurus. 104 Minuten.
Uraufführung: 14. 12. 1995.

Ingo Naujoks und Götz George in »Die Sturzflieger«

KRITIK: Frank Arnold in *tip* 26/1995; W.O.P. Kistnmer in *AZ*, 14. 12. 1995; Susanna Nieder in *Der Tagesspiegel*, 14. 12. 1995; to ub in *TAZ*, 14. 12. 1995; Angela Schmitt-Gläser in *FR*, 14. 12. 1995; lm (= Brigitte Desalm) in *KStA*, 16. 12. 1995.

INHALT: Wenn er nicht zufällig den letzten Funkspruch des abstürzenden Raumtransporters »Titanus« aufgefangen hätte, dann würde Rio Kowalski noch heute polnischen Whisky und zweitklassige Pornos in entlegene Weltraumstationen schmuggeln. Max hätte noch beide Ohren, und Angie wäre vermutlich an der Woodward-Bridge ausgestiegen – aus Rios Shuttle und aus seinem Leben.

ZUM FILM: Beim Kinostart stürzten DIE STURZFLIEGER ab. Das Weltraum-Road-Movie war ein Flop.

1995

Der Totmacher

BRD

Regie: Romuald Karmakar. *Drehbuch*: Romuald Karmakar und Michael Farin, nach Protokollen der gerichtspsychiatrischen Untersuchung. *Kamera*: Fred Schuler. *Schnitt*: Peter Przygodda. *Musik*: »Ich hatt' einen Kameraden« von Fritz Baumann und Orchester. *Komponist*: Friedrich Silcher. *Ausstattung*: Toni Lüdi. *Regieassistenz*: Doris Wedemeier.
Darsteller: GÖTZ GEORGE (Fritz Haarmann), Jürgen Hentsch (Professor Dr. Ernst Schultze), Pierre Franckh (Stenograf), Hans-Michael Rehberg (Kommissar Rätz), Matthias Fuchs (Dr. Machnik), Marek Harloff (Fürsorgezögling Kress), Christian Honholf (Wärter Schwaimler).
Produzenten: Thomas Schühly, Romuald Karmakar. *Produktion*: Pantera Film GmbH/WDR/Südwestfunk. 114 Minuten.
Uraufführung: 23. 11. 1995.

KRITIK: *Zoom* 1/1996; Peter Buchka in *SZ*, 22. 3. 1995; Michael Althen in *SZ*, 23. 3. 1995; Harald Martenstein in *Der Tagesspiegel*, 1. 9. 1995; Milan Pavlovic in *KStA*, 11. 9. 1995; Peter Körte in *FR*, 20. 11. 1995; Ruprecht Skasa-Weiß in *StZ*, 22. 11. 1995; Brigitte Desalm in *KStA*, 23. 11. 1995; Ponkie in *AZ*, 23. 11. 1995.

INHALT: Fritz Haarmann sitzt in der Provinzial-Heil- und Pflegeanstalt Göttingen dem Psychiater Professor Ernst Schultze gegenüber. Es ist August 1924. In diesem Jahr entsteht Friedrich Wilhelm Murnaus Film DER LETZTE MANN, der Österreicher Adolf Hitler wird wegen Hochverrats angeklagt, Haarmann gesteht, 24 junge Männer ermordet und zerstückelt zu haben. In der sechswöchigen Untersuchung geht es um die Zurechnungsfähigkeit des Täters.

ZUM FILM: In Karmakars dokumentarischem Spielfilm werden die Figuren und Fakten wirklichkeitsgetreu nachgestellt. Die Grundlage des Drehbuchs sind die Protokolle der Untersuchung. Außer Haarmann und Schultze ist noch ein Stenograf anwesend, gelegentlich treten andere Personen auf: ein Kommissar, ein Arzt und ein Wärter. Ort der Handlung ist: ein karger hoher Raum mit Holztisch, das Licht einer Lampe fällt auf den fast leeren Tisch. Die Personen Haarmann und Schultze repräsentieren zwei Seiten der deutschen Gesellschaft. Auf der einen Seite der ruhig und neutral wirkende Bürokrat Dr. Schultze, der die Fragen stellt, und Haarmann (Götz George), der zugleich listig und aufrichtig ist.
Die ersten Fragen sollen Auskunft darüber geben, wer sein Gegenüber ist. Wo war sein Platz unter den Menschen, was weiß er vom Leben und den Menschen um sich herum, was von der Welt, in die er hineingeboren wurde, in der er aufwuchs? Fragen über die Geschichte, den Kaiser, den Ersten Weltkrieg, die Stadt Berlin, die Städte Hamburg, Lübeck, Bremen, über »den« Fluss Rhein. Haarmann weiß et-

Götz George in Romuald Karmakars Film
»Der Totmacher«

was vom Kaiser, für ihn gibt es diesen Schutz immer noch. Die Änderung zu einer Republik hat er nicht wahrgenommen. Der Rhein ist für ihn ein deutscher Fluss, und dass die drei Städte Hansestädte sind, weiß er wiederum nicht, denn jede Stadt ist für ihn das, was sie ist. Die Fragen stellen Bezüge her und Haarmann wird für den Betrachter allmählich zu einer Figur, die immer genauer und präziser in einem sozialen Umfeld steht.
Die Kameraeinstellungen erarbeiten hier ganz besondere Wirkungen. Mal ist sie starr, dann umkreist sie den Menschen Haarmann. Ganz unterschiedlich wird das Gesicht ausgeleuchtet, mal werden die sich regenden kleinen Runzeln um die Augen fokussiert, mal werden die Hände ins Visier genommen, die auf den Tisch klopfen, oder mal ist es die schelmische Mimik, mit der er den Professor nachzuahmen versucht. Wenn jener etwa sein Wasserglas mit einem Stück Papier abdeckt, tut Haarmann das auch. Damit versucht er ein klein wenig Aufmerksamkeit auf sich zu lenken. Dadurch wird eine eigenwillige Spannung erzeugt, die im Raum spürbar wird. Er spricht von seiner Braut, die ihn verlassen hat, weil sie glaubt, das alles nicht passiert wäre, wenn sie dagebliehen wäre.
Karmakar entwirft mit den Fragen und Antworten und dadurch, wie er sie platziert, ein eindringliches Bild von dem bis ins Detail gehorsamen und folgsamen Haarmann, der ebenso von den Verboten in der Bibel weiß, von den Gesetzen, vertreten von der Polizei und dem Staat. Haarmann ist sehr genau in der Befolgung der Regeln und der Ordnung, er ist einer, der immer Liebe gefordert hat und einer, dem es oft schlecht gegangen ist.
Karmakar erzählt das nüchtern, lässt Haarmann beschreiben, wie er mit den einzelnen Leichenteilen fertig geworden ist, wie ihn auf erschreckende Weise die Tätigkeit des Totmachens vergessen lässt, dass es sich um Menschen, um menschliche Körper handelt, die er da zerstückelt hat. »Der Augenblick des Tötens kam über mich«, sagt Haarmann. Eine akribische Beschreibung einer Figur. Haarmann war nicht einer, der außerhalb der Gesellschaft steht, sondern er war ein ganz normaler Teil der Gesellschaft. Er ist einer, der in seinem Denken, in seinem Funktionieren und in

seiner Suche nach Anerkennung für Momente ausgeruht, ja glücklich sein kann.

Es ist eine hervorragende Leistung, wie Götz George diese Figur Haarmann erarbeitet, nuancenreich in den kleinsten Bewegungen des Körpers, der Mimik und der Sprache. Präsenz, Präzision bis in die Fingerspitzen und die Mundwinkel. Leidend, unterwürfig, dann wieder überheblich. Facetten eines Menschen, der ein Monstrum sein müsste, aber nichts davon erkennen lässt. Eine dramaturgisch hervorragende Leistung Karmakars.

1996

Rossini oder die mörderische Frage, wer mit wem schlief

BRD

Regie: Helmut Dietl. *Drehbuch*: Helmut Dietl, Patrick Süskind. *Kamera*: Gernot Roll. *Schnitt*: Inez Regnier. *Musik*: Dario Farina.

Darsteller: Veronica Ferres (Schneewittchen), Jan Josef Liefers (Bodo Kriegnitz), Meret Becker (Zillie), Joachim Król (Jakob Windisch), Martina Gedeck (Seraphina), Mario Adorf (Paolo Rossini), GÖTZ GEORGE (Uhu Zigeuner), Gudrun Landgrebe (Valerie), Heiner Lauterbach (Oskar Reiter), Hannelore Hoger (Charlotte Sanders), Armin Rohde (Dr. Sigi Gelber), Hilde Van Mieghem (Fanny Zigeuner).

Produzenten: Helmut Dietl, Norbert Preuss. *Produktion*: Diana Film/Fanes Film/BA Film/Bavaria Atelier GmbH. 114 Minuten.

Uraufführung: 23. 1. 1997 (München).

KRITIK: Urs Jenny in *Der Spiegel*, 4/1997; Volker Gunske in *tip* 2/1997; *Zoom* 4/1997; Michael Althen in *SZ*, 22. 1. 1997; Rupert Kopold in *StZ*, 22. 1. 1997; Helmut Wilmes in *KR*, 22. 1. 1997; Hans-Dieter Seidels in *FAZ*, 23. 1. 1997; Peter Körte in *FR*, 23. 1. 1997; Kolja Mensing in *TAZ*, 23. 1. 1997; HRB in *RP*, 24. 1. 1997; Andreas Kilb in *Die Zeit*, 24. 1. 1997; Tobias Kniebe in *SZ*, 12. 2. 1997; Brigitte Desalm in *KStA*, 25. 1. 1997, 12. 2. 1997; Hans Joachim Neumann in *Zitty*, 2/1997.

INHALT: Allabendlich präsentiert sich ein ähnliches Bild in dem italienischen Restaurant »Rossini«, wo sich Regisseure, Produzenten und Schauspieler treffen. Es werden kleine Schlachten um die neuesten Filmprojekte geschlagen, Stars gemacht und vernichtet. Daneben wird gelacht, geweint, geliebt und gehasst.

ZUM FILM: Einer der erfolgreichsten deutschen Filme der Neunzigerjahre mit einem hervorragenden Ensemble; über drei Millionen Kinozuschauer, über acht Millionen Fernsehzuschauer bei der Erstausstrahlung.

1998

Das Trio

BRD

Regie: Hermine Huntgeburth. *Drehbuch*: Horst Sczerba, Volker Einrauch, Hermine Huntgeburth. *Kamera*: Martin Kukula. *Schnitt*: Renate Merck. *Musik*: Niki Reiser. *Ausstattung*: Katharina Woppermann. *Kostüme*: Peri de Braganca.

Darsteller: GÖTZ GEORGE (Zobel), Jeanette Hain (Lizzi), Felix Eitner (Rudolf), Christian Redl (Karl), Angelika Bartsch (Dorothee) Willi Thomczyk (Motorradpolizist), Uwe Rohde (Bahnpolizist), Husam Chhadad (Junge in Disco), Herbert Diebig-Schmiedefeld (Mann mit Strohhut), Georg Lenzen (Mann mit Brille), Hans Fischer (Mann im Aufzug), Norbert Heisterkamp (Hüne), Daniel Könner (Boxer), Jennifer Ostermann (Kind), Heinrich Müller (Garagenchef); als Gäste: Armin Rohde (Horst), Tana Schanzara (Wirtin), Ernst Hilbich (Schaffner).

Produzenten: Laurens Straub, Pia Frankenberg. *Produktion*: Next-Film. 101 Minuten.

Uraufführung: 27. 1. 1998 (Max-Ophüls-Festival).

Kinostart: 29. 1. 1998.

KRITIK: Peter Körte in *FR*, 28. 1. 1998; Stefan Stosch in *Hannoversche Allgemeine*, 28. 1. 1998; Gregor Dotzauer in *SZ*, 29. 1. 1998; Kerstin Decker in *Der Tagesspiegel*, 29. 1. 1998; Ponkie in *AZ*, 29.1.1998; HRB in *RP*, 30. 1. 1998; Frauke Hanck in *RP*, 30. 1. 1998; Brigitte Desalm in *KStA*, 31. 1. 1998; Thomas Linden in *KR*, 31. 1. 1998; Gerald Jung in *Zitty*, 3/1998.

INHALT: Lizzi lebt mit ihrem Vater und seinem Freund in einer Wohngemeinschaft. Sie leben zusammen und sie stehlen auch zusammen. Der Vater, verkleidet als Blinder, rempelt immer die Leute an, Lizzi beklaut sie währenddessen und gibt die Beute an den Freund des Vaters weiter.

Solo für Klarinette

BRD

Regie: Nico Hofmann, *Drehbuch*: Susanne Schneider, nach dem Roman von Else Lewin. *Kamera*: Hans Günter Bücking *Schnitt*: Inge Behrens. *Musik*: Nico Glowna.

Darsteller: GÖTZ GEORGE (Bernhard Kominka), Corinna Harfouch (Anna Weller), Tim Bergmann (Freddie Bahlo), Barbara Auer (Lydia), Tobias Schenke (Theo), Christian Redl (Thomas Hecht), Katharina Thalbach (Louise Bethmann), Barbara Rudnik (Johanna Steinmann), Dietmar Mues (Georg Steinmann), Walter Kreye (Simon Weller), Mavie Hörbiger (Emmi), Nikolaus Paryla (Frieder Haug), Miranda Condic (Jolantha), Daniela Ziegler (Dörte), Nicole Heesters (Frau Jentsch), Saskia Vester (Coco), Marion Reuter (Frau Farber), Heinrich Schafmeister (Pathologe), Janusz Cichocki (Pole), Jochen Busse (Laichinger).

Produktion: Regina Ziegler Film für PRO7.

Uraufführung: 8. 10. 1998.

KRITIK: Volker Gunske in *multimedia*, 11/1998; Peter Ko-
berger in *BF* 32/1998; Peter Körte in *FR*, 14. 10. 1998; Norbert Grob in *Die Zeit*, 15. 10. 1998; Jan Schulz-Ojala in *Der
Tagesspiegel*, 15. 10. 1998; H. G. Pflaum in *SZ*, 15. 10. 1998;
HRB in *RP*, 16. 10. 1998; Hartmut Wilmes in *KR*, 17. 10.
1998; Brigitte Desalm in *KStA*, 17. 10. 1998; Rupert Kopold
in *StZ*, 15. 10. 1998.

INHALT: Der brave Polizist Kominka verliebt sich nach zer-
rütteter Ehe in die seltsame Anna Weller just in dem Moment, als er mit seinem Kollegen in einer brutalen Mord-
sache ermittelt. Doch die wundersam intensive Liebe endet
in einer verzweifelten Erkenntnis …

»In einem düsteren Wohnviertel wird ein grausames
Verbrechen begangen. Ein Mann liegt in seinem Blut, eine
Klarinette, mit der ihm der Schädel zertrümmert wurde. Der
abgebissene Penis lässt auf eine Täterin schließen, doch erste Ermittlungen bestätigen das nicht. SOLO FÜR KLARINETTE
ist ein ungewöhnlicher deutscher Film.

Atmosphäre und Klima erinnern an Ridley Scotts BLADE
RUNNER, aber auch an Sydney Pollacks YAKUZA, doch es ist
auch ganz ein deutscher Film. Das bringt vor allem die
Hauptfigur ein. Der Film erzählt viel in den Bildern. Enge
wird oft für den Zuschauer spürbar, wie Körper und Wände
– da denkt man unwillkürlich an Nagisa Oshima (NACKTE
JUGEND, IM REICH DER SINNE) – sich fast zusammenschieben
…« (Nico Hofmann)

1999

Nichts als die Wahrheit/After the Truth

Regie: Roland Suso Richter. *Drehbuch*: Johannes W. Betz,
nach dem Originaldrehbuch von Christopher und Kathleen
Riley. *Kamera*: Martin Langer. *Schnitt*: Peter Adam. *Musik*:
Harald Kloser.
Darsteller: Kai Wiesinger (Peter Rohm), GÖTZ GEORGE (Jo-
sef Mengele), Karoline Eichhorn (Rebecca Rohm), Doris
Schade (Hilde Rohm), Peter Roggisch (Heribert Vogt),
Bastian Trost (Felix Hillmann), Stephan Schwartz (Daniel
Ginsberg), Peter Rühring (Dr. Füglein).
Produzenten: Werner König, GÖTZ GEORGE, Edward R.
Pressmann. *Produktion*: Helkon/Studio Babelsberg. 128 Mi-
nuten.

KRITIK: Jörg Kruse in *SZ*, 17. 9. 1999; RRH in *Filmecho/
Filmwoche*, 35/1999; evo in *BF*, 33/1999; Gerda-Marie
Schönfeld in *Stern*, 39/1999; Jan Schulz-Ojala in *Der Tagesspiegel*, 22. 9. 1999; Hans-Georg Rodek in *Die Welt*, 22. 9.
1999; Ponkie in *AZ*, 23. 9. 1999; Martin Schweikert in *FNP*,
23. 9. 1999; Veronika Rall in *FR*, 23. 9. 1999; Michael Althen in *SZ*, 23. 9. 1999; Thomas Klingenmaier in *StZ*, 23. 9.
1999; Niklaus Hablützel in *TAZ*, 23. 9. 1999; HRB in *RP*, 24.
9. 1999; Brigitte Desalm in *KStA*, 25. 9. 1999; Volker Gunske in *tip*, 20/1999.

Götz George in der Rolle des Dr. Josef Mengele
»Nichts als die Wahrheit«

INHALT: Der Film erzählt den (fiktiven) Prozess vor einem
deutschen Gericht gegen den berüchtigten KZ-Arzt Josef
Mengele und die bravouröse Leistung seines Anwalts, der
sich schließlich gegen seinen Mandanten stellt.

ZUM FILM: »… Schon im Vorfeld sorgte diese Produktion
für Schlagzeilen, weil Kai Wiesinger und Götz George nicht
nur ihre Gagen zurückgestellt, sondern sich auch an der Finanzierung beteiligt haben. Ihr Vertrauen in die Geschichte
und Regisseur Roland Suso Richter haben sich gelohnt.
AFTER THE TRUTH ist zweifellos der mutigste deutsche Film
der vergangenen Jahre, der die Frage nach Schuld und Sühne, nach Wahrheit und Gerechtigkeit eindrucksvoll in einen
gesellschaftlichen Kontext einbettet.« (Volker Gunske)

Roland Suso Richters disziplinierte Regie und Götz Georges distanzierte, genaue Darstellung des Mengele machen
klar: Diese in der Mischung aus physischem Zerfall und un-
geheurer Vitalität und Affektiertheit sich bewegende Figur
verliert nie ihre Schrecklichkeit und Dämonie; obwohl Res-
te von Menschlichkeit durch die starre Maske von Augen
und Stimme herübergerettet werden, wird jeder Anflug von
Mitgefühl und Mitleid von der Ungeheuerlichkeit und Ei-
seskälte der durch und durch kalkulierten Auftritte abgetö-
tet. Wo bei Rudolf Höß und Fritz Haarmann noch Empfinden durchschimmern konnte, wird dieser Haarmann bei
jedem Luftzug zu klirrendem Eis.

Nicht Bedürfnis nach Gerechtigkeit oder Eingeständnis
von Schuld ist das Motiv des Monsters von Auschwitz, sondern übertriebene Geltungssucht: Mengele will sich von allen Vorwürfen reinwaschen und die Verhältnisse, den Stand
der Wissenschaft, seine Forschungen für seine Taten verantwortlich machen. Darüber hinaus will er sich als Humanist
und Menschenfreund herausstellen: er habe durch seine Li-
quidierungen Schmerzen und Qualen gelindert, habe Menschen unheimliches Leid erspart!

»Ich habe 1977 den Lagerkommandanten von Auschwitz, Rudolf Höß, in Theodor Kotullas Film AUS EINEM
DEUTSCHEN LEBEN gespielt und 1995 den Kindermörder

Fritz Haarmann in Romuald Karmakars DER TOTMACHER. Historische Figuren gehören ja überhaupt zum Repertoire eines Schauspielers.« (G. G.)

2001

Viktor Vogel – Commercial Man

Regie: Lars Kraume. *Drehbuch*: Thomas Schlesinger, Lars Kraume. *Kamera*: Andreas Doub. *Schnitt*: Benjamin Hembus. *Musik*: Robert Meyer.
Darsteller: Alexander Scheer (Viktor Vogel), GÖTZ GEORGE (Eddie Kaminsky), Chulpan Khamatova (Rosa), Vadim Glowna (Werner Stahl), Maria Schrader (Johanna von Schulenberg), Julien Lamborschini (Heckel), Hans Löw (Boller).
Produzent: Andrea Willson. *Produktion*: Von Vietinghoff/ Deutsche Columbia TriStar/UIP. 107 Minuten.
Uraufführung: 12. 4. 2001.

KRITIK: Thilo Wydra in *Filmecho/Filmwoche*, 13/2001; Annette Kilzer in *tip*, 8/2001; Hans-Joachim Neumann in *Zitty*, 8/2001; Bärbel Schnell in *Bonner Generalanzeiger*, 12. 4. 2001; André Wesche in *Mitteldeutsche Zeitung*, 12./13. 4. 2001; HRB in *RP*, 12. 4. 2001; aster in *SZ*, 12. 4. 2001; cha in StZ, 12.4.2001; Jan Schulz-Ojala in *Der Tagesspiegel*, 12./13. 4. 2001; Sascha Westphal in *Die Welt* , 12. 4. 2001; ver in *KR*, 14./16. 4.2001; Mp (= Milan Pavlovic) in *KStA*, 14./16. 4. 2001; *epdFILM*, 5/2001.

INHALT: Viktor Vogel ist ein recht beherztes Bürschchen. Der clevere Junge mit dem unscheinbaren Aussehen und einer erstaunlichen Wirkung auf Frauen hat sich eine ganz große Karriere in den Kopf gesetzt. Ausgerechnet bei »Brainstorm«, dem renommierten Werbe-Giganten, bewirbt er sich als Art Director. Doch offensichtlich fehlte ihm dafür die richtige Lobby, denn seine zahlreichen Bewerbungsbriefe blieben unbeantwortet.

Der Misserfolg indes zwingt Viktor nicht in die Knie, sondern er findet einen Trick, zu einem Vorstellungsgespräch eingeladen zu werden. Und da der Marketing-Chefin von Opel (Maria Schrader) die Firmencrew gar nicht und der forsche Grünschnabel dagegen sehr imponierte, hatte Viktor gleichzeitig eine gute und eine schlechte Voraussetzung für eine berufliche Zukunft.

Er kriegt den Job, aber nur mit Zähneknirschen der »Brainstorm«-Leute, denn die bisherigen Manager der Firma, Eddie Kaminsky (Götz George) und Werner Stahl (Vadim Glowna), fühlen sich durch den Alleingang des Jungen ganz schön hinters Licht geführt und versuchen alles, ihn irgendwie kaltzustellen. Die Anfeindungen seiner Chefs jedoch ist eine Sache, sein eigener Übereifer eine andere.

Mit seiner neuen Freundin Rosa hat er sich darüber hinaus ein besonderes Ding geleistet. Er lockte voreilig Frau von Opel mit einer Werbekreation, die Rosa entwickelt und mit der sie bereits feste Pläne hatte. Wie will der vorschnelle Viktor damit wohl zurecht kommen?

ZUM FILM: Zugegeben – manches an dieser Story ist konventionell und ohne große Einfallskraft, und auch die Tatsache, dass ein solches Hemdchen wie Viktor Vogel als Werbechef überhaupt eine Chance hat, ist schon etwas seltsam. Der Film belegt über Strecken nur, dass sich Autor-Regisseur Lars Kraume in der Werbebranche sehr gut auskennt. Sieht man davon ab, ist die Story bei all ihrer Unglaubwürdigkeit unterhaltsam und spannend, und das wiederum zeigt, dass Produzentin Andrea Willson, die mit ihrer ersten deutschen Film ANATOMIE einen beispiellosen Kinoerfolg verbuchen konnte, ein Geschick im Umgang mit Kinostoffen hat. Was den Film aber seinen Unterhaltungswert garantiert, sind vor allem die Schauspieler: Vadim Glowna war lange nicht mehr so gut wie hier als Firmenchef, Titeldarsteller Alexander Scheer, der bereits als Mischa in der SONNENALLEE Millionen Zuschauer begeisterte, verblüfft in seiner unkonventionellen Spielweise immer wieder und ist gemeinsam mit der Tatarin Chulpan Khamatovo als Rosa eine der Säulen dieses Films. Sie ist Kinozuschauern bereits seit Khudojnazarovs LUNA PAPA bekannt.

Schließlich die Rolle des optimistischen Losers Eddie, die Götz George auf den Leib geschneidert ist. Sie passt nahtlos in die Reihe der komödiantischen Charakterrollen wie Graf in Frank Beyers DER BRUCH, Hermann Willié aus Helmut Dietls SCHTONK!, Uhu Zigeuner in Dietls ROSSINI und Zobel in Hermine Huntgeburths DAS TRIO.

2002

Gott ist tot

Regie/Drehbuch: Kadir Sözen. *Kamera*: Axel Block. *Schnitt*: Ulrike Leipold. *Musik*: Brings. *Ausstattung*: George Kuhn. *Kostüme*: Marion Siekmann. *Regieassistenz*: Astrid Miegel.
Darsteller: GÖTZ GEORGE (Heinrich); Markus Knüfken (Mike), Bastian Trost (Günni), Andreas Guenther (Ulli), Barbara-Magdalena Ahren (Gisela), Janna Striebeck (Petra), Michael Lott (Dotte), Bernd Tauber (Walter), Thomas Arnold (Peter), Günter Spörrle (Jupp), Karl-Heinz Dickmann (Fritz).
Produzent: Kadir Sözen. *Produktion*: Filmfabrik. 93 Minuten.
Uraufführung: 27. 10. 2002 (Hofer Filmtage).

ZUM FILM: Mit kleinen listigen Augen, schiefen Schultern, in abgerissener Kleidung, ist Heinrich einer, der so ganz und gar nicht dem gesellschaftlichem Kodex entspricht. Aber er begreift durchaus mehr von dem, was in unserer Gesellschaft an Vordergründigkeit, an Verdrängung geleistet wird, um eine so saubere und strahlende Fassade zu schaffen, vor der Menschen bereits zu Schemen werden. Mit strubbeligen Haaren, der Zigarre, den etwas ungelenken Bewegungen, ist er mit seinem Milieu verwurzelt.

Er lebt von der Stütze, weshalb ihm sein Wohnwagen, der zu ihm und seinem Lebensbild gehört, entzogen wird. Götz George bleibt ganz in dieser fast tumben Figur, in der er sich offensichtlich ganz wohl und behütet fühlt.

Fernseharbeiten

1957

Kolportage
SWF

Regie/Drehbuch: Hans Lietzau, nach dem Schauspiel von Georg Kaiser.
Darsteller: Hans Caninenberg (Graf James Stjernenhö), Eva Katharina Schultz (Karin Stjernenhö-Bratt), GÖTZ GEORGE (Erik, ihr Sohn), Traute Carlsen (Gräfin Stjernenhö), Josef Dahmen (Baron Barrenkrona), Eva Crüwell (Alice, seine Tochter), Fritz Eberth (Knut Bratt), Carsta Löck (Frau Appeblom), Dieter Ranspach (Acke, ihr Sohn).
Produktion: SWF für ARD. 75 Minuten.
Sendung: 25. 7. 1957 ARD, 27. 9. 1958 SWF.

1961

Alle meine Söhne
NDR

Regie/Drehbuch: Franz Peter Wirth, nach einem Bühnenstück von Arthur Miller. *Musik*: Rolf Unkel.
Darsteller: Paul Dahlke (Josef Keller), Alice Treff (Käthe Keller), GÖTZ GEORGE (Christian Keller), Robert Dietl (Georg Deever), Inken Dteer (Annie Deever), Herbert Bötticher (Dr. James Bayliss), Isolde Bräuner (Susie Bayliss), Ernst Konstantin (Paul Deever), Sascha Hehn (Bert).
Produktion: NDR für ARD. 95 Minuten.
Sendung: 25. 5. 1961 ARD.

1964

Wenn der Eismann kommt
SFB

Regie/Drehbuch: Günter Gräwert, nach dem Bühnenstück von Eugene O'Neill.
Darsteller: GÖTZ GEORGE, Rudolf Forster, Karl Lieffen, Bum Krüger.
Sendung: 1964 SFB.

Götz George mit Partnerin in »Wenn der Eismann kommt«

1965

Alle meine Söhne
ZDF (nach einer Aufführung der »bühne 64« im Stadttheater Marl)

Regie/Drehbuch: August Everding, nach dem Bühnenstück von Arthur Miller.
Darsteller: Rene Deltgen (Joe Keller), Alice Treff (Kate Keller), GÖTZ GEORGE. (Chris Keller), Loni von Friedl (Annie Deever), Wolfgang Forester (George Deever), Emil Stöhr (Dr. Jim Bayliss), Eva Landgraf (Sue Bayliss), Dieter Scheil (Frank Lubey), Juvita Dermota (Lydia Lubey), Detlev Melnitzki (Bett).
Produktion: ZDF. 115 Minuten.
Sendung: 20. 6. 1965 ZDF.

1967

Der Werbeoffizier
ZDF

Drehbuch: Robert Gillner, nach dem Lustspiel von Georg Farquhar.
Darsteller: GÖTZ GEORGE (Captain Plume), Hans Putz (Sergeant Kite).
Sendung: 3. 5. 1967 ZDF.

Peter Schlemihls wundersame Geschichte
ZDF

Regie: Peter Beauvais. *Drehbuch*: Harald Zusanek, nach Adalbert Chamisso. *Musik*: Hans-Martin Majewski.
Darsteller: GÖTZ GEORGE (Peter Schlemihl), Rudolf Platte (der Graue), Bruno Dallansky (Bendel), Erik Schumann (Raskal), Hans Quest (Forstmeister), Ruth Hellberg (seine Frau), Dagmar Heller (Mina), Eva Christian (Fanny), Leopold Biberti (Albert John), Thilo von Berlepsch (Rittmeister Poggwisch), Paul Löffler (Bürgermeister), Nikolaus Schilling (Kurdirektor), Heinz Ulrich (Körrelein), Henning Schlüter (Professor), Max Wittmann (Ladenbesitzer), Albert Lieven (Adalbert Chamisso), Kurt Buecheler (Eduard Hitzig).
Produktion: Willi Egger für das ZDF. 120 Minuten.
Sendung: 25. 12. 1967 ZDF.

1968

Match
ZDF

Regie: Wolfgang Becker. *Drehbuch*: Michel Fermaud. *Musik*: Gerhard Becker.
Darsteller: Loni von Friedl (Marie-Thérèse), GÖTZ GEORGE (André).
Produktion: Klaus Michael Kühn für TV Union, Berlin. 80 Minuten.
Sendung: 24. 7. 1968 ZDF.

Ein Jahr ohne Sonntag (Fernsehserie)

Drehbuch: Horst Pillau.

Darsteller: Karin Baal (Frau Sonntag), Edgar Bessen (Herbert), Kurt Blachy (Katharina Brauren), Hans Epskamp (Helga Feddersen), GÖTZ GEORGE (Herr Sonntag), Sigrid Hackenberg, Florian Halm (Florian), Karin Hardt (Oma), Gert Haucke (Richard Sonntag), Fritz Hellmann, Benno Hoffmann, Rolf Jahnke, Hans-Peter Korff, Heinrich Kunst, Konrad Mayerhoff, Karl-Ulrich Meves, Hans Musaeus, Witta Pohl, Joachim Richert, Paul Edwin Roth, Hedwig Schmitz, Friedrich Schütter, Hilde Sicks, Christa Siems, Albert Venohr.

1969

Spion unter der Haube

(Fernsehspiel in zwei Teilen)

ZDF

Regie: Günter Gräwert. *Drehbuch*: George Marton, Tibor Meray.

Darsteller: Paul Dahlke, Berta Drews, GÖTZ GEORGE, Martin Held, Louise Martini, Werner Peters, Sieghardt Rupp, Loni von Friedl, Rudolf Schündler.

Sendung: 25. und 27. 9. 1969 ZDF.

Kasbah

NMF

Regie: Wolfgang Becker.

Darsteller: GÖTZ GEORGE

1970

Tod einer Zeugin (aus der Reihe **Der Kommissar**)

ZDF

Regie: Zbynek Brynych. *Drehbuch*: Herbert Reinecker. *Kamera*: Manfred Ensinger. *Musik*: Herbert Jarczyk.

Darsteller: Erik Ode (Kommissar Keller), Günther Schramm (Grabert), Fritz Wepper (Klein), Reinhard Glemnitz (Heines), Emely Reuer (Helga Lauer), Helma Seitz (Frl. Rehbein), GÖTZ GEORGE (Wolfgang Karass), Werner Bruhns (Höfer), Wolfgang Spier (Bocholt), Joseph Vinklar (Senke), Klaus Dahlen (Harro Karass), Renate Roland (Hannelore), Hans Elwenspoek (Wirt), Tanja Lobbes (Anni), Claudia Bethge (Frau Senner).

Produktion: Klaus Stapenhorst für Neue Münchner Fernseh-Produktion. 60 Minuten.

Sendung: 6. 2. 1970 ZDF/ORF 1, 8. 9. 1971 DRS.

1971

11 Uhr 20 (Kriminalfilm in drei Teilen)

ZDF

Regie: Wolfgang Becker. *Drehbuch*: Herbert Reinecker. *Musik*: Peter Thomass. *Kamera*: Rolf Kästel.

Darsteller: Joachim Fuchsberger (Thomas Wassern), Gila von Weitershausen (Maria Wassern), Friedrich Joloff (Dr. Arnold Vogt), Christiane Krüger (Andrea), Werner Bruhns (Minotti), GÖTZ GEORGE (Muller), Karl Walter Diess (Brocca), Anthony Steel (Carlsson), Vadim Glowna (Lassowski), Konrad Georg (Herr Konrad), Arm Smyrner (Helga), Peter Carsten (Korska), Sema Öszan (Frau Brocca), Jochen Busse (Henk), Muzaffer Tema (Polizeioffizier), Bilal Inci (Kriminalbeamter), Nadja Tiller (Maja), Esther Ofarim (Miriam), Hans-Michael Rehberg (Schmoll), Paul Hoffmann (Johnston).

Produktion: Dieter Nobbe für Neue Münchner Fernsehproduktion. 60/70/70 Minuten.

Sendung: 1. MORD AM BOSPORUS, 8. 1. 1971; 2. FLUCHT IN DIE SAHARA, 9. 1. 1971; 3. TOD IN DER KASBAH, 11. 1. 1971 ZDF.

Blechschaden (aus der **Reihe Tatort**)

NDR

Regie: Wolfgang Petersen. *Drehbuch*: Herbert Lichtenfeld. *Kamera*: Jörg-Michael Baldenius.

Darsteller: Klaus Schwarzkopf (Kommissar Finke), Wolf Roth (Jessner, Assistent), Friedrich Schütter (Alvin Breuke, Bauunternehmer), Ruth-Maria Kubitschek (Frau Breuke), GÖTZ GEORGE (Joachim Seidel, Ingenieur bei Breuke), Volker Eckstein (Peter Reichert), Horst Stark (Wachtmeister Brinkmann), Dieter Traier (Wachtmeister Schult), Horst Beck (Waldhüter Sallner), Eva Astor (Monika Spehr), Monika Kaufmann (Inge, Seidels Freundin), Herbert A. E. Böhme (Vater Reichert), Günther Jerschke (Henk), Rudolf Beiswanger (Gärtner Schindler), Giulia Follina (Gerdi Vogt), Jens Weisser (Harald Lossmann), Jo Wegener (Hausangestellte Ida), Volker Bogdan (Tankwart), Walter Richter (Kommissar Trimmel).

Produktion: Dieter Meichsner/Karl-Heinz Knippenberg für NDR. 110 Minuten.

Sendung: 13. 6. 1971 ARD.

Diamantendetektiv Dick Donald (13-teilige Serie)

ZDF

Regie: Jürgen Goslar (1, 3, 5-8, 12, 13); Erich Neureuther (2, 4, 9-11). *Drehbuch*: Heinz Bothe Pelzer. *Kamera*: Hans Kühle. *Schnitt/Regieassistenz*: Anneliese Astelt. *Musik*: Erich Ferstl.

Darsteller: GÖTZ GEORGE (Dick Donald), Loni von Friedl (Daisy Johnson). 1.: Brian O'Shaughnessy (Jack Baroda), Bruce Anderson (Professor van Reensburg), Ute von Hasselstein (Helen Gardner); 2.: Max Angom (Andreas Minaar), Gillian Garlick (Delia), Gordon Mulholland (Delmare), Fred Jenkin (Floydt), Ronald Duncan (Jerry); 3.: Jimmy Mentis (Direktor Barclay, auch in 6.), June Neethling (Cora Dixon), Ivan Berold (Bill Donovan), Bernd Meyer (Henning); 4.: Hugh Rose (Mike O'Connell), Gabriel Baymann (Robert Nash), Vingo du Plessis (Mrs. Algard), Gerhard Steinberg (Mr. White); 5.: Olive Bodill (Nancy Gilmore), Jupp Jansen (Schaffner), Don Barrigo (Leslie Bradshaw), Jan Wienand (Frank Parry); 6.: Rio Ruiters (Bruce King),

Gordon van Roojen (Gregory), Stefan Schieder (Frank Pearson), Jimmy Mentis (Dirketor Barkley); 7.: Arthur Swemmer (Sir Henry, auch in 8.), Elaine Lee (Marion), Roberto Alessandri (Don Kingsley), Jan Gordon (Marcel), Cardew Robinson (Jamie), John Hayter (Perkins, auch in 8.); 8.: Tiny de Lange (Siska de Kleerk), Don Maquire (De Kleerk); 9.: Colin Fish (O'Bannion), Peter Tobin (Salvatore), Jaco van der Westhuisen (Gregori), Hannes Home (Hammerstag); 10.: Bill Brewer (Allan Clifford), Tony Wheeler (Charlie Rinquest), Kerry Jordan (Polizeimajor Garrett), Charles Vernon (Larry Scott); 11.: Hannelore Auer (Olivia Kent), Louis van Niekerk (James Powell), Piet Venter (Geoffrey Sharp), Carel Trichard (Sam Smiley); 12.: Fred Loehnen (Albert Godeke), Claudia Butenuth (Claudia Godeke), Patrick Mynhard (Clive Milton), Willie Steyn (Bill Murphy); 13.: Adrian Steed (Robert Milton), Tromp Terre Blanche (Labengro).*Produktion*: Karat-Film. 13 x 25 Minuten.

1. DUELL IN DER WÜSTE; 2. DER ASSISTENT; 3. DER STUMME ZEUGE; 4. TÖDLICHE STEINE: 5. BLUE TRAIN; 6. SCHÜSSE IN DER KALAHARI; 7. MACBANNISTERS WITWE; 8. AUSSTEIGEN VERBOTEN; 9. SPEZIALKOLLEKTION; 10. GROSSWILDJAGD; 11. DOPPELTES SPIEL; 12. IN DER WÜSTE OKANGAWA; 13. EIN MANN WIRD GEJAGT.

1972

Der Amoklauf (aus der Reihe Der Kommissar)
ZDF

Regie: Wolfgang Becker. *Drehbuch*: Herbert Reinecker.
Darsteller: Erik Ode (Kommissar), Günther Schramm (Grabert), Fritz Wepper (Klein), Ingrid Capelle (Frau Saume), Gerd Baltus (Weissmann), Krista Keller (Hannelore), GÖTZ GEORGE (Neumann), Elisabeth Wiedemann (Anneliese), Charles Regnier (Dr. Förster), Hans Quest (Saume), Lisa Helwig (Frau Ludwig), Hans Michael Rehberg (Gefängnisdirektor), Lambert Hamel (Taxifahrer), Rosl Mayr (Kellnerin), Helma Seitz (Fräulein Rehberg).
Produktion: Neue Münchner Fernsehproduktion. 60 Minuten.
Sendung: 2. 6. 1972 ZDF/ORF 1, 8. 8. 1973 DRS.

Der Illegale (Biografie eines Spions in drei Teilen)
ZDF
Regie: Günter Gräwert. *Drehbuch*: Henry Kolarz. *Kamera*: Horst Schier. *Musik*: Martin Böttcher.
Darsteller: GÖTZ GEORGE (Grunwaldt), Vera Tschechowa (Katharina), Gustav Knuth (Korotkow), Herbert Fleischmann (Nowak), Rolf Boysen (Mossewnin), Wolfgang Weiser (Michailoff), Friedrich Georg Beckhaus (Swetlakow), Hans Ulrich (Tschumakow), Herbert Fux (Klara), Philine Reiff (Helga), Heinz Meier (Leberecht), Klaus Hagen-Latwesen (der angebliche Sohn), Eva Kotthaus (Frau Leberecht), Rainer Penkert (Colonel Berthauld), Günter Mack (Rodenstock), Bibiane Zeller (Dora), Paul Dahlke (Grunwaldts Vater), Hans-Helmut Dickow (Blaschke), Rosel Schäfer (Frau

Vera Tschechowa und Götz George in »Der Illegale«

Blaschke), Paul Edwin Roth (Lohmann), Günther Strack (Leinhauser), Katinka Hoffmann (Margot Probst), Wilfried Klaus (KGB-Mann).
Produktion: Karl Gillmore/Studio Hamburg für ZDF. 100/100/108 Minuten.
Sendung: 1./4./7. 10. 1972, 31. 1./7. 2./14. 2. 1974 ZDF.

Rattennest (aus der Reihe Tatort)
SFB
Regie: Günther Gräwert. *Drehbuch*: Johannes Hendrich. *Kamera*: Horst Schier.
Darsteller: Paul Esser (Kommissar Kasulke), Gerhard Dressel (Assistent Roland), Jan Groth (Bernd Laschke), Carla Hagen (seine Frau Herta), Angelo Kanseas (Thomas, deren Sohn), GÖTZ GEORGE (Jerry), Ingrid van Bergen (Petra), Herbert Fux (Frankenstein), Ulli Kinalzik (Stocker), Kurd Pieritz (Felix), Günter Hoffmann (Wolf), Willy Semmelrogge (der Dicke), Klaus Sonnenschein (Rudi), Dieter Hallervorden (Prickwitz).
Produktion: Dieter Defrank, Horst Borasch für den SFB. 95 Minuten.
Sendung: 8. 10. 1972, 7. 3. 1975 ARD.

Kesselflickers Hochzeit (aus der Reihe Die Theaterwerkstatt)
SFB
Regie: Gerlach Fiedler, nach dem Schauspiel von John M. Synge, bearbeitet von Erich Fried.
Darsteller: Kirsten Dene, GÖTZ GEORGE, Sonja Karzan, Paul Edwin Roth.
Sendung: 13. 11. 1972 N3.

1973

Die Gräfin von Rathenow
ZDF
Regie: Peter Beauvais. *Drehbuch*: Hartmut Lange, nach seinem Schauspiel, basierend auf der Novelle *Die Marquise*

von O. von Heinrich von Kleist. *Kamera*: Wolfgang Treu. *Musik*: Wilhelm Killmayer.

Darsteller: Doris Kunstmann (die Gräfin), Hermann Treusch (Marquis de Beville), GÖTZ GEORGE (Leopold), Edda Seipel (Frau von Quast), Hans Quest (Herr von Quast), Rüdiger Vogler (Ludwig), Helga Anders (Kammerzofe), Rainer Basedow (Franziskus), Günter Bothur (Bursche), Günter Gräwert (Bruyere).

Produktion: Peter Hahne für CCC Television GmbH – Artur Brauner. 95 Minuten.

Sendung: 1. 10. 1973, 2. 8. 1975 ZDF.

Sommerpension (aus der Reihe Der Kommissar)
ZDF

Regie: Jürgen Goslar. *Drehbuch*: Herbert Reinecker. *Kamera*: Rolf Kästel. *Musik*: Herbert Jarczyk.

Darsteller: Erik Ode (Kommissar Keller), Günther Schramm (Grabert), Fritz Wepper (Klein), Reinhard Glemnitz (Heines), Marianne Hoppe (Amalie Schöndorf), Helma Seitz (Frl. Rehbein), Hans Schweikart (Adolf Grumme), Bruni Löbel (Paula Thelmann), Gerlinde Döberl (Barbie Schöndorf), Erika von Thellmann (Margarethe Heinrich), GÖTZ GEORGE (Gottfried Schuster), Lis Verhoeven (Maria Kerke).

Produktion: Helmut Ringelmann, Gustl Gotzler, Klaus Stapenhorst für Neue Münchner Fernsehproduktion. 60 Minuten.

Sendung: 2. 11. 1973, 15. 11. 1973 ZDF.

Zwischen den Flügen (Serie)
ZDF

Regie: Helmut Förnbacher. *Drehbuch*: Horst Pillau.

Darsteller: Loni von Friedl (Ilse Martin), GÖTZ GEORGE (Tom Hartmann), Wolfgang Völz (Jan Eggers), Katrin Schaake (Erika Eggers), Maxi Graf (Peter Jopp), Jean-Pierre Zola (Dobberstein), Walter Buschhoff (Rudolf Brendel), Dieter Groest (Dieter Wieland), Rainer Basedow (Ewald Bolan), Friedrich Joloff (Dr. Gehse), Gerd Baltus (Juri), Arthur Brauss (Alexander), Helmut Förnbacher (Gert Steiner), Verena Buss (Geraldine McCloud), Günter Mack (Henri Bernet), Lukas Ammann (Peter Vollmer), William Berger (Ronald), Harry Wüstenhagen (Mody), Margot Hielscher (Wally Uliczka), Wolfgang Kieling (Helmuth Delle), Hellmut Lange (Kluge), Barbara Valentin (Alexa).

13 x 25 Minuten.

Sendung: ab 8. 11. 1973 ZDF.

1974

Mandragola
HR

Regie: Heinz Wilhelm Schwarz. *Drehbuch*: Max Christian Feiler, nach seiner Komödie, frei nach Niccolò Machiavelli. *Kamera*: Winfried Bessiger. *Musik*: Roland Sonder-Mahnken.

Darsteller: Herbert Hermann (Callimaco, ein Edelmann),

GÖTZ GEORGE (sein Diener Siro), Walter Jokisch (Nicia, Senator), Brigitte Kollecker (Lucrezia, seine Frau), Loni von Friedl (ihre Zofe Fiametta).

Produktion: Wolfgang Völker für den Hessischen Rundfunk, nach einer Aufführung der Neuen Schaubühne im Comoedienhaus Wilhelmsbad bei Hanau. 97 Minuten.

Sendung: 2. 6. 1974 HR3, 5. 8. 1975 ARD.

1976

Café Hungaria (13-teilige Serie)
ORF/WWF/MRT Budapest

Regie: Karoly Makk, Hagen Mueller-Stahl, Korbinian Köberle, Attila Nemeth. *Drehbuch*: György Sös, György G. Kardos, Istvan Csurka, nach Erzählungen von Gyula Krudy, Sandor Brody, Kalman Mikszath, Deszö Kosztolanyi, Lajos Nagy, Sandor Hunyadi, Emil Kolozsvari-Grandpierre, Erzsebet Galgoczi, Jenö Heltai, Boris Palotai, Bela Gador, Ferenc Molnar. *Kamera*: Lorant Lukacs.

Darsteller: Liselotte Pulver, Johannes Schauer, Karl-Maria Schley, GÖTZ GEORGE, Karl Paryla, Rüdiger Vogler, Günter Mack, Christiane Krüger, Thomas Fritsch, Jürgen Draeger, Wolfgang Preiss, Eva-Ingeborg Scholz, Herbert Mensching u. a.

Produktion: Westdeutsches Werbefernsehen/Österreichischer Rundfunk/MRT Budapest. 13 x 25 Minuten.

Sendung: ab 14. 8. 1976 ORF 2/ARD.

Transit ins Jenseits (aus der Reihe Tatort)
SFB

Regie: Günter Gräwert. *Drehbuch*: Jens-Peter Behrend, Günter Gräwert. *Kamera*: Horst Schier. *Musik*: Klaus Doldinger.

Darsteller: Marius Müller-Westernhagen (Horst Bremer), GÖTZ GEORGE (Martin Poll), Gisela Dreyer (Erika Marquart), Angelika Bender (Gisela Osswald), Martin Hirthe (Kommissar Schmidt), Ulrich Faulhaber (Kommissar Hassert), Gustl Bayrhammer (Kommissar Veigl), Peter Schiff (Paul Willner), Gerd Baltus (Raffeiner), Wilfried Klaus (Thiessen), Götz Olaf Rausch (Wagenknecht), Inge Sievers (Hilde).

Produktion: Heinz Janell für den SFB. 96 Minuten.

Sendung: 5. 12. 1976 ARD.

1977

Polizeiinspektion 3
NMF

Regie: Zbynek Brynych.

Darsteller: GÖTZ GEORGE (Neumeier).

Vermutungen über Franz Bieberkopf

Döblins Roman *Berlin Alexanderplatz*, das Hörspiel, der Film. Ein Dokumentarbericht.

SFB

Götz George als Franz Biberkopf in »Vermutungen über Franz Biberkopf«

Regie/Drehbuch: Rainer K. G. Ott. *Kamera*: Hermann Dernbacher. *Schnitt*: Anneliese Krieger.
Darsteller: GÖTZ GEORGE (Franz B.), Günter Meisner, Inge Blau, Ilse Randt, Andreas Randt, Nikolaus Dutsch.
Produktion: Martin Stachlowitz für SFB. 59 Minuten.
Sendung: 26. 9. 1977 NDR3.

1978

Der Spitzel (aus der Reihe Derrick)
ZDF
Regie: Zbynek Brynych. *Drehbuch*: Herbert Reinecker. *Kamera*: Rolf Kösel, Michael Greorg.
Darsteller: Horst Tappert (Stefan Derrick), Fritz Wepper (Harry Klein), Willy Berger (Willy Schäfer), GÖTZ GEORGE (Lukas), Ute Willing, Korneluja Boje, Karl Maria Schley.
Sendung: 22. 9. 1978 ZDF, 19. 9. 1978 DRS.

Der schöne Alex (aus der Reihe Der Alte)
ZDF
Regie: Theodor Grädler. *Drehbuch*: Maria Matray.
Darsteller: Siegfried Lowitz (Köster), Michael Ande (Heymann), Jan Hendriks (Brenner), Christiane Wodetzky (Vera Mathiesen), Thekla Carola Wied (Alice Sellow), Gerd Baltus (Werner Sellow). GÖTZ GEORGE (Alex Bergemann), Elfriede Kuzmany (Frau Hauser), Lola Müthel (Madeleine Vernhagen).
Sendung: 6. 10. 1978 ZDF.

1981

Überfall in Glasgow
ZDF
Regie: Wolfgang Hantke. *Drehbuch*: Karl Wittlinger, nach dem Roman *Schlafwagen nach Glasgow* von Bill Knox. *Musik*: Hans Martin Majewski.
Darsteller: GÖTZ GEORGE (Craig Kennan), Hans-Helmut Diekow (Mac Taggart), Klaus Barner (Gerald Spence), Ferdy Mayne (Kenneth Ferras), Dietlinde Turban (Liz Sandon), Evelyn Opela (Kate Spence), Günter Mack (Vince Benson), Karl-Josef Cramer (Hardy), Manfred Lehmann (Lutter Melone), Karl Schulz (Leo Grundy).
Sendung: 5. 1. 1981 ZDF.

Les chevaux du soleil/Die Sonnenpferde
Regie: François Villiers. *Drehbuch*: Nach dem Roman von Jules Roy.
Darsteller: Paul Barge (Rector), Maurice Barrier (Bouychou), François Dunoyer, Genevieve Fontanel (Marie Aldabram), Jacques Frantz (Rector Gries), Therese Liotard (Marguerite), Denis Manuel (Leutnant de Roailles), Pascale Roberts (Marie Carnetto), Catherine Rouvel (Mathilde), Gilles Segal (Henri DemAtons), Gila von Weitershausen (La Generale des Roailles), Klaus Grunberg (Krieger), GÖTZ GEORGE (Victor), Hans Meier (Arthur Virtaut), Masha Gonska (Angele), Marie Dea (Angele). Jean-Claude Arnaud (Jean-Pierre), Sigfrit Steiner (Desire).
Sendung: 3. 6. 1981 NDR/BR/HR/WDR/SFB 3.

Duisburg Ruhrort (Schimanski-Tatort)
WDR
Regie: Hajo Gies. *Drehbuch*: Horst Vocks, Thomas Wittenburg. *Kamera*: Axel Block. *Regieassistent*: Jan Fantl.
Darsteller: GÖTZ GEORGE (Horst Schimanski), Eberhard Feik (Christian Thanner), Ulrich Matschoss (Königsberg), Manfred Lesch (Schubert), Michael Rastl (Jan Poppinga), Brigitte Janner (Frau Poppinga), Max Volkert Martens (Wittinger), Barbara Focke (Lilo), Karl Heinz Gierke (Herr Losse), Reinhold Olszewski (Friedrich), Hannah Ruess (Frau Losse), Nate Seids (Sylvia Thanner), Ben Hecker, Meray Ülgen (Ali Engin), Engin Akcelik, Kaya Gürel (Kemal), Yekta Arman, Henk Uterwijk, Hannes Andersen, Erich Bar, Fritz Korn, Ralf Richter, Michael Lesch.
Produktion: Bernd Schwamm für Bavaria Atelier GmbH. 100 Minuten.
Sendung: 28. 6. 1981 ARD.

ZUM FILM: Der erste TATORT mit Horst Schimanski als Kommissar legt sehr viel Wert auf genaue Schilderung von Milieu und Umfeld. Der Duisburger Hafen, der Kohlenpott, die Grubenarbeiter. Ein Toter sorgt unter den Binnenschiffern im Duisburger Hafen für Unruhe. Ein Kollege, mit dessen Frau der Tote ein Verhältnis hatte, wird verdächtigt. Aber es spielen auch andere Mutmaßungen mit hinein, zumal hier im Hafen mit Rauschgift gehandelt wird. Schimanski ist zur Stelle und löst sehr unkonventionell den Fall. Die Handlung tritt gegenüber der Atmosphäre und Stimmung der Ruhrgebiet-Szenerie in den Hintergrund. Nichts drängt auf Spannung, wodurch der Film sehr kurzweilig ist.

Der König und sein Narr
SFB
Regie: Frank Beyer. *Drehbuch*: Ulrich Plenzdorf, nach dem Roman von Martin Stade. *Kamera*: Günter Marczinkowski. *Musik*: Günther Fischer.
Darsteller: Wolfgang Kieling (Jacob Paul von Gundling), GÖTZ GEORGE (König Friedrich Wilhelm), Monika Gabriel (Anne de Larrey), Martin Brandt (Daniel), George Claisse (De Rottembourg), Jürgen Draeger (Creutz), Erna Haffner (Schneiderin), Gert Haucke (Forcade), Peter Jahns (Johann Christian Günther), Reinhard Kolldehoff (von Hermsdorf), Lutz Mackensy (Faßmann), K1aus Weiss (Ewersmann).
Produktion: Eike Hendrich für UFA-Fernseh Produktion, Berlin. 108 Minuten.
Sendung: 9. 9. 1981, 31. 10. 1981 WDR 3.

Grenzgänger (Schimanski-**Tatort**)
WDR
Regie: Ilse Hoffmann. *Drehbuch*: Felix Huby. *Kamera*: Axel Block. *Musik*: Marius Müller-Westernhagen.
Darsteller: GÖTZ GEORGE (Schimanski), Eberhard Feik (Thanner), Ulrich Matschoss (Königsberg), Günther Maria Halmer (Hollai), Charles Brauer (Kessenich), Wilhelm Thomczyk (Blickel), Beatrice Kessler (Hanni), Reinhold Olszewski (Friedrich).
Produktion: Martin Gies für Bavaria Atelier GmbH. 90 Minuten.
Sendung: 13. 12. 1981 ARD.

INHALT: Ein Polizeiinspektor hat in der Unterwelt gearbeitet. Nachdem er enttarnt wurde, kehrt er an seinen Arbeitsplatz zurück. Doch Schimanski traut der Sache nicht, weil er die Unterwelt kennt und weil sein Freund sich sehr merkwürdig verhält. Schimanski bleibt wachsam, und das ist gut so.

1982

Der unsichtbare Gegner (Schimanski-**Tatort**)
WDR
Regie: Hajo Gies. *Drehbuch*: Horst Vocks, Thomas Wittenburg. *Kamera*: Axel Block. *Musik*: Thilo von Westernhagen.
Darsteller: GÖTZ GEORGE (Schimanski), Eberhard Feik (Thanner), Werner Schwuchow (Kissling), Chiem van Houweninge (Hänschen), Helga Engel (Frau Krage), Peter Bongartz (Herr Krage), Joachim Krietsch (Pistolen-Manne), Wolfram Weniger (Erich). Reinhard Glemnitz (Schwarz), Nate Seids (Sylvia), Rudolf Schündler (Vater Henschel), Barbara Ahren (Marion), Jan Fantl (Fritz Henschel).

Produktion: Bernd Schwamm für Bavaria Atelier GmbH. 95 Minuten.
Sendung: 7. 3. 1982 ARD.

INHALT: Der Jockey Kalle wird ermordet. Kurz darauf fällt auch der Maler Krage einem Anschlag zum Opfer. Schimanski kommt dahinter, dass Kalle in einen Bankraub verwickelt und Krage einem Geheimnis auf der Spur war. Die Witwe Krages will den angeblichen Mörder ihres Mannes erpressen. Da meldet sich ein Unbekannter, und Horst Schimanski ist in Lebensgefahr.

Der Regenmacher
ZDF
Regie: Ludwig Cremer. *Drehbuch*: Ludwig Cremer, nach dem Bühnenstück von N. Richard Nash. *Kamera*: Günther Clames. *Musik*: Charly Niessen.
Darsteller: Cornelia Froboess (Lizzie), Günter Lamprecht (File), GÖTZ GEORGE (Bill Starbuck), Walter Richter (H. C. Curry), Rolf Becker (Noah). Jochen Schröder (Jim), Herbert Steinmetz (Sheriff).
Produktion: Helmut Brielmann für Accord-Film bei Studio Hamburg. 95 Minuten.
Sendung: 9. 5. 1982 ZDF.

Das Mädchen auf der Treppe (Schimanski-**Tatort**)
WDR
Regie: Peter Adam. *Drehbuch*: Martin Gies. *Kamera*: Joseph Vilsmaier. *Musik*: Tangerine Dream.
Darsteller: GÖTZ GEORGE (Schimanski), Eberhard Feik (Thanner), Anja Jaenicke (Katja), Günter Lamprecht (Pit), Jörg Hube (Straub), Jan Feder (Wolli), Erich Bär (Leo).
Produktion: Hartmut Grund für Bavaria Atelier GmbH. 95 Minuten.
Sendung: 27. 6. 1982 ARD.

INHALT: Eines Abends sitzt die 17-jährige Katja bei Schimanski auf der Treppe. Man hat ihre Mutter ermordet. Es geht um Rauschgift.

Kuscheltiere (Schimanski-**Tatort**)
WDR
Regie: Hajo Gies. *Drehbuch*: Chiem van Houweninge. *Kamera*: Axel Block. *Musik*: Thilo von Westernhagen.
Darsteller: GÖTZ GEORGE (Schimanski), Eberhard Feik (Thanner), Ulrich Matschoss (Königsberg), Chiem van Houweninge (Hänschen), Christoph Hofrichter (Dr. Born), Nate Seids (Sylvia), Geert de Jong (Marijke), Renate Becker (Frau im Vermittlungsbüro).
Produktion: Hartmut Grund für Bavaria Atelier GmbH. 90 Minuten.
Sendung: 12. 12. 1982 ARD.

INHALT: Ein asiatisches Kind wird aus dem Rhein gefischt, aber niemand vermisst es. Als Horst Schimanski der Sache nachgeht, entdeckt er einen groß angelegten Menschenhandel. Die Spur führt nach Amsterdam …

1983

Miriam (Schimanski-Tatort)
WDR
Regie: Peter Adam. *Drehbuch*: Thomas Wittenburg, Horst Vocks, Peter Adam. *Kamera*: Axel Block. *Musik*: Tangerine Dream.
Darsteller: GÖTZ GEORGE (Schimanski), Eberhard Feik (Thanner), Chiem van Houweninge (Hänschen), Christoph Hofrichter (Dr. Born), Sunnyi Melles (Miriam), Ruth Niehaus (Frau Jakobs), Paul-Albert Krumm (Schultheiß), Pit Krüger (Klett), Will Danin (Scholl).
Produktion: Hartmut Grund für Bavaria Atelier GmbH. 90 Minuten.
Sendung: 4. 4. 1983 ARD.

INHALT: Thanner wohnt bei Schimanski, weil seine Frau Sylvia ihn rausgeschmissen hat. Schimanski untersucht gerade den Mord an einem kleinen Schnüffler, der für den Privatdetektiv Scholl arbeitet, einen Ex-Kollegen von Schimanski und Thanner. Ein Großindustrieller und seine attraktive Tochter spielen in dem Fall eine wichtige Rolle.

1984

Das schöne Ende dieser Welt
ZDF
Regie/Drehbuch/Produktion: Rainer Erler. *Kamera*: Wolfgang Grasshoff. *Musik*: Eugen Thomass.
Darsteller: Robert Atzorn (Michael Brandt), Claire Oberman (Elaine Murray), Judy Winter (Ursula Brandt), GÖTZ GEORGE (Craig Murray), Werner Kreindl (Raben, Manager), William Kerr (Brian), Dennis Schulz (Richard), Maurie Ogden, Ramsay McLean, Leone Martin-Smith, Ruth Elks, John & Polly Low.
Sendung: 10. 1. 1984 ZDF.

Kielwasser (Schimanski-Tatort)
WDR
Regie: Hajo Gies. *Drehbuch*: Chiem van Houweninge. *Kamera*: Axel Block. *Musik*: Hermann Weindorf und Panorama.
Darsteller: GÖTZ GEORGE (Schimanski), Eberhard Feik (Thanner), Ulrich Matschoss (Königsberg), Chiem van Houweninge (Hänschen), Elisabeth Kaza (Frau Kaiser), Franziska Oehme (Jacky Ruhl), Hermann Treusch (Baumgarten), Felix von Manteuffel (Dr. Waldorf), Christiane Hammacher (Natascha Königsberg).
Produktion: Hartmut Grund für Bavaria Atelier GmbH. 90 Minuten.
Sendung: 25. 3. 1984 ARD.

ZUM FILM: Eine der interessantesten TATORT-Folgen: Es geht um giftige Abwässer im Rhein, um Umweltverschmutzung großen Stils. Ein Arzt, der Anklage erhebt, wird ermordet, der verdächtige Unternehmer einer Abfallverwertung ebenfalls. Schimanski und Thanner sind den Tätern auf der Spur. Doch sie dingfest zu machen, erweist sich als ebenso schwierig wie gefährlich.

Zweierlei Blut (Schimanski-Tatort)
WDR
Regie: Hajo Gies. *Drehbuch*: Felix Huby, Fred Breinersdorfer. *Kamera*: Michael Thiele. *Musik*: Spliff.
Darsteller: GÖTZ GEORGE (Schimanski), Eberhard Feik (Thanner), Chiem van Houweninge (Hänschen), Ulrich Matschoss (Königsberg), Gerhard Olschewski (Ludwig), Brigitte Janner (Frau Schobert), Despina Pajanou (Belle Klein), Zacharias Preen (Fiete), Reiner Groß (Kurti), Dietmar Bär (Ernst).
Produktion: Hartmut Grund für Bavaria Atelier GmbH. 90 Minuten.
Sendung: 22. 7. 1984 ARD.

INHALT: Wieder einmal wohnt Thanner bei Schimanski, was erwartungsgemäß nicht gut geht, weil es dauernd Streit gibt. Auf dem Fußballplatz, wohin Schimanski sich zurückzieht, findet er einen Toten. Er ist erschlagen worden. Folge einer Schlägerei unter Fußballfans? In einem jugendlichen Fanclub, in den sich Schimanski Einlass verschafft, prügeln die Jungen den »Opa« zusammen. Bei den Untersuchungen kommen Thanner und Schimanski auf die gleiche Frage: Sind sie wirklich auf der richtigen Spur, oder ging es bei dem Mord vielleicht darum, einen Mitwisser einer illegalen Vermittlung von ausländischen Arbeitskräften zu beseitigen? Horst Schimanski kämpft um sein Leben.

Abgehört (Komödie von Peter Ustinov)
ZDF
Regie: Rolf von Sydow. *Kamera*: W. P. Hassenstein. *Musik*: Helmut Zacharias.
Darsteller: Heidelinde Weis (Iris), GÖTZ GEORGE (Bozidar Popkov-Prokop), Hansjörg Felmy (Mr. Caulker), Beatrice Richter (Hilda Beveridge), Peer Augustinski (Genosse Rukuc), Karl-Heinz von Hassel (Sergeant), Peter Kuiper (Abdul), Aranka Jaenke (Frau Kuruk), Susanne Beck (Frau Rukuc), Peter Ustinov (Kuruk).
Sendung: 21. 10. 1984 ZDF.

Rechnung ohne Wirt (Schimanski-Tatort)
WDR
Regie/Drehbuch: Peter Adam. *Kamera*: Axel Block. *Musik*: Karsten Ullrich.
Darsteller: GÖTZ GEORGE (Schimanski), Eberhard Feik (Thanner), Wilfried Blasberg (Wolf), Chiem van Houweninge (Hänschen), Guido Gagliardi (Tessari), Cornelia Glogger

(Susi Steuben), Pietro Giardini (Gino), Gerd Rigauer (Berger), Hans Zander (Sattmann), Vy Nguyen (Adoptivkind).
Produktion: Hartmut Grund für Bavaria Atelier GmbH. 95 Minuten.
Sendung: 9. 12. 1984 ARD.

INHALT: Eine Art Mafia treibt ihr Unwesen. Ein italienischer Gastwirt soll Schutzgelder bezahlen. Als er es nicht tut, schlägt man ihn zusammen und demoliert sein Lokal. Der Tod eines Boxers steht offensichtlich mit diesem Vorfall in Zusammenhang. Schimanski kommt der Sache zwar auf die Spur, entdeckt aber, dass er vor allem die Rechnung ohne den Wirt gemacht hat.

1985

Doppelspiel (Schimanski-**Tatort**)
WDR
Regie: Hajo Gies. *Drehbuch*: Christoph Fromm. *Kamera*: Joseph Vilsmaier. *Musik*: David Knopfler.
Darsteller: GÖTZ GEORGE (Schimanski), Eberhard Feik (Thanner), Chiem van Houweninge (Hänschen), Ulrich Matschoss (Königsberg), Angelika Bartsch (Arm Silenski), Franz Buchrieser (Gassmann), Wolf Dietrich Sprenger (Stark), Karin Kernke (Starks Sekretärin), Drew Lucas (Parker).
Produktion: Hartmut Grund für Bavaria Atelier GmbH. 92 Minuten.
Sendung: 31. 3. 1985 ARD.

INHALT: Eine Frau, die Mitglied einer Sekte war, begeht Selbstmord. Schimanski und Thanner machen ihre Nachforschungen. Es gibt Zweifel, ob es sich wirklich um Selbstmord handelte. Die Oberhäupter der Sekte sind gottähnliche Personen, gefährliche Fanatiker, die vor nichts zurückschrecken.

Das Haus im Wald/Hallo Betti (Schimanski-**Tatort**)
WDR
Regie/Drehbuch: Peter Adam. *Kamera*: Klaus Eichhammer. *Musik*: Stefan Melbinger.
Darsteller: GÖTZ GEORGE (Schimanski), Eberhard Feik (Thanner), Werner Schwuchow (Kissling), Christiane Lemm (Ulla), Dominic Raacke (Franz), Rolf Zacher (Nasig), Andras Fricsay (Sonny), Hartmut Nolte (Skinny), Nicolas Brieger (Mungo).
Produktion: Hartmut Grund für Bavaria Atelier GmbH. 95 Minuten.
Sendung: 18. 8. 1985 ARD.

KRITIK: M. O. C. Döpfner in *FAZ*, 20. 8. 1985.

INHALT: Eine junge Frau bittet Schimanski um Hilfe; ihr Freund, ein Journalist, ist verschwunden. Er hat sich nebenbei auch als Amateurdetektiv betätigt und die zwielichtigen Geschäfte eines Busunternehmens aufgedeckt. Als Schimanski und Ulla in einem Haus im Wald nach Spuren suchen, werden sie von Gangstern beschossen. Sie müssen sich verbarrikadieren.

Schimanski ist sich nicht klar, ob Ulla, zu der er sich hingezogen fühlt, ihn nicht in eine Falle gelockt hat. Thanner verfolgt inzwischen eine Spur. Es dauert noch eine Weile, bis die Belagerer sich zu erkennen geben und die Eingeschlossenen erfahren, dass der Journalist Mungo in deren Hand ist. Es stellt sich nun heraus, dass es um Heroin geht.

1986

Der Tausch (Schimanski-**Tatort**)
WDR
Regie: Ilse Hoffmann. *Drehbuch*: Chiem van Houweninge, Hartmut Grund. *Kamera*: Karl Kases. *Musik*: Dieter Bohlen.
Darsteller: GÖTZ GEORGE (Schimanski), Eberhard Feik (Thanner), Chiem van Houweninge (Hänschen), Ulrich Matschoss (Königsberg), Yolande Gilot (Veronique), Nicole Ansari (Sheila), Reiner Matschurat (Simon), Gerhard Garbers (Karl Bohm jr.), Abbas Maghfurian (Wirt), Dieter Eppler (Bohm sr.).
Produktion: Hartmund Grund für Bavaria Atelier GmbH. 90 Minuten.
Sendung: 13. 4. 1986 ARD.

INHALT: Schimanski lebt mit dem Fotomodell Veronique und deren kleinem Sohn glücklich zusammen. Dann kommt ein ebenso mysteriöser wie gefährlicher Fall: Ein Physiker, der wegen eines Unfalls mit Todesfolge und Fahrerflucht im Gefängnis sitzt, soll gewaltsam befreit werden. Der kleine Simon wird daraufhin gekidnappt. Wie gefährlich die Gangster sind, belegt der Tod eines Gefängnisbeamten und eines Journalisten. Schimanski bietet sich selbst den Geiselnehmern zum Tausch an, ohne mit seinem Chef Rücksprache geführt zu haben.

Schwarzes Wochenende (Schimanski-**Tatort**)
WDR
Regie: Dominik Graf. *Drehbuch*: Dominik Graf, Bernd Schwamm, nach dem Roman *Denunzianten* von Michael Hatry. *Kamera*: Klaus Eichhammer. *Musik*: Andreas Köbner.
Darsteller: GÖTZ GEORGE (Schimanski), Eberhard Feik (Thanner), Ulrich Matschoss (Königsberg), Chiem van Houweninge (Hänschen), Siegfried Wischnewski (Heinz Möhlmann), Marita Breuer (Mimi Engelbrecht), Barbara Freier (Reinhild Möhlmann), Marie-Louise Millowitsch (Vera Karpinski), Dieter Asner (Erwin Patzke), Michael Wittenborn (Gerrit Engelbrecht), Jochen Striebeck (Siggi Hencken), Dieter Pfaff (Hubert Möhlmann).
Produktion: Hartmut Grund für Bavaria Atelier GmbH. 95 Minuten.
Sendung: 10. 8. 1986 ARD.

INHALT: Ein Streit unter Möbelfabrikanten, den Henckens und den erfolgreicheren Möhlmanns. Sie sind miteinander verwandt, aber einander spinnefeind. Schimanski ist, wie der Journalist Gerrit, den Möhlmanns auf der Spur. Menschen sind in Gefahr und werden ermordet, aber wer ist der Täter? Oder sind es gar mehrere? Denn auch die Henckens sind nicht ganz ohne Makel. Schimanski kann Mimi Engelbrecht, die Frau des Journalisten Gerrit, gerade noch rechtzeitig aus den Flammen retten.

Freunde (Schimanski-Tatort)
WDR

Regie: Klaus Emmerich. *Drehbuch*: Horst Vocks, Thomas Wittenburg. *Kamera*: Theo Bierkens. *Musik*: Irmin Schmidt.
Darsteller: GÖTZ GEORGE (Schimanski), Eberhard Feik (Thanner), Ulrich Matschoss (Königsberg), Chiem van Houweninge (Hänschen), Klaus Wennemann (Frieder), Klaus Kelterborn (Albino), Peter Freiberg (Flaak), Eberhard Witt (Haffner).
Produktion: Hartmut Grund für Bavaria Atelier GmbH. 90 Minuten.
Sendung: 28. 12. 1986 ARD.

INHALT: Schimanskis alter Freund Frieder war ein Träumer, ein Fantast, der seine Träume auf eigenwillige Weise verwirklicht. Fast sieht es so aus, als ob Horst mit Frieder weg will. Täuscht er nur vor, den Polizeidienst quittieren zu wollen, oder meint er es ernst?

1987

Spielverderber/Backgammon (Schimanski-Tatort)
WDR

Regie: Pete Ariel. *Drehbuch*: Felix Huby, Hartmut Grund. *Kamera*: Karl Kases.
Darsteller: GÖTZ GEORGE (Schimanski), Eberhard Feik (Thanner), Ulrich Matschoss (Königsberg), Chiem van Houweninge (Hänschen), Wolfgang Wahl (Tumler), Lutz Reichert (Gräber), Guntbert Warns (Toni), Jenny Evans (Jenny), Heinz Wanitschek (Geibel), Erich Will (Mottenpaule).
Produktion: Jörn Schröder für Bavaria Atelier GmbH. 90 Minuten.
Sendung: 8. 6. 1987 ARD.

INHALT: Ein leichtes Mädchen wird ermordet, und es besteht der Verdacht, dass sie über illegale Geschäftspraktiken Bescheid wusste. Vielleicht hat sie auch andere in Gefahr gebracht?

Zahn um Zahn (Schimanski-Tatort)
WDR
Sendung: 27. 12. 1987 ARD.
(siehe Filmografie Spielfilme)

1988

Gebrochene Blüten/Broken Blossoms (Schimanski-Tatort)
WDR

Regie: Hajo Gies. *Drehbuch*: Martin Gies. *Kamera*: Karl Kases. *Musik*: Dieter Bohlen, Titelsong: »Broken Heroes«, gesungen von Chris Norman. *Regieassistent*: Peter E. Funck.
Darsteller: GÖTZ GEORGE (Schimanski), Eberhard Feik (Thanner), Ulrich Matschoss (Königsberg). Chiem van Houweninge (Hänschen), Renate Krößner (Manuela), Miro Nemec (Herbert Blatzer), Winfried Hübner, Frank Büssing, Wolfgang Uhl, Willy Schultes, Elisabeth Bertram, Sabine Herken, Ralf Möller.
Produktion: Jörn Schröder für Bavaria Atelier GmbH. 90 Minuten.
Sendung: 1. 5. 1988 ARD.

INHALT: Ein Mann namens Albert Prinz wurde ermordet. Mit seiner Frau Manuela führt er in Duisburg eine Tanzschule. Manuela ist ein eiskaltes, ätherisches Wesen, zerbrechlich, psychisch gestört, vielleicht sogar wahnsinnig. Schimanski ist Manuela auf der Spur. Noch weiß er nicht, wie folgenschwer seine Einschätzung dieser gefährlichen Frau ist. Doch als er dann eines Tages erfährt, dass Manuela Prinz bereits vor Jahren in Bangkok gestorben ist, wird die Sache völlig mysteriös …

Einzelhaft (Schimanski-Tatort)
WDR

Regie: Theodor Kotulla. *Drehbuch*: Frank Göhre. *Kamera*: Karl Kases. *Musik*: Eberhard Weber. *Regieassistenz*: Gabriela Bacher.
Darsteller: GÖTZ GEORGE (Schimanski), Eberhard Feik (Thanner), Chiem van Houweninge (Hänschen), Brigitte Karner (Ilona), Maria Hartmann (Petra Carstens), Franz Boehm (Rolf Vogtländer), Juraj Kukura (Reiko Plewitsch), Folkert Milster (Berni), Ernst Petry (Jani), Christoph Engel (Computerberater), Christina Weindl (Alexandra), Sabina Lessjak (Gina).
Produktion: Wolfgang Hesse für Bavaria Atelier GmbH. 95 Minuten.
Sendung: 21. 8. 1988 ARD.

BERICHT: ens in *FR*, 20. 10. 1987.

ZUM FILM: Der Drehbuchautor von ABWÄRTS hat hier eine aufregend irritierende Geschichte erzählt: Eine Tochter versucht, die Unschuld ihres Vaters zu beweisen, den Thanner wegen des Mordes an seiner Frau verhaftet hat. Schimanski ist von der Frau fasziniert. Er glaubt ihr und will sie vor den wahren Verbrechern schützen, doch sie entzieht sich diesem Schutz. Am Ende siegt die Gerechtigkeit durch ein Unrecht, denn keiner ist wirklich schuldlos.

Moltke (Schimanski-**Tatort**)
WDR
Regie: Hajo Gies. *Drehbuch*: Axel Götz, Jan Hinter, Thomas Weßkamp. *Kamera*: Karl Kases. *Musik*: Dieter Bohlen.
Darsteller: GÖTZ GEORGE (Horst Schimanski), Eberhard Feik (Thanner), Ulrich Matschoss (Königsberg), Chiem van Houweninge (Hänschen), Hubert Kramar (Moltke), Jürgen Heinrich (Gress), Iris Disse (Ariane), Gerd Silberbauer (Cantz jr.), Jan Biczycki (Pfarrer), Jan Hinter (Schäfer), Thomas Weßkamp (Müsli I.), Norbert Steinke (Thomas Bachmann).
Produktion: Hartmut Grund für Bavaria Atelier GmbH. 90 Minuten.
Sendung: 20. 12. 1988 ARD.

ZUM FILM: Moltke kommt aus dem Knast und sinnt auf Rache. Ihn hatte nach einem erfolgreichen Bankraub die Polizei als Einzigen neben der Leiche seines Bruders festnehmen können. Die Bande hatte seinen Bruder bei einem Schußwechsel mit der Polizei exekutiert. Schimanski und Thanner wollen verhindern, dass Moltke einen Mord begeht. MOLTKE ist der zehnte Schimanski-TATORT, den Hajo Gies inszenierte.

1989

Der Pott (Schimanski-**Tatort**)
WDR
Regie: Karin Hercher. *Drehbuch*: Axel Götz, Thomas Wesskamp. *Kamera*: Bernd Neubauer. *Musik*: Rio Reiser.
Darsteller: GÖTZ GEORGE (Schimanski), Eberhard Feik (Thanner), Ulrich Matschoss (Königsberg), Angelika Hurwitz (Mutter Wilms), Thomas Rech (Jo Wilms), Wilhelm Thomzyk (Hugo Wilms), Sabine Postel (Vera), Michael Brandner (Struppek). Dorothea Senz (Ulrike Wilms), Theo Maalek (Neuenfels), Christoph Lindert (Heinz Hoettges), Ruth Brück-Boltersdorf (Gerda), Guido Föhrweisser (Golonska), Klaus Guth (Personalchef).
Produktion: Wolfgang Hesse für Bavaria Atelier GmbH.
Sendung: 9. 4. 1989 ARD.

INHALT: Eine halbe Million D-Mark, Spendengeld für die Stahlarbeiter von Rheinhausen, wird bei einem Überfall geklaut. Daraufhin wird einer der Überfallenen, ein Gewerkschaftsfunktionär, ermordet. Für Horst Schimanski heißt es, schnell zu handeln. Zu allem Pech muss er diesmal ohne Thanner auskommen, weil der für das BKA in Bonn im Einsatz ist. Allerdings hat Schimanski in Jo Wilms einen engagierten Partner.

Als sie die Täter gefasst haben, gibt es eine Überraschung: Der ermordete Gewerkschaftsmann hatte eine recht schmutzige Weste – und Jo Wilms, sein sympathischer Partner, hat auch noch ein paar Geheimnisse zu lüften.

ZUM FILM: DER POTT, von Axel Götz und Thomas Weßkamp geschrieben, ist wieder eine jener Schimanski-TATORT-Folgen, deren Handlung sehr eng mit der Ruhrgebietsproblematik verknüpft ist. Der gesellschaftspolitische Tenor des Drehbuches wird noch unterstützt durch die Regie. Karin Hercher kommt vom DDR-Fernsehen und hat lange mit Hanne Hiob und Ekkehard Schall vom Berliner Ensemble zusammengearbeitet.

Karin Hercher über die Arbeit: »Die Arbeit mit Götz George war sehr produktiv, sehr aufregend, ich glaube, für uns beide. Wir kannten uns nicht, hatten uns vorher noch nie gesehen, aber nach dem ersten Rantasten haben wir zu einer sehr guten Zusammenarbeit gefunden. Seine Arbeitsweise setzt für den Regisseur eine gewisse Uneitelkeit voraus, außerdem bin ich von meiner vorherigen Arbeit her gewohnt, kollektiv zu arbeiten, und da ist es natürlich toll, wenn man wie hier Schauspieler hat, die von sich aus Ideen anbieten.

Es ist eine Tatsache, dass jeder gute Theaterschauspieler eine absolute Bereicherung für Kino und Fernsehen ist, weil er durch die Variationsbreite eines Spielplans viel mehr gefordert ist, die Palette ist einfach vielseitiger.«

Blutspur (Schimanski-**Tatort**)
WDR
Regie: Werner Masten. *Drehbuch*: Peter Steinbach. *Kamera*: Wolfgang Simon. *Musik*: Leszek Zadlo.
Darsteller: GÖTZ GEORGE (Schimanski), Eberhard Feik (Thanner), Gerhard Olschewski (Ossmann), Chiem van Houweninge (Hänschen), Vadim Glowna (Leszek), Rolf Zacher (Freddie), Marita Marschall (Ela), Michaela Wolko (Roswitha), Veronica Ferres (Helma), Jen Groth (Hofmann), Dieter Pfaff (Geiger), Erika Strotzki (Frau Doktor), Thomas Rech (Taxifahrer).
Produktion: Wolfgang Hesse für Bavaria Atelier GmbH. 87 Minuten.
Sendung: 20. 8. 1989 ARD.

INHALT: Ein arabisches Killerkommando ermordet auf einem Duisburger Schrottplatz zwei polnische Fernfahrer. Der Anschlag auf den Schrottplatzbesitzer und Zuhälter Leszek, einen Exilpolen, misslingt. Eine Blutlache in dem polnischen LKW deutet auf weitere Opfer hin und bei einer Explosion in einem Hotel kommen noch zwei Menschen ums Leben. Schimanski und Thanner stehen angesichts eines so massiven Krieges vor einem Rätsel, zumal sie allmählich herausbekommen, dass es sich um ein politisches Verbrechen mit humanitärem Background handelt.

ZUM FILM: Peter Steinbach, bekannt durch das Drehbuch zu Edgar Reitz' HEIMAT, hat diesen Tatort geschrieben. Eberhard Feik zu der Arbeit an BLUTSPUR: »Momentan haben wir beide das Gefühl – und ich darf jetzt auch im Namen von Götz sprechen –, dass etwas von der anfänglichen Wildheit wieder reingekommen ist, wir versuchen wieder, Ecken freizuschaufeln, die uns ein bisschen verschütt gegangen waren, und das gefällt uns beiden sehr gut.

Nun sind die letzten Drehbücher wieder näher an der Realität. Der Vorzug bei unseren Büchern ist eben auch, dass immer ein wenig nach der Technik des Trojanischen Pferdes gehandelt wird – in den Fall immer ein politisches oder gesellschaftliches Thema reinzuschmuggeln. Das kann man zwar nicht hinreichend abhandeln, doch es klingt eben immer an und besonders gerade in den letzten drei Geschichten, in MOLTKE, POTT und BLUTSPUR.«

Spielen willst du ja alles
Götz George – Rastlos im Einsatz
WDR

Dokumentarfilm von Heiko R. Blum, Meinolf Zurhorst, Martina Kaimeier. *Kamera*: Hugo Graswinckel, u. a. *Schnitt*: Martina Kaimeier. *Musik*: Miles Davis.
Produktion: De Campo Film für WDR. 60 Minuten.
Sendung: 18. 11. 1989 ARD.

Heiko R. Blum (links), Götz George und Hugo Graswinckel bei den Dreharbeiten zu »Spielen willst du ja alles«

ZUM FILM: »In einem Paperback der Heyne-Filmbibliothek hatte der Kölner Medienschreiber Heiko R. Blum vor knapp einem Jahr die Karriere des Sohnes von Heinrich George und Berta Drews nachgezeichnet, in flott angerissenen Betrachtungen, genauen Beobachtungen und Interviews, die Schimanski-George aus der Sicht der anderen zu einer lebendigen, liebenswerten Gestalt werden lassen. Jetzt hat Blum gemeinsam mit Martina Kaimeier und Meinolf Zurhorst ein Porträt fürs Fernsehen gedreht.
Man findet quasi alles, was man von ihm weiß: Den ruppigen Coverman mit dem sanften Blick, den harten Arbeiter, immer in Bewegung, den netten Jungen von 50 und den ehrgeizigen Schauspieler, der gerne an seine großen Zeiten im Göttinger Theater und im Kino der Wolfgang Staudte (KIRMES) und Theodor Kotulla (AUS EINEM DEUTSCHEN LEBEN) anknüpfen möchte.
George ist doch weit mehr in die Identität des Horst

Schimanski geschlüpft, als es ihm selbst lieb ist, obwohl in Carl Schenkels intelligentem Thriller ABWÄRTS, in Frank Beyer/Wolfgang Kohlhaases Gaunerkomödie DER BRUCH und in Reinhard Hauffs Politmelo BLAUÄUGIG bei diesem Schauspieler noch etwas von subtilen Nuancen und Theaterdonner durchschimmert. Von all dem ist in dem Götz-George-Porträt SPIELEN WILLST DU JA ALLES etwas drin.

Der Film hat Struktur, ist in schlüssige Kapitel unterteilt und verzichtet gottlob auf den üblichen Kommentar-Kleister: Zu Wort kommen nur Götz George selbst, heutige und frühere Mitarbeiter, Produzenten, Regisseure und Schauspieler. Man erfährt etwas über die Göttinger Theaterzeit, Horst Wendlandt und Reinhard Hauff decken die Zeit zwischen Opas und Bubis Kino ab, und dann kommt – geschickt aufgelöst in Drehsituation und Statement – das Kapitel Schimanski«. (K. H. Stein in Radio SDR 3)

KRITIK: Mp (= Milan Pavlovic) in *KStA*, 18. 11. 1989.

Katjas Schweigen (Schimanski-Tatort)
WDR

Regie: Hans Noever. *Drehbuch*: Uwe Erichson. *Kamera*: Kurt Lorenz. *Musik*: Tony Carey.
Darsteller: GÖTZ GEORGE (Horst Schimanski), Eberhard Feik (Christian Tanner), Chiem van Houweninge (Hänschen), Gerhard Olschewski (Ossmann), Katja Riemann (Katja), Ulrich Pleitgen (Jannek), Paul Cabanis (Tommy), Will Danin (Zander), Edgar M. Böhlke (Frau Schaaf), Nellis du Biel (Billy).
Produktion: Wolfgang Hesse für Bavaria Atelier GmbH. 90 Minuten.
Sendung: 3. 12. 1989 ARD.

INHALT: Ein Polizist wurde von Einbrechern erschossen, ausgerechnet in einem der Supermärkte, deren Chef Bewährungshelfer Jannek ist. Natürlich liegt nahe, dass einer seiner Schützlinge der Täter ist, zumal Tommy sich verdächtig macht. Bei dem Versuch, den Jungen festzunehmen, wird dieser erschossen. Wer war der Schütze? Wen deckt Tommys Schwester Katja? Schimanski schafft Klarheit.

ZUM FILM: Nach dem unglückseligen Ruhrgebiets-Tatort BLUTSPUR war KATJAS SCHWEIGEN eine Wohltat. Zwar lässt auch hier – wie so oft – das Drehbuch (Uwe Erichson) einiges vermissen, doch der erfahrene Außenseiterregisseur Hans Noever und der ausgezeichnete Kameramann Karl Lorenz beweisen sicheres Gespür für Atmosphäre, Glaubwürdigkeit und Spannung.

Schimanski kämpft mal wieder mit dem Rücken zur Wand, wieder hat er das bessere Gespür als seine Kollegen, wieder hat ihn ein alter Freund enttäuscht und wieder erweist sich sein Vertrauen zu einem Jugendlichen als richtig: Am Ende stellt sich heraus, dass sein Schützling Tommy unschuldig war, und es gelingt ihm, mit einem Täuschungsmanöver den wirklichen Täter zu enttarnen.

Götz George dürfte es diesmal gelungen sein, enttäuschte Freunde zurückzugewinnen. Er ist wieder – unterstützt vom seinem Team – schauspielerisch ganz präsent und präzise, ohne auf Mätzchen und Getue zu setzen. Neben den Kommissaren Götz George, Eberhard Feik und Chiem van Houweninge überzeugen Paul Cabanis als Tommy, Katja Riemann als seine Schwester Katja und Ulrich Pleitgen als undurchsichtiger Geschäftsmann und Bewährungshelfer Jannek. Sinn für Humor und Verzicht auf deftige Brutalität sorgen für 90 Minuten gute Unterhaltung.

Schulz & Schulz
ZDF
Regie: Ilse Hofmann. *Drehbuch*: Krystian Martinek, Neithardt Riedel. *Kamera*: Franz Brühne, Uli Krafzik. *Schnitt*: Barbara Hennings. *Musik*: Andreas Köbner. *Ausstattung*: Christoph Schneider.
Darsteller: GÖTZ GEORGE (Walter und Wolfgang Schulz), Marlen Diekhoff (Erika), Gerhard Garbers (Erwin), Martina Gedeck (Britta), Werner Schwuchow (Günther), Klaus J. Behrendt (Seibt), Katrin Schaake (Dr. Marquart), Eberhard Feik (Wirt), Krystian Martinek (Jochen), Neithardt Riedel (Roger).
Produzent: Markus Trebitsch. *Produktion*: Aspekt Telefilm Produktions GmbH.
Sendung: 10. 12. 1989 ZDF.

KRITIK: Agnieszka Lessmann in *KStA*, 12.12.1989.

ZUM FILM: Eine deutsch-deutsche Geschichte, wie sie das Leben schreibt: Im Zweiten Weltkrieg haben sich die Zwillinge Walter und Wolfgang Schulz aus den Augen verloren. Der eine ist heute Betriebsgrafiker in Stralsund/DDR, der andere Werbemanager in Hamburg/BRD. Durch eine Fernsehsendung werden sie an ihre Existenz erinnert, man trifft sich und tauscht für einen Tag die Existenz. Das ist Grundlage für allerlei komische und tragische Verwirrungen.

1990

Zabou (Schimanski-**Tatort**)
WDR
Sendung: 15. 4. 1990 ARD.
(siehe Filmografie Spielfilme)

Medizinmänner (Schimanski-**Tatort**)
WDR
Regie: Peter Carpentier. *Drehbuch*: Chiem van Houweninge. *Kamera*: Franz Rath.
Darsteller: GÖTZ GEORGE (Horst Schimanski), Eberhard Feik (Christian Thanner), Chiem van Houweninge (Hänschen), Gerhard Olschewski (Ossmann), Nikolai Bury (Thomas Bähr), Heidemarie Wenzel (Karin Bähr), Christoph Bantzer (Peter Schatz), Alexandra Riechert (Vanessa Schatz), Joop Doderer (Inspektor Bolt), Mariska van Kolck

(H. Janssens), Sylvia de Leur (Elly Kegel), Guusje van Tilborgh (Tanja), Marina van Houweninge (Helga).
Produktion: Wolfgang Hesse für Bavaria Atelier GmbH. 89 Minuten.
Sendung: 8. 7. 1990 ARD.

INHALT: Gesundheitsschädliche Psychopharmaka, hier zu Lande verboten, werden von einer Arzneimittelfirma nach Afrika verkauft. Ein Abteilungsleiter der Firma, der das illegale Geschäft auffliegen lassen will, wird ermordet. Augenzeuge ist sein kleiner Sohn, der daraufhin einen autistischen Schock erhält und entführt wird. Während Schimanski versucht, dem Geheimnis auf die Spur zu kommen, wird Walter Bähr, der Sohn des ermordeten Vaters, entführt. In Rotterdam spielt sich die Verfolgung und Entlarvung der Täter ab.

ZUM FILM: Die Duisburger TATORT-Reihe sorgt wieder einmal für Unruhe: Gewisse deutsche Pharmakonzerne wittern hinter der Krimihandlung von Chiem van Houweninge massive Angriffe, und das ist durchaus beabsichtigt.

Zu Beginn sieht es so aus, als gelänge es den Verbrechern, die drei von der Duisburger Mordkommission – Schimanski, Thanner und Hänschen – in die Irre zu führen, doch schließlich bringt der arg bedrängte Schimmi den Knirps sicher zu seiner Mama.

Chiem van Houweninges Drehbuch (seine Geschichten KUSCHELTIERE und KIELWASSER waren Höhepunkte der Schimanski-Reihe) ist wie immer brisant und auf den Punkt gebracht, Regiedebütant Peter Carpentier (Assistent bei Reinhard Hauff für BLAUÄUGIG) geht mit der verhältnismäßig aufwändigen Technik (die Szenen im Hafen von Rotterdam, auf Schiff und Boot) routiniert um, lässt dagegen das Spiel von George und Feik (in der Kneipe, in der Konfrontation mit der niederländischen Polizei) etwas schleifen. Szenen jedoch wie die mit George und dem geschockten Kind allein im Boot sind schön, präzise und poetisch.

Schimanskis Waffe (Schimanski-**Tatort**)
WDR
Regie: Hans Noever. *Drehbuch*: Uwe Erichsen, Hans Noever, Wolfgang Hesse. *Kamera*: Kurt Lorenz.
Darsteller: GÖTZ GEORGE (Horst Schimanski), Eberhard Feik (Christian Thanner), Chiem van Houweninge (Hänschen), Klaus Johann Behrendt (Erwin), Nina Petri (Martina), Remo Remotti (Giovanni), Martin Halm (Mario), Nellis du Biel (Hooken), Herb Andress (Baretti), Renate Becker (Ellen), Tony Carey (Penner).
Produktion: Wolfgang Hesse für Bavaria Atelier GmbH. 93 Minuten.
Sendung: 2. 9. 1990 ARD.

KRITIK: Barbara Sichtermann in *Die Zeit*, 7. 9. 1990.
INHALT: Horst Schimanski gerät diesmal mit der Mafia in Konflikt, als es im Lokal von Giovanni Salvatore zu einer

Schießerei kommt. Erst als dessen eigener Sohn Mario von der »ehrenwerten Familie« getötet wird, bricht Giovanni sein Schweigen und ermöglicht es der Polizei, gegen die Gangster vorzugehen.

ZUM FILM: Eine tragische Ausgangssituation: Als Horst Schimanski im Restaurant seines italienischen Freundes Giovanni einen Überfall abwehrt, erschießt er aus Versehen seine Freundin Renate, kurz darauf wird sein Freund Thanner schwer verletzt. Schimmi legt die Waffe weg: Er will nicht mehr in Versuchung kommen, und beinahe bezahlt er das mit seinem Leben.

In einer so hilflosen Situation hat man ihn bislang noch nicht erlebt! Daran sollten sich die bundesdeutschen Fernsehunterhalter, die ihr Publikum mit langweiligem, ödem Serieneinerlei zum Besten halten, mal einen Maßstab nehmen. Eine Mafia-Story, knallhart, die wenigen Versatzstücke auf den Punkt gebracht; rascher Schlagabtausch und doch keiner der üblichen Brutalo-Filme. Hans Noever inszenierte das fast wie ein amerikanisches B-Picture mit glaubwürdigem Hintergrund und guten, stimmigen Charakteren. Selbst die ambitiösen Slow-Motion-Momente werten das Ganze nicht ab.

Aus einer sehr schwachen Vorlage haben Hans Noever, Kamera-Profi Kurt Lorenz und das bewährte Team George/Feik/van Houweninge spannende Unterhaltung gemacht. Dabei fällt gar nicht so sehr auf, dass Feik – zu jener Zeit gerade als BALDUR BLAUZAHN mit roter Lockenpracht ausgestattet – nur wenige Male zu sehen ist, und da nur bandagiert wie eine altägyptische Mumie. Wohl dosiert ist die Mischung aus Action, Humor und Tränen, keiner der engagierten Schimanski-TATORT-Folgen, kein eigentlicher Duisburg-Film, dafür mal wieder ein konzentrierter, ruhiger und spielerisch starker Götz George – kurz vor Ende seiner Kommissar-Zeit.

Unter Brüdern (Schimanski-Tatort)
WDR
Regie: Helmut Krätzig. *Drehbuch*: Helmuth Krätzig, Veith von Fürstenberg. *Kamera*: Franz Ritschel.
Darsteller: GÖTZ GEORGE (Horst Schimanski), Eberhard Feik (Christian Thanner), Chiem van Houweninge (Hänschen), Peter Borgelt, Andreas Schmidt-Schaller, Susanne Bentzien, Ulrich Thein, Peter Aust, Stephan Kuno, Peter Preuss, Heidemarie Wenzel.
Produktion: Veith von Fürstenberg für Bavaria Atelier GmbH. 97 Minuten.
Sendung: 28. 10. 1990 ARD.

INHALT: Um einen Fall von Amtshilfe geht es in diesem TATORT. Kurz nach Öffnung der Mauer führt ein Mord in Verbindung mit illegalem Kunsthandel zu ersten Ost-West-Kontakten. Gemälde aus DDR-Besitz, die im Zuge der Devisenbeschaffung Museen und Privatpersonen abgepresst wurden, sind nach der Wende von ehemaligen Stasi-Mitarbeitern beiseite geschafft worden und sollen nun über die alten Kanäle in den Westen verkauft werden.

1991

Schulz & Schulz 2: Aller Anfang ist schwer
ZDF
Regie: Ilse Hofmann. *Drehbuch*: Krystian Martinek, Neithardt Riedel. *Kamera*: David Slama.
Darsteller: GÖTZ GEORGE (Walter und Wolfgang Schulz), Marlen Diekhoff (Erika Schulz), Martina Gedeck (Britta), Gerhard Garbers (Erwin), Werner Schwuchow (Günther), Monika Peitsch (Frau Gabriel), Klaus J. Behrendt (Seibt), Krystian Martinek (Jochen), Neithardt Riedel (Roger), Irmgart Riessen (Waltraud), Sybille Waury (Dorothee), Bodo-Lothar Frank (Alexander).
Produzent: Markus Trebitsch. *Produktion*: Aspekt Telefilm Produktions GmbH.
Sendung: 31. 3. 1991 ZDF.

Götz George als Walter und Wolfgang Schulz in »Schulz & Schulz«

ZUM FILM: Sowenig wie Ossis und Wessis sich gleichen, bleiben Walter und Wolfgang Schulz, was sie vor der Vereinigung waren: ein Ossi und ein Wessi. Walter feiert mit seiner Familie den 9. November 1989, Wolfgang diskutiert mit seinen Kollegen den wirtschaftlichen Umschwung und beginnt zu handeln; er will in die DDR. Doch sein erster Elan wird vorerst gebremst. Die Trabis dürfen zwar raus, er aber darf nicht »rein«.

Über den unterschiedlichen Auffassungen von gesamtdeutschem Denken und Handeln geraten die Brüder aneinander. Walter wünscht sich, seinen Werbebetrieb für das System in eine Firma für Messebau umzuwandeln. Wolfgang will ihm helfen, doch Walter gefällt die »krumme Tour« des cleveren Bruders nicht. Wolfgang hat aber bereits den Stein ins Rollen gebracht, der bei so vielen Wendehälsen und Ex-Stasi-Funktionären ganz schön ins Auge gehen kann.

Bis zum Hals im Dreck (Schimanski-Tatort)

WDR

Regie: Peter Carpentier. *Drehbuch*: Chiem van Houweninge, Wolfgang Hesse. *Kamera*: Viktor Ruzicka.

Darsteller: GÖTZ GEORGE (Horst Schimanski), Eberhard Feik (Christian Thanner), Chiem van Houweninge (Hänschen), Ilona Schulz, Peter Striebeck, Helmut Stauss, Wilm Roil, Max Herbrechter.

Produktion: Veith von Fürstenberg für Bavaria Atelier GmbH.

Sendung: 9. 6. 1991 ARD.

INHALT: Ein Tierarzt wird an seinem Hochzeitstag tot aufgefunden. War es Selbstmord, oder hat es jemand so dargestellt? Ein Viehzüchter, ein Knecht und die Braut des Toten: Geheimnisse an einem schwierigen Ort. Schimanski sucht nach Lösungen und findet sie ebenso zufällig wie folgerichtig.

Kinderlieb (Schimanski-Tatort)

WDR

Regie: Ilse Hofmann. *Drehbuch*: Bernd Schwamm, Gaby Pauler. *Kamera*: David Slama.

Darsteller: GÖTZ GEORGE (Horst Schimanski), Eberhard Feik (Christian Thanner), Chiem van Houweninge (Hänschen), Florian Dreyer, Wolf-Dietrich Sprenger, Christine Merthan, Wolfgang Reichmann, Saskia Vester, Hansa Czypionka.

Produktion: Veith von Fürstenberg für Bavaria Atelier GmbH. 93 Minuten.

Sendung: 27. 10. 1991 ARD.

INHALT: Durch Zufall stoßen Horst Schimanski und Christian Thanner auf die Leiche eines kleinen Mädchens. Das Kind ist – wie die Gerichtsmedizin feststellt – an den Folgen einer brutalen Vergewaltigung gestorben. Die Mutter bekommt angesichts dieser Tatsache einen Nervenzusammenbruch. Der Bruder, der seine Schwester sehr geliebt haben muss, verweigert jede Aussage. Auch die Mutter ist für die Kripo keine Hilfe.

Die Polizei stößt bei ihren Recherchen in diesem Fall auf allerlei Ungereimtheiten. Offensichtlich haben die Eltern mit ihren Kindern Geschäfte gemacht, haben die Tochter an Pornohändler verschachert, und je tiefer Schimanski und Thanner in diese Geschichte hineinleuchten, desto größere Abgründe tun sich auf ...

ZUM FILM: Soziale Themen standen im Mittelpunkt der besten Schimanski-TATORT-Folgen: Rauschgiftschmuggel in DUISBURG RUHRORT, DAS MÄDCHEN AUF DER TREPPE und DAS HAUS IM WALD, Menschenhandel in KUSCHELTIERE und GEBROCHENE BLÜTEN, Umweltskandal in KIELWASSER, mafiaartige Schutzgelderpressung in RECHNUNG OHNE DEN WIRT. Es ging um Missbrauch von Spendengeldern aus der Gewerkschaftskasse in DER POTT und um Exporte von bei uns verbotenen Arzneimitteln in die Dritte Welt in MEDIZINMÄNNER.

Der 28. und vorletzte Schimanski-TATORT befasst sich schließlich mit sexuellen Missbrauch an Kindern. Kommissar Schimanski und seine Kollegen Thanner und Hänschen sind von der Brutalität der Gegner ganz besonders betroffen, um so mehr, als sie erkennen, dass Eltern mit ihren Kindern ein schmutziges Geschäft betreiben. Und wie immer geht es bei Schimanski in der Geschichte nicht um vordergründige Spannungsmache und Sensationsgier – dafür ist schon Regisseurin Ilse Hofmann Garant.

Es ist ihre fünfte Zusammenarbeit mit Götz George: zwei TATORT-Folgen und die beiden ersten Folgen des ZDF-Erfolges SCHULZ & SCHULZ lagen davor.

Der Fall Schimanski (Schimanski-Tatort)

WDR

Regie: Hajo Gies. *Drehbuch*: Axel Götz, Thomas Weßkamp. *Kamera*: Michael Faust.

Darsteller: GÖTZ GEORGE (Horst Schimanski), Eberhard Feik (Christian Thanner), Chiem van Houweninge (Hänschen), Alexander Ratszum (Zech), Anton Pointecker (Bissinger), Fabio Sarno (Giacomo), Maja Maranow (Corinna/Nora), Horst D. Scheel (Deutscher), Armin Rohde (Pfeifer), Lola Müthel (Renate), Heinrich Schafmeister (Pohl), Peter Fitz (Jahnke), Werner George (Kanzler), Ludger Pistor (Schäfer), Klaus Ifflänter (Kioskbesitzer), Ulrich Matschoss (Königsberg).

Produktion: Veith von Fürstenberg für Bavaria Atelier GmbH. 90 Minuten.

Sendung: 29. 12. 1991 ARD.

KRITIK: ms (= Martin Schlappner) in *NZZ*, 4. 1. 1992.
Götz George in *Der Spiegel*, 1. 4. 1991.

ZUM FILM: Das war nun wirklich zu viel für Horst Schimanski: Da verweigert ihm die Geliebte kurz nach dem gemeinsamen Tête-à-tête das Alibi. Sein Freund Thanner glaubt, er habe die Hand aufgehalten, und dieser Betonkopf von Jahnke (Peter Fitz) lässt den rügenden Vorgesetzten heraushängen.

Diesmal sieht es für den beliebten Kommissar aus dem Ruhrgebiet wirklich nicht besonders gut aus, und ratlos bangt man am Bildschirm, wie er das wohl schaffen mag. Doch er schafft es. Mit einem raffinierten Bluff setzt er seinen Gegenspieler Zech (den Mann hat man tödlich bedroht und erpresst) schachmatt. Bei diesem Finale steht ihm dann doch seine Geliebte Corinna alias Nora Zech (Maja Maranow) zur Seite. Wenn Schimmi am Ende seinem Vorgesetzten Dienstmarke und Revolver hinwirft, dann ist die Ära Schimanski endgültig zu Ende.

Und noch einmal schwenkt die Kamera über die Stadt mit den rauchenden Schloten, die ihm 29 Fälle und zehn Jahre lang Heimat war.

Das Grimme-Gold für MOLTKE hatten sich die Autoren

Götz und Weßkamp zu Herzen genommen (von ihnen stammt der brillante POTT, Regie: Karin Hercher) und für diesen humorvollen und spannenden letzten Fall viele Ideen aufgeboten und manche schlechte oder schlecht realisierte Schimanski-Story vergessen lassen.

Jetzt muss das TATORT-Publikum ohne Schimmi auskommen, es sei denn, die Duisburger Kripo holt ihn in ein paar Jahren noch mal für einen ganz vertrackten Fall zurück. Ein brillanter Abschied! Und ein vorläufiger: Schimanski kam wieder.

1992

Schulz & Schulz 3
ZDF

Regie: Ilse Hofmann. *Drehbuch*: Krystian Martinek, Neithardt Riedel. *Kamera*: Achim Poulheim. *Ausstattung*: Andreas Rudolph.
Darsteller: GÖTZ GEORGE (Walter und Wolfgang Schulz), Marlen Diekhoff (Erika Schulz), Martina Gedeck (Britta), Gerhard Garbers (Erwin), Werner Schwuchow (Günther), Monika Peitsch (Frau Gabriel), Klaus J. Behrendt (Seibt), Krystian Martinek (Jochen), Neithardt Riedel (Roger), Irmgart Riessen (Waltraud), Sybille Waury (Dorothee), Bodo-Lothar Frank (Alexander).
Produzent: Markus Trebitsch. *Produktion*: Aspekt Telefilm Produktions GmbH.
Sendung: 16. 4. 1992 ZDF.

INHALT: Walter sieht dem, was mit der Einheit gekommen ist, äußerst skeptisch entgegen. Seine Tochter Dorothee wohnt bei ihrem Freund in München und will mit ihm nach Miami reisen. Sein Sohn Alexander ist ein richtiger Computer-Freak, und die »Schulz & Schulz oHG« schwimmt ganz schön. Wolfgang stören die Finanzprobleme nicht: Er kann die Ost-Verluste bei seiner gut florierenden West-Firma abschreiben.

Dafür hat er aber privat allerlei Probleme. Er hat sich entschlossen, seine langjährige Freundin zu heiraten. Doch kurz vor der Trauungszeremonie packt ihn die Panik, und er bittet Walter, ihm zu helfen. Wieder kommt es zu beruflichen Zwistigkeiten, als Walter erfährt, dass sein Bruder zu dem ehemaligen Parteifunktionär Günther Kontakte pflegt. Letztlich sorgt ein klärendes Gespräch wieder für gute Verhältnisse.

Schulz & Schulz 4: Neue Welten – alte Lasten
ZDF

Regie: Nico Hofmann. *Drehbuch*: Krystian Martinek, Neithardt Riedel.
Darsteller: GÖTZ GEORGE (Wolfgang und Walter Schulz), Marlen Diekhoff (Erika), Gerhard Garbers (Erwin), Irmgart Riessen (Waltraud), Werner Schwuchow (Günther), Eleonore Weisgerber (Frau Wolf-Blankenburg), Sybille Waury (Dorothee), Bodo-Lothar Frank (Alexander), Martina Ge-

deck (Britta), Klaus J. Behrendt (Seibt), Krystian Martinek (Jochen), Neidhardt Riedel (Roger), Ingeborg Christiansen (Schwester Ingeborg), Claudia Rieschel (Rechtsanwältin), Carin Abicht (Frau Eggers), Werner Cartano (Herr Blasche), Bodo Schielicke (Horst), Holger Mahlich (Herr Matthias), Majid Farahat (Taxifahrer), Hermann Toelcke (Arzt), Jack Carman-Paxton (Mr. Dickson), Georg Troeger (Trabbifahrer), Mario Lohmann (Patrick), Clark Dunbar (1. Amerikaner), Riszyard Wojtyllo (Offizier), Christoph Leszcynski (1. Russe), Katja Seka (Stewardess), Wolfgang Riehm (Helfer), Thomas Engel (1. Pfleger), Sebastian Faust (2. Pfleger), Antonio & Ricardo Colle (Zwillinge), Sven Viereck (Double).
Produzent: Markus Trebitsch. *Produktion*: Aspekt Telefilm Produktions GmbH.
Sendung: 27. 12. 1992 ZDF.

ZUM FILM: »Am Ende bis zum Hals eingegipst, ewige Rache schwörend: Der eine will dem anderen die Knochen brechen, der andere dem Bruder die Hucke voll hauen – nach erfolgreicher Genesung, versteht sich ... Die deutsch-deutschen Zwillinge noch immer im Dauerstress mit den unterschiedlichen Vorstellungen von deutsch-deutscher Vergangenheit« (oh in KStA vom 24. 12. 1992).

Das Ganze unter dem Motto: »Neue Welten – alte Lasten«. Beste Idee: Der Stasi-Park, der den untergegangenen Mauerstaat in Originalpracht der DDR-Vergangenheit zeigt.

1993

Morlock – Kinderkram
WDR/SDR/RAI II./TF 1

Regie: Peter F. Bringmann. *Drehbuch*: Axel Götz, Thomas Weßkamp. *Regieassistentin*: Anke Becker. *Kamera*: Frank Brühne. *Schnitt*: Annette Dorn. *Ausstattung*: Claus Kottmann. *Kostüme*: Claudia Bobsin.
Darsteller: GÖTZ GEORGE (Carl Morlock), Maddalena Crippa (Anna Martens), Edgar M. Böhlke (Leon Baal), Stefan Reck (Engelbert Steiger), Viktoria Brahms (Ariane Wedau), Muriel Noel-Baumeister (Sandra Zorn), Hubert Schult (Georg Bloeb), Wolf Dietrich Berg (Staatssekretär Hofer), Helmut Stauss (Georg Bacher).
Produzent: Michael Hild. *Produktion*: Bavaria Atelier GmbH. *Redaktion*: Dietger Bansberg, Heidi Steinhaus.
Sendung: 17. 2. 1993 ARD.

Kritik: Klaus Brühne in *Filmdienst* 3/1993.

»MORLOCK ist eine ganz extrem komplexe Geschichte, wo viel recherchiert werden muss, anders als beim Schimanski, wo man sich eine Kriminalgeschichte ausdenken konnte. Da konntest du dir einen sozialen oder politischen Hintergrund suchen und die Figur einsetzen.

Hier beim MORLOCK ist es eine ganz andere Situation: Es ist im Grunde genommen eine Figur, und es sind zwei

Charaktere, und das muss man bedienen. Das erste Buch ist ja auch immer das schwerste. Da muss man überlegen – und das haben wir jetzt bei vielen Gesprächen gemacht –, wo läuft diese Figur hin, wie kann ich sie erweitern, und – das ist ja das Schwierige bei einer neuen Figur – wir müssen ihr ja erst einmal einen Charakter geben. Bei der ersten Folge braucht man dafür Zeit, und das ist für das Publikum schwierig, es muss erst einmal daran gewöhnt werden. Wenn die Figur dann steht, kann man direkt in die Geschichte reinspringen.

Jetzt muss man erst das ganze Umfeld erklären, die Situation Frau – Mann, den Beruf und dann noch die Geschichte. Das ist ein Riesenkomplex, der nimmt Zeit in Anspruch, und da muss der Zuschauer eben mitspielen. Und dann weiß man ja: eine solche neue Figur wird nicht unbedingt gleich angenommen, da ist ein Eingewöhnungsprozess nötig.« (G. G.)

Morlock 2 – Die Verflechtung
WDR/SDR/RAI

Regie: Dominik Graf. *Drehbuch*: Rolf Basedow, Ulrich Limmer, nach einer Erzählung von Ralf Mertel. *Kamera*: Benedict Neuenfels. *Schnitt*: Christel Suckow. *Musik*: Paul Vincent Gunia, Dominik Graf, Helmut Spanner. *Regieassistenz*: Connie Walther.

Darsteller: GÖTZ GEORGE (Carl Morlock), Maddalena Crippa (Anna Martens), Edgar M. Böhlke (Leon Baal), Stefan Reck (Engelbert Steiger), Ernst Jacobi (Drebkow), Siegfried Pappelbaum (Noack), Manfred Möck (Kaiser), Fred Arthur Geppert (Sänger), Petra Kleinert (Frau Struck), Lutz Teschner, Dieter Lassank, Angelika Hart, Götz Otto, Helke Rossinger, Muriel Baumeister, Horst Kotterba, Silvia von Sponsen, Gregor Bloeb.

Produzent: Michael Hild. *Produktion*: Bavaria Atelier GmbH. *Redaktion*: Dietger Bansberg, Heidi Steinhaus.
Sendung: 26. 5. 1993 ARD.

ZUM FILM: »Einst war der Osten rot, jetzt ist er nur noch wild. Alte Seilschaften ziehen unermüdlich ihre Fallstricke, Mord steht auf der Tagesordnung. Kinder zerkratzen die Autos, und Jugendbanden räumen sie aus ... Marktwirtschaft blüht. Mit Betrug, Erpressung, Bilanzfälschungen und ähnlichen Manipulationen ... Morlock zwischen allen Fronten … unrealistisch, aber spannend.« (Klaus Wienand in *KStA*)

Morlock 3 – König Midas
WDR/SDR/RAI

Regie: Klaus Emmerich. *Drehbuch*: Uwe Wilhelm nach einer Vorlage von Axel Götz/Thomas Weßkamp. *Kamera*: Arthur W. Ahrweiler. *Schnitt*: Romy Schumann. *Musik*: Irmin Schmid. *Ausstattung*: Egon Strasser.
Darsteller: GÖTZ GEORGE (Carl Morlock), Maddalena Crippa (Anna Martens), Edgar M. Böhlke (Leon Baal), Max Herbrechter (Martin Freisleder), Roth Wohlschlegel (Pahls-

dorf), Nicole Kaminski (Maria Kammer), Jörg Ratjen (Willem van Lippens), Stefan Reck (Engelbert Steiger), Muriel Baumeister (Sandra Zorn), Gregor Bloeb (Hubert Schult).
Produzent: Michael Hild. *Produktion*: Bavaria Atelier GmbH.
Redaktion: Dietger Bansberg, Heidi Steinhaus.
Sendung: 3. 11. 1993 ARD.

INHALT: Carl Morlock hat den Auftrag, einen maroden privaten Fernsehsender zu sanieren. Die Aufgabe macht ihn blind für die Dinge um ihn herum. Die Explosion eines Elektrobohrers, bei der ein Bekannter von Anna Martens ums Leben kommt, bringt ihn wieder auf den Boden der Realität. Und er bemüht sich, herauszufinden, ob es sich bei dem Todesfall um Sabotage und Mord handelt.

Schulz & Schulz 5
BRD

Regie: Nico Hofmann. *Drehbuch*: Krystian Martinek, Neithardt Riedel.

Darsteller: GÖTZ GEORGE (Wolfgang und Walter Schulz), Marlen Diekhoff (Erika), Gerhard Garbers (Erwin), Irmgard Riessen (Waltraud), Werner Schwuchow (Günther), Bodo-Lothar Frank (Alexander), Martina Gedeck (Britta), Klaus J. Behrendt (Seibt), Krystian Martinek (Jochen), Neidhardt Riedel (Roger), Lennart & Lasse Jacob (die Zwillinge), Sigi Kroworz (Kurt), Gilbert Andre Ehoulan (Mr. Jumatano), Suzanne von Borsody (Frau Zetsmann), Claudia Rieschel (Frau Carlberg), Henryk Nolewajka (Ausländer), Stuart Kummer (Angestellter im Einwohnermeldeamt), Paolino Cherchi (Paolino), Jens Wesemann (1. Arbeiter), Thomas Ruhmöller (2. Arbeiter), Anke Johanna Kröning (Elfriede, Günthers Frau), Michael Lott (Bahnvertreter), Werner Langanke (Wirt), Marek Wlodarezyk (Pjotr), Flena Nagel (Irina), Fjodor Olev (Oleg), Olga Baysel (Anuschka), Bodo Schielicke (Horst), Matthias Fuchs (Clemens von Hartmann), Ralph Hönicke (Gruppenführer), Jan Peter Heyne (Polizist), Oliver Bode (junger Mann), Moritz Bleibtreu (Kalle), Martin Horn (Wolf), Lena Owusu-Lohmann (1. Kubanerin). Nicole de Oliveira-Newes (2. Kubanerin), Cornelia Brammen (junge Frau), Dr. Wolfgang Herles (Moderator), Alexander Niemetz (1. Interviewer), Brigitte Bastgen (2. Interviewer), Klaus Lensch (Industrieller), Monika Iserloth (Dame), Rosemarie Lensch (Hausangestellte), Sven Viereck (Double), Martin Kuiper (Adonis), Johanna Wünsch (Malerin).

Produzent: Markus Trebitsch. *Produktion*: Aspekt Telefilm Produktions GmbH.
Sendung: 22. 11. 1993 ZDF

ZUM FILM: »Sie sind alle immer noch da: Erwin mit der Videothek, Genosse Günther, dem einst das SED-Abzeichen so vortrefflich stand, die schöne Britta mit den beiden Milupa-Kindern – und natürlich Götz George; der Schulz in uns allen.

Als Ost-West-Zwilling wurde er vor zwei Monaten erst

vom Bundespräsidenten für seine Verdienste um die Deutsche Einheit geehrt, da tobt er schon in einer weiteren Folge über den zweiten vereinigten Bildschirm.

Die Geschichte von den Zwillingsbrüdern Walter (Ost) und Wolfgang (West) läßt sich eben so lange fortspinnen, solange noch zusammenwächst, was mal zusammengehörte. Aber wie unser aller Einigungsprozeß ist auch SCHULZ & SCHULZ 5 bei weitem nicht mehr so komisch wie noch 1989: Walters Firma macht gerade Pleite (›Das ist eben Marktwirtschaft!‹), Wolfgangs 280-qm-Wohnung soll an arme Russenaussiedler zwangsvermietet werden (das soll Hamburger Sozialpolitik sein). Genosse Schneeberg macht jetzt in Neue Rechte, und Walters Sohn Alex treibt sich bei Rostocker Neonazis rum.« (Klaudia Brunst in *TAZ* vom 23. 11. 1993)

Andrea Sawatzki und Götz George in »Das Schwein«

1994

Morlock 4 – Der Tunnel
WDR/SDR/RAI
Regie: Yves Boisset. *Drehbuch*: Alain Scoff, Yves Boisset. *Kamera*: Yves Dahan. *Schnitt*: Laurence Leininger. *Regieassistent*: Therry Lasheras.
Darsteller: GÖTZ GEORGE (Carl Morlock), Catherine Wilkening (Isabelle), Macha Meril (Juliette d'Ortes), Marc Chapieau (Geronimo), Gerhard Klein (Courtois), Edgar M. Böhlke (Baal), Bernard Bloch (Colbert), Yves Afonso (Loubiac).
Produzent: Michael Hild. *Produktion*: Bavaria Atelier GmbH.
Redaktion: Dietger Bansberg, Heidi Steinhaus.
Sendung: 9. 3. 1994 ARD.

KRITIK: Andreas Rossmann in *FAZ*, 11. 3. 1994.

ZUM FILM: Morlock ist diesmal in Frankreich zugange.

Taten, Orte, Kommissare (Dokumentation)
WDR
Regie: Manfred Behrens.
Von 1970, dem TATORT: TAXI NACH LEIPZIG, bis 1994 zum 300. TATORT: UND DIE MUSI SPIELT DAZU.
Sendung: 7. 12. 1994 WDR 3.

1995

Das Schwein (Dreiteiler)
SAT 1
Regie: Ilse Hofmann. *Drehbuch*: Karl Heinz Willschrei. *Kamera*: Daniel Koppelkamm. *Schnitt*: Hans-Otto Krüger. *Musik*: Andreas Köbner. *Ausstattung*: Götz Heymann. *Kostüme*: Gerhard Gollnhofer.
Darsteller: GÖTZ GEORGE (Stefan Stolze), Daniel Weiß (Stefan, 15 Jahre), Rosemarie Fendel (Monika Stolze, seine Mutter), Gudrun Landgrebe (Sybille Curtius, Stefans zweite Frau), Roland Schäfer (Harald Curtius, ihr erster Ehe-

mann), Andrea Sawatzki (Alice von Lück, Stefans erste Ehefrau), Hans Michael Vogler (Theodor von Lück, Alices Vater), Martina Gedeck (Wanda Weissenfeld, Stefans Geliebte), Felix von Manteuffel (Lutz Krüger, Stefans Geschäftspartner), Richard Kropf (Lutz Krüger, 15 Jahre), Marie Bäumer (Rita Krüger, 15 Jahre), Arthur Brauss (Hans Deterding, Stefans Geschäftspartner), Rudolf Wessely (Karl-Heinz Bertel, Stefans Vater), Michael Mendl (Robert Korda, Stefans Kumpel im Gefängnis), Edda Leesch (Eva Korda, Roberts Frau), Bernd Uwe Reppenhagen (Dr. Wiegend, Direktor der Treuhandanstalt), Fabian Heinrich (Tillmann Lenz, Stefans Schulfreund), Janine Baumgarten (Christa Lenz, seine Schwester), Jürgen Heinrich (Herr Lenz, Tillmanns Vater).
Produzent: Karl Heinz Willschrei. *Produktion*: Nostro-Film GmbH. 3 x 90 Minuten.
Sendung: 19./21./22. 3. 1995 SAT 1.

KRITIK: Florian Illies in *FAZ*, 18. 3. 1995; Arnold Hohmann in *SZ*, 18. 3. 1995; Thomas Klug in *KStA*, 18. 3. 1995.

ZUM FILM: »… Da erhofft man sich in Stefan Stolze so etwas wie den Protagonisten des schäbigen Deutschen schlechthin, eines Opportunisten, der sich jedem Drehen des politischen Windes anzupassen versteht.

Aber für das große politische Zeitstück, da fehlen dem versierten Krimi-Autor Willschrei einfach der lange Erzähllatem und die dramaturgischen Mittel. Regisseurin Ilse Hofmann kann nur umsetzen, was vorhanden ist, einen im Grunde sehr eindimensionalen Charakter, der ohne große Entwicklung sehr zielstrebig über Leichen und durch die Jahrzehnte schreitet…« (Arnold Hohmann)

Der König von Dulsberg
NDR
Regie: Petra Haffter. *Drehbuch*: Felix Huby. *Regieassistenz*: Ilga Sill. *Kamera*: Carl-Friedrich Koschnick. *Schnitt*: Stefanie

Möbius. *Ausstattung*: Irene Schrader-Strauß. *Kostüme*: Brigit Gruse.

Darsteller: GÖTZ GEORGE (Bruno Bülle), Angelika Milster (Ellen, seine Frau), Katja Flint (Roxana), Luis Lamprecht (Nägele), Gert Haucke (Berger). Matthias Fuchs (Bürgermeister), Peer Jäger (Dr. Wettig), Heinz Werner Kraehkamp (Heinz Laschke), Karin Rasenack (Frau Meinecke), Clemens Gerhard (Frank Bülle), Emilio Castoldi (Gottfried Zorn), Michael Deffert (Olav Knäbich), Achim Grubel (Penner Hans), Ilona Schulz (Pennerin Rosa).

Produzent: Markus Trebitsch *Produktion*: Aspekt Telefilm Produktions GmbH.

Sendung: 26. 7. 1995 ARD.

Der Sandmann

RTL 2

Regie: Nico Hofmann. *Drehbuch*: Matthias Seelig. *Kamera*: Tom Fährmann. *Schnitt*: Inge Behrens. *Musik*: Nick Glowna. *Ausstattung*: Thomas Freudenthal. *Kostüme*: Christina Schnell. *Regieassistent*: Stuart Kummer.

Darsteller: GÖTZ GEORGE (Henry Kupfer), Barbara Rudnik (Sabine Amman), Karoline Eichhorn (Ina Littmann), Martin Armknecht (Volker Lommel), Jürgen Hentsch (Stulpe), Rudolf Kowalski (Neuhaus), Matthias Fuchs (Zwick), Michael Brandner, Ilka Teichmüller, Götz Argus.

Produzent: Norbert Sauer, Gerhard V. Richthofen. *Produktion*: Westdeutsche Universum. 120 Minuten.

Sendung: 5. 10. 1995. RTL2

KRITIK: Frank Thomsen in *KStA*, 5. 10. 1995.

INHALT: Ein verurteilter Mörder (Götz George) wird im Gefängnis zum gefeierten Bestsellerautor. Nach seiner Entlassung wird er Stargast in einer Showsendung, aus der er flieht. Als die ehrgeizige Redakteurin (Karoline Eichhorn), die ihn ‚eingekauft‘ hat, nach der Sendung nach Hause kommt, wartet Kupfer bereits auf sie …

Der Mann auf der Bettkante

SAT 1

Regie: Chrisoph Eichhorn. *Drehbuch*: Evelyn Holst-Kusserow. *Kamera*: Frank Griebe. *Schnitt*: Moune Barius. *Ausstattung*: Will Kley. *Kostüme*: Anne Hoffmann. *Regieassistent*: Marc Rothemund.

Darsteller: GÖTZ GEORGE (Jack Förnbeißer), Constanze Engelbrecht, (Marlene), Roland Renner (Hajo), Dieter Montag (Michaelsen), Michael Gwisdek (Stachniak), Jessica Kosmalla (Silke Fuss), Ute Lubosch (Jenna Wissbach), Sona MacDonald (Frau Heischreck), Werner Eichhorn (Helmut Hogl), Barbara Morawiecz (Uta), Dagmar Biener (Rosaria), Christine Buchegger (Eva), Chantal De Freitas (Marisa), Carola Regnier (Sandra).

Produzentin: Susan Nielebock. *Produktion*: Rialto Film GmbH.

Sendung: 8. 10. 1995 RTL.

1996

Tote sterben niemals aus/Big Ben/Doppelspiel

ZDF

Regie: Jürgen Goslar. *Drehbuch*: Jiri Polak. *Kamera*: Bert Meister. *Schnitt*: Sabine Jagiella. *Musik*: Eberhard Schoener. *Ausstattung*: Götz Heymann. *Kostüme*: Anne-Gret Oehme. *Regieassistenz*: Karla Fletscher.

Darsteller: GÖTZ GEORGE (Benno/Theobald), Angelika Waller (Doris Kutowski), Manfred Lehmann (Dietrich), Peter Fitz (Feist), Ulrike Kriener (Marianne Kleinfeld), Luise Helm (Silke Kleinfeld), Horst Krause (Doberke), Walter Schmidinger (Augustin Wolski), Georg Thyrphon (Walter Seeliger), Jörg Friedrich (Gernot Dutschke), Gundula Köster (Tina), Helmut Stauss (Trampe), Evelyn Meika (Frau Gogele), Markus Dietz (Herrmann Wagemuth), Katja Brügger (Edith Böttcher), Horst Westphal (Nothelfer), Petra Hinze (Frau Weber-Stahl), Thomas Lawincky (Sozialamt-Sachbearbeiter Yupy), Peter Drescher (Choleriker), Peter Grüning (der Hagere), Silke Jensen (Sabine), Klaus Tilsner (Gerichtsvollzieher), Christine Harbort (Betreuerin in der evangelischen Mission), Constanze Roeder (Angestellte).

Produzenten: Norbert Sauer, Laila Stieler. *Produktion*: UFA Fernseh-Produktion.

Sendung: 25. 3. 1996 ZDF

KRITIK: Marcus Herftneck in *SZ*, 25. 3. 1996; Klaudia Brunst in *TAZ*, 25.3.1996.

INHALT: Das Fuhrunternehmen des hoffnungsvollen Aufsteigers Benno brennt ab. Die Versicherunspolice war allerdings am Vortag abgelaufen. Jetzt geht es ganz bergab, beginnend mit dem Gerichtsvollzieher, dann kommt das Sozialamt, wo Benno von einem cleveren Kollegen lernt, wie man dort zu Wohlstand kommt.

ZUM FILM: »Die Komödie bewegt sich … ästhetisch und dramaturgisch auf absolut sicherem Parkett. Erzählt wird uns eine konventionelle Verwechslungskomödie, die mit einer Katastrophe beginnt, einem Happy End schließt – und dazwischen die üblichen Turbulenzen bereithält.« (Klaudia Brunst)

Das Tor des Feuers

SAT 1

Regie: Kaspar Heidelbach. *Drehbuch*: Sascha Arango. *Kamera*: Fred Schuler.

Darsteller: GÖTZ GEORGE (Harry Kowa), David Schelle (Yuri), Anette Hellwig (Hannah Kowa), Christian Berkel (Christian Sander), Corinna Harfouch (Stromberg), Klaus J. Behrendt (Kommissar Heckmann), Thomas Thieme (Tischler), Gerd Warmeling (Uhrmacher), Walter Kreie (Christian Sander).

Produktion: Markus Trebitsch für Aspekt-Telefilm. 90 Minuten.

Sendung: 10. 11. 1996 SAT 1

KRITIK: Ponkie in *AZ*, 12. 12. 1996.

ZUM FILM: Kowa ist Leibwächter des Vorsitzenden der Waffenkontrollkommission. Er ist deutschen Firmen auf der Spur, die in Nahost in dunkle Geschäfte verwickelt sind.

1997

Wenn sie mich nur spielen lassen – Erinnerungen an Heinrich George

Regie: Irmgard von zur Mühlen.
Darsteller: Berta Drews, GÖTZ GEORGE, Heinrich George.
Produktion: Bengt von zur Mühlen für B1. 59 Minuten.
Sendung: 25. 3. 1997 SFB.

Schimanski – Die Schwadron
WDR

Regie: Joseph Rusnak. *Drehbuch*: Joseph Rusnak. *Kamera*: Wedigo von Schultzendorff. *Schnitt*: Corinna Dietz. *Ausstattung*: Frank Polosek. *Kostüme*: Barbara Grupp. *Regieassistenz*: Michael Kreindl.
Darsteller: GÖTZ GEORGE (Schimanski), Stephen Wink (Tobias Schrader), Robert Viktor Minich (Scholl), Mathias Redlhammer (Krieger), Geno Lechner (Ilse Bonner), Pierre Shrady (Hinrich), Hermann Beyer (Günther Grollmann), Laura Tonke (Nina), Diego Wallraff (Amecaj), Denise Virieux (Marie-Claire), Frango Mairincic (Sojak), Nikolas Lansky (Boisson), Dirk Marlens (Ziegenbart).
Produzenten: Dr. Georg Feil, Sonja Goslicki. *Produktion*: Colonia Media. *Redaktion*: Alexander Wesemann. 90 Minuten.
Sendung: 9. 11. 1997 ARD.

KRITIK: Rüdiger Heimlich in *FR*, 5. 11.1997; Norbert Hummel in *KStA*, 18. 11. 1997.

INHALT: Horst Schimanski hat sich nach seiner Suspendierung vom Dienst bei der Duisburger Mordkommission als Boxtrainer nach Belgien zurückgezogen. Eines Tages schickt ihm Ilse Bonner, leitende Oberstaatsanwältin beim Düsseldorfer Oberlandesgericht, zwei Männer ins Haus. Der Grund: Sie will Schimanskis Einsatz im Fall einer Bande von Mafiosi, deren Brutalität auch Schimanskis Freund Thanner zum Opfer gefallen ist. Schimanski kehrt zurück, um herauszufinden, wer hinter dem blutigen Taten steckt.

Immer auf dem Sprung
WDR

Regie: Ilona Kalmbach.
Dokumentarfilm über Götz George.
Produktion: WDR Fernsehen. *Redaktion*: Christhardt Burgmann. 45 Minuten.
Sendung: 5. 11. 1997 WDR 3.

KRITIK: rhl (= Rüdiger Heimlich) in *FR*, 5. 11. 1997.

Schimanski – Blutsbrüder
WDR

Regie: Hajo Gies. *Drehbuch*: Hansjörg Thurn, *Kamera*: Axel Block. *Schnitt*: Moune Barius. *Ausstattung*: Frank Polosek. *Kostüme*: Judith Holste.
Darsteller: GÖTZ GEORGE (Horst Schimanski), Geno Lechner (Ilse Bonner), Matthias Redlhammer (Krieger), Robert Viktor Minich (Scholl), Christoph Waltz (Mandel), Denise Virieux (Marie-Claire).
Produzenten: Dr. Georg Feil, Sonja Goslicki. *Produktion*: Colonia Media. *Redaktion*: Alexander Wesemann. 90 Minuten.
Sendung: 23. 11. 1997 ARD.

KRITIK: Rüdiger Heimlich in *FR*, 5. 11.1997; bat in *FAZ*, 15. 11. 1997; Ponkie in *AZ*, 18. 11. 1997.

INHALT: Schimanski soll nur eben mal den Wirtschaftsverbrecher Mandel in einem belgischen Gefängnis abholen und nach Düsseldorf bringen. Doch ganz so einfach ist das nicht, denn Killer sind hinter Mandel her.

Schimanski – Hart am Limit
WDR

Regie: Hajo Gies. *Drehbuch*: Uwe Erichsen, Horst Vocks, Hartmut Grund. *Kamera*: Axel Block. *Schnitt*: Moune Barius. *Ausstattung*: Alexander Scherer. *Kostüme*: Barbara Grupp.
Darsteller: GÖTZ GEORGE (Horst Schimanski), Steffen Wink (Tobias Schrader), Geno Lechner (Ilse Bonner), Matthias Redlhammer (Krieger), Robert Viktor Minich (Scholl), Anica Dobra (Uta Maubach), Nina Petri (Regina Maubach), Henry Hübchen (Keller), Sebastian Koch (Dirk Vogel), Rudolf Kowalski (Berger), Christian Tasche (Freese).
Produzenten: Dr. Georg Feil, Sonja Goslicki. *Produktion*: Colonia Media. *Redaktion*: Alexander Wesemann. 90 Minuten.
Sendung: 30. 11. 1997 ARD.

KRITIK: Rüdiger Heimlich in *FR*, 5. 11.1997.
INHALT: Schimanskis neuer Job, die frühzeitig entlassene Terroristin Uta Maubach zu überwachen, erweist sich als eine äußerst gefährliche Aufgabe. Nicht nur die ehemaligen Kampfgefährten liefern Probleme, auch die Leute vom BKA hat er plötzlich gegen sich.

1998

Schimanski – Muttertag
WDR

Regie: Markus Schlichter. *Drehbuch*: Horst Vocks. *Kamera*: Markus Hausen. *Schnitt*: Guido Krajewski, *Musik*: Klaus Wagner. *Ausstattung*: Florian Haarmann. *Kostüme*: Barbara Grupp.
Darsteller: GÖTZ GEORGE (Horst Schimanski), Steffen Wink

(Tobias Schrader), Susanne von Borsody (Julia Schäfer), Matthias Redlhammer (Krieger), Robert Viktor Minich (Scholl), Denise Virieux (Marie-Claire), Sylvester Groth (Marko), Johan Leysen (Dr. Jonathan Gordon), Eleonore Weisgerber (Frau Wörner), Thierry van Verwicke (Marnix). *Produzenten*: Dr. Georg Feil, Sonja Goslicki. *Produktion*: Colonia Media. *Redaktion*: Alexander Wesemann. 90 Minuten. *Sendung*: 25. 10. 1998 ARD.

INHALT: Schimanski fahndet in Kroatien nach einem jungen deutschen Söldner, von dem es heißt, er sei im Kampfeinsatz gefallen. Die Mutter, eine Freundin der neuen Staatsanwältin Julia Schäfer, will Gewissheit …

Schimanski – Rattennest
WDR

Regie: Hajo Gies. *Drehbuch*: Horst Vocks. *Kamera*: Axel Block. *Schnitt*: Guido Krajewski. *Musik*: Günther Illi. *Titelsong*: The Brandalls. *Ausstattung*: Naomi Schenck. *Kostüme*: Barbara Grupp.
Darsteller: GÖTZ GEORGE (Horst Schimanski), Steffen Wink (Tobias Schrader), Susanne von Borsody (Julia Schäfer), Matthias Redlhammer (Krieger), Robert Viktor Minich (Scholl), Denise Virieux (Marie-Claire), Tobias Schenke (Janni), Tonio Arango (Ali), Hans-Jörg Assman (Herstein), Camilla Renschle (Andrea), Marion Reuter (Almut), Robert Stadlober (Rumpelstielzchen), Matthias Beltz (Radiosprecher).
Produzenten: Dr. Georg Feil, Sonja Goslicki. *Produktion*: Colonia Media. *Redaktion*: Alexander Wesemann. 90 Minuten. *Sendung*: 15. 11. 1998 ARD.

INHALT: Bei zwei ermordeten Straßenkids in Duisburg findet man Schimanskis alte Polizeimarke, die er dem achtjährigen Sohn seiner damaligen Freundin geschenkt hat. Aber gerade dieser Janni ist verschwunden, und Horst ist der Sache auf der Spur …

Schimanski – Geschwister
WDR

Regie: Mark Schlichter. *Buch*: Horst Vocks, Helmut Krapp. *Kamera*: Markus Hausen. *Schnitt*: Guido Krajewski, *Musik*: Klaus Wagner. *Ausstattung*: Detlef Provvedi. *Kostüme*: Barbara Grupp.
Darsteller: GÖTZ GEORGE (Horst Schimanski), Steffen Wink (Tobias Schrader), Susanne von Borsody (Julia Schäfer), Matthias Redlhammer (Krieger), Robert Viktor Minich (Scholl), Denise Virieux (Marie-Claire), Hannes Jaenicke (Ewers), Sandra Speichert (Laura), Roman Knizka (Andy), Max Herbrechter (Staatsanwalt Merkel), Michael König (Polizeipräsident), Birol Ünel (Pele), Paul Faßnacht (Van Meeren).
Produzenten: Dr. Georg Feil, Sonja Goslicki. *Produktion*: Colonia Media. *Redaktion*: Alexander Wesemann. 90 Minuten. *Sendung*: 6. 12. 1998 ARD.

INHALT: Weil Marie-Claire eine Affäre hat, kehrt Schimanski nach Duisburg zurück. Dort bittet ihn sein alter Bekannter Andy, Fahnder bei der Duisburger Kripo, um Hilfe, seine verschwundene Schwester wiederzufinden…

Die Bubi Scholz Story (Zweiteiler)
WDR

Regie: Roland Suso Richter. *Drehbuch*: Uwe Timm. *Kamera*: Martin Langer. *Schnitt*: Eva Schnare. *Ausstattung*: Bettina Schmidt. *Kostüme*: Silke Sommer.
Darsteller: GÖTZ GEORGE (Bubi Scholz), Benno Fürmann (der junge Bubi), Angela Winkler (Helga), Nicolette Krebitz (die junge Helga), Heinrich Schmieder (Klaus Eckleben, jung), Dietmar Mues (Klaus Eckleben, alt), Alexandra Maria Lara (Renate, jung), Elisabeth Trissenaar (Renate, alt), Michael Gwisdek (Trainer Lado Taubeneck), Horst Krause (Manager Fritz), Katharina Meinecke (Dr. Kranz, Psychologin), Hanns Zischler (Otto Grimm), Dieter Pfaff, Udo Samel, Susanne Bormann, Renate Krößner.
Produzent: Günter Rohrbach. *Produktion*: MTM west Television & Film, Köln, Andreas Bareiss mit WDR, NDR, SFB. 2 x 90 Minuten.
Sendung: 30. 12. 1998/1. 1. 1999 ARD.

KRITIK: mal in *WDRprint*, Dezember 1998; Sven Bodecker in *Die Woche*, 18. 12. 1998; Wilfried Geldner in *SZ*, 30. 12. 1998; Lutz Kinkel in *StZ*, 30. 12. 1998; Birgit Glombitza in *TAZ*, 30. 12. 1998; Hans Hoff in *RP*, 30. 12. 1998; Marcus Bäcker in *KStA*, 2. 1. 1999; Lothar Gorris in *Der Spiegel*, 19. 1. 1998; Hans-Joachim Neumann in *Zitty* 26/1998.

INHALT: Die Verfilmung der Lebensgeschichte des großen Sportidols der Fünfzigerjahre, Bubi Scholz, vor dem Hintergrund der deutschen Nachkriegsgeschichte und des Wirtschaftswunders.

1999

Die Entführung
SAT 1

Regie: Peter Patzak. *Drehbuch*: Norbert Ehry. *Kamera*: Andreas Käfer.
Darsteller: GÖTZ GEORGE (Carl Heidfeld), Muriel Baumeister (Ina Heidfeld), Leonard Lansink (Kommissar Trombik), Heikko Deutschmann (Jens Stahl), Sylvia Haider (Lene).
Produzent: Dr. Eberhard Jost. *Produktion*: Telefilm Saar für SAT 1. 92 Minuten
Sendung: 6. 4. 1999 SAT 1.

KRITIK: Karin Steinberger in *SZ*, 6. 4. 1999; Tobias Rapp in *TAZ*, 6. 4. 1999; Ponkie in *AZ*, 8. 4. 1999.

INHALT: Carl Heidfeld sucht seine entführte Tochter. Als er sie findet, gehen ihm so manche Lichter auf…

Götz George in dem Thriller »Die Entführung«

Schimanski – Sehnsucht

WDR

Regie: Hajo Gies. *Drehbuch*: Hansjörg Thurn. *Kamera*: Marco Petry, Axel Block. *Musik*: Günter Illi.

Darsteller: Götz George (Horst Schimanski), Suzanne von Borsody (Julia Schäfer), Julian Weigend (Hunger), Matthias Redlhammer (Krieger), Denise Virieux (Marie-Claire), Renée Soutendijk (Eva Marsfeldt), Veit Stübner (Mammut), Chiem van Houweninge (Hänschen), Roman Rossa, Dietrich Adam.

Produzenten: Dr. Georg Feil, Sonja Goslicki. *Produktion*: Colonia Media. *Redaktion*: Alexander Wesemann. 90 Minuten.

Sendung: 7. 11. 1999 ARD.

KRITIK: Marcus Bäcker in *KStA*, 6. 11. 1999; Lars Bigge in *RP*, 6. 11. 1999; Harald Keller in *FR*, 9. 11. 1999; Thomas Gehringer in *Der Tagesspiegel*, 7. 11. 1999; Joachim Huber in *Der Tagesspiegel*, 9. 11. 1999.

INHALT: Mammut Schulz platzt mit aller Wucht in Schimanskis und Marie-Claires Reisevorbereitungen. Schimanski hatte ihm seinerzeit einmal Straffreiheit zugesichert, doch wegen eines Verfahrensfehlers musste Mammut eine langjährige Haftstrafe absitzen. Jetzt fordert er gewissermaßen Genugtuung, indem Schimanski Schulz' damalige große Liebe, Olga, suchen soll. Doch diese Detektivarbeit gestaltet sich sehr schwierig, weil einige Menschen mit aller Macht verhindern wollen, dass Olga von Schimanski aufgespürt wird, und diese Zeitgenossen sind in der Wahl ihrer Mittel nicht gerade zimperlich. Zugleich scheint Olgas Schicksal auch auf hoher politischer Ebene von großem Interesse zu sein. Da Mammut zudem unter Mordverdacht steht, wird er von dem jungen, außerordentlich forschen LKA-Beamten Hunger gejagt. Dieser hat hierfür in jeder Hinsicht die Unterstützung der Oberstaatsanwältin Schäfer. Es sieht mal wieder so aus, als hätten sich alle gegen Schimanski verbündet. Doch da taucht zum Glück noch eine Person aus der Vergangenheit auf: Hänschen ist in das Polizeipräsidium

nach Duisburg zurückgekehrt und hält Schimanski für kurze Zeit den Rücken frei.

2000

Racheengel – Die Stimme aus dem Dunkeln

PRO7

Regie: Thorsten Näther. *Drehbuch*: Caroline Hecht, Jochen Pahl. *Kamera*: Thomas Erhart. *Musik*: Sig Mueller.

Darsteller: Götz George (Dr. Meinfeld), Carin C. Tietze (Hauptkommissarin König), Tim Bergmann (BKA-Kommissar Martin Blank), Chiara Schoras (Tanja), Dieter Pfaff (Gabriel), Tim Wilde (Kommissar Langer), Emily Behr (Corinna), Victor Schefé (Karl).

Sendung: 1. 10. 1999 Pro7.

KRITIK: Ponkie in *AZ*, 4. 10. 1999.

ZUM FILM: Die RACHEENGEL-Thriller-Methode nach Pro7-Art: Immer eine Umdrehung zu viel, hektisch aufgemotzt, plump dämonisiert. Der Psycho-Horror um Mord in Hypnose spielt mit den Gruselelementen der Irrenhaus-Szenerie und macht die Schauspieler zu plakativen Masken.

Schimanski – Tödliche Liebe

WDR

Regie: Andreas Kleinert. *Drehbuch*: Christa Kosmala, Peter Zingler. *Kamera*: Johann Feindt. *Ausstattung*: Jochen Schumacher. *Kostüme*: Rosemarie Hettmann.

Darsteller: Götz George (Horst Schimanski), Chiem van Houweninge (Hänschen), Christiane Hörbiger (Simone Popp), Julian Weigend (Thomas Hunger), Denise Virieux (Marie-Claire), Katrin Saß (Elke Dorn), Inge Busch (Karin Schulte), Fabian Busch (Ricardo), Karl Kranzkowski (Bertram), Robert Glatzeder (Mike), Misel Maticevic (Axel), Henriette Heinze (Lisa), David Scheller (Fränki), Antonia Holfelder (Iris), Bernd Tauber (Baldorf).

Produzenten: Sonja Goslicki, Georg Feil. *Produktion*: Colonia Media für WDR Köln. *Redaktion*: Wolf Dietrich Brücker. 90 Minuten.

Sendung: 12. 11. 2000 ARD.

ZUM FILM: Schimanski bleibt nur eine Lösung, der gefährlichen Drogenchefin Elke Dorn auf die Spur zu kommen. Er geht selbst als Undercoverman unter die Drücker. Doch beinahe kommt man ihm zu früh auf die Spur …

Die Spur meiner Tochter (Zweiteiler)

SAT 1

Regie: Hajo Gies. *Drehbuch*: Xao Seffcheque. *Kamera*: Axel Bloch. *Schnitt*: Guido Krajewski.

Darsteller: Götz George (Paul Flemming), Jan Josef Liefers (David Bluhm), Karoline Eichhorn (Tina Flemming), Thomas Thieme (Felix Zeisberg), Barbara-Magdalena Ahren (Hannah Hendriks), Robert Giggenbach (Rittmann), Chris-

toph Hemrich (Stommel), Vitus Zeplichal (Dr. Sontheim). *Produzent*: Titus Kreyenberg. *Produktion*: Colonia Media. 2 x 90 Minuten.
Sendung: 19./20. 11. 2000 SAT 1.

KRITIK: Ponkie in *AZ*, 22. 11. 2000.

ZUM FILM: »Der Thriller bläht sich auf als ›Der große SAT.1-Film‹ – und so ist er denn auch. Götz George und Jan Josef Liefers turnen als Geheimdienstkumpane in hektischem Zappel-Aktionismus durch Kameltreiber-Gebiete und suchen Karoline Eichhorn. Außerdem die Dreckskerle, die chemische Waffen verhökern. Und man hat viel schneller die Schnauze voll, als die Werbeunterbrechungen mit dem Pausen-Drink nachkommen.« (Ponkie)

Schimanski muss leiden
WDR

Regie: Matthias Glasner. *Drehbuch*: Michael Klaus. *Kamera*: Benjamin Dernbecher. *Ausstattung*: Jochen Schumacher. *Kostüme*: Rosemarie Hettmann.
Darsteller: GÖTZ GEORGE (Horst Schimanski), Chiem van Houweninge (Hänschen), Christiane Hörbiger (Simone Popp), Julian Weigend (Thomas Hunger), Denise Virieux (Marie-Claire), Suzanne von Borsody (Julia Schäfer), Ulrich Matschoss (Königsberg), Alexander Beyer (Taco), Jale Arikan (Nadiye), Tayfun Bademsoy (Dr. Arkar), Susanne Bormann (Maya), Gandhi Mukli (Ferhat), Gunnar Titzmann (Karl), Ilknur Bahadir (Fatma), Karsten Dahlem (Bruno).
Produzenten: Sonja Goslicki, Georg Feil. *Produktion*: Colonia Media für WDR Köln. *Redaktion*: Wolf Dietrich Brücker. 90 Minuten.
Sendung: 3. 12. 2000 ARD.

INHALT: Als Schimanski eines Morgens eine verwirrte Frau am Ufer vor seinem Hausboot findet, weiß er noch nicht, dass er ihr bald das Leben retten muss. Diesmal geht es um Politik, Drogen, Mord.

2001

Bargeld lacht
ARD

Regie: Hajo Gies. *Drehbuch*: Lothar Kurzawe. *Kamera*: Peter Zeitlinger. *Schnitt*: Gabriele Hagen.
Darsteller: Friedrich von Thun (Karl Weiß), Brigitte Janner (Mathilde Weiß), Claudia Vogt (Tina), Alexander Geringas (Robert), GÖTZ GEORGE (Harry Freundner), August Schmölzer (Bruno Steiger), Karl Martens (Martin Svenson). *Produktion*: Markus Trebitsch, Aspekt-Telefilm für NDR. 90 Minuten.
Sendung: 17. 10. 2001 ARD.

INHALT: Der kleine Bankangestellte Karl Weiß gerät in einer äußerst missliche Lage. Er verliert seinen Job und seine

Frau geht fremd – und das ausgerechnet mit seinem besten Freund und Schachpartner. In seiner Not schließt er sich zwielichtigen Elementen an und kommt zunächst einmal ganz groß zum Zug.

Liebe.Macht.Blind
ARD

Regie: Thorsten Näther. *Drehbuch*: Sacha Arango. *Kamera*: Peter Ziesche. *Schnitt*: Julia von Frihling. *Musik*: Nikolaus Glowna, Siggi Müller.
Darsteller: GÖTZ GEORGE (Konsul Alexander Stahlberg), Barbara Auer (Anna von Wallenberg), Sylvester Groth (Béla), Armin Rohde (Alois Brummer), Udo Schenk (Bley), Thomas Thieme (Alfred), Elia Festus (Mgoba).
Produzenten: Doris Zander, Nico Hofmann. *Produktion*: teamWorx/SWR Media für ARD. 87 Minuten.
Sendung: 22. 11. 2001 ARD.

KRITIK: Iris Ockenfels in *Der Tagesspiegel*, 13. 12. 2001; Arnold Hohmann in *SZ*, 14. 12. 2001; Ponkie in *AZ*, 15. 12. 2001.

INHALT: »Der Honorarkonsul und Hochstapler Alexander Stahlberg lebt gut vom Verkauf falscher Titel. Nachdem er schon die Heirat des ordinären Tierfutterfabrikanten Alois Brummer mit der bankrotten Gräfin Anna von Wallenberg arrangiert hat, entdeckt er die Gräfin für sich, heiratet sie und brennt mit ihr und Brummers Geld in den afrikanischen Dschungel durch.« (Ponkie AZ, 15.12.2001)

ZUM FILM: »… Die Amerikaner nennen es einen gründlich missratenen Film, in dem die Darsteller furchtlos die Grenze zur unfreiwilligen Komik durchbrechen, einen ›turkey‹. Wir nennen das eine Degeto-Produktion. Auf der ARD-Tochter, die vorwiegend mit Frauenaffinen Nichtigkeiten im Fernsehfilmbereich aufwartet, scheint ein Fluch zu lasten, der selbst große Künstler in den Staub zwingt …« (Arnold Hohmann)

Schimanski – Kinder der Hölle
WDR

Regie: Edward Berger. *Drehbuch*: Hans-Jörg Thurn. *Kamera*: Oliver Bokelberg. *Schnitt*: Guido Krajewski. *Musik*: Jan Tilman Schade. *Ausstattung*: Jochen Schumacher. *Kostüme*: Rosemarie Hettmann.
Darsteller: Götz George (Horst Schimanski), Denise Virieux (Marie-Claire), Julian Weigend (Thomas Hunger), Chiem van Houweninge (Hänschen), Sabine Timoteo (Niki), Franziska Ollendiek (Ramona), Harald Schrott (Sinna), Karina Fallenstein (Dr. Falkenroth), Ulrike Krumbiegel (Manuela Keller), Johan Leysen (Daniel Laroc), Ernst Stötzner (Dieter Keller), Alexander Swoboda, Nika von Altenstadt, Wieslawa Weselowska, Helga Bellinghausen, Arved Birnbaum, Volker Mosenbach; Doris Plenert, Ilona Schulz, Traute Höss, Waldemar Kobus.

Produzenten: Georg Feil, Sonja Goslicki. *Produktion*: Colonia Media für WDR . *Redaktion*: Wolf Dietrich Brücker. 90 Minuten.
Sendung: 9. 12. 2001 ARD.

KRITIK: Christian Bartels in *FR*, 8. 12. 2001; Martina Stöcker in *RP*, 8. 12. 2001; Christopher Keil in *SZ*, 10. 12. 2001.

INHALT: Auf einem Campingplatz wird die achtjährige Kirsten tot aufgefunden. Sie ist die Tochter des Duisburger Ex-Kripobeamten Keller, eines früheren Kollegen und Freundes von Schimanski. Während der Ermittlungen finden Schimanski, Hunger und Hänschen heraus, dass auf dem Campingplatz häufiger kleine Kinder an Freier verkauft werden.
Ob Kirsten auch eines dieser »Glühwürmchen« war, wie die Prostituierte Niki behauptet, ist fraglich. Von der schutzbedürftigen Niki erhofft sich Schimanski nähere Informationen. Doch aus ihr – wie auch aus ihrem umtriebigen Freund und Zuhälter Sinna – ist zunächst wenig herauszubekommen. Kann die »Villa Seelenriss«, ein Heim, das sexuell missbrauchte Kinder aufnimmt, Schimanski helfen?

ZUM FILM: Dieser TV-Krimi von Edward Berger (*Frau2 sucht Happy End*) ist wieder einmal ganz auf den Hauptdarsteller Götz George zugeschnitten. Auch wenn einige der alten TATORT-Folgen besser waren, ist dies dennoch gute Krimi-Kost.

2002

Schimanski – Asyl
WDR
Regie: Edward Berger. *Drehbuch*: Horst Vocks. *Kamera*: Oliver Bokelberg. *Schnitt*: Sora Vajda. *Musik*: Jan Tilman Schade. *Ausstattung*: Stefan Schönberg. *Kostüme*: Dorothee Kriener.
Darsteller: GÖTZ GEORGE (Horst Schimanski), Denise Virieux (Marie-Claire), Julian Weigend (Thomas Hunger), Chim van Houweninge (Hänschen), Sebastian Urzendowsky (Attila), Ekaterina Medvedeva (Lara), Peter Kurth (Will), Thomas Thieme (Eisner), Valentin Platareanu (Dudev »General«), Murat Yilmaz (Albano), Samuel Finzi (Djemo), Jewgenij Sitochin (Besim), Helmut Stauss (Elvis).
Produzentin: Sonja Goslicki. *Produktion*: Colonia Media. *Redaktion*: Wolf Dietrich Brücker. 90 Minuten.
Sendung: 8. 12. 2002 ARD.

KRITIK: Michael Ridder in *FR*, 7. 12. 2002: Christopher Keil in *SZ*, 7./8. 12.2002; Marianne Kolarik in *KStA*, 9. 12. 2002.

INHALT: In einem verlassenen Container finden Hänschen und Hunger 24 Leichen. Offensichtlich handelt es sich um Flüchtlinge aus Tschetschenien, die skrupellose Menschenhändler gegen teure Frachtgebühr geschmuggelt haben und auf grausame Weise haben ersticken lassen. Gemeinsam mit einem Jungen, dem einzigen Überlebenden der Katastrophe, sind sie den Schuldigen auf der Spur.

2003

Mein Vater
WDR
Regie: Andreas Kleinert. *Drehbuch*: Karl Heinz Käfer. *Kamera*: Johann Feindt. *Schnitt*: Gisela Zick. *Ausstattung*: Jochen Schumacher. *Kostüme*: Dorothee Kriener. *Musik*: Andreas Hoge.
Darsteller: GÖTZ GEORGE (Richard), Klaus J. Behrendt (Jochen), Ulrike Krumbiegel (Anja), Sergey Moya (Oliver), Christine Schorn (Karin), Cornelia Schmaus (Anne).
Produzentin: Sonja Goslicki. *Produktion*: Colonia Media. *Redaktion*: Wolf Dietrich Brücker. 90 Minuten.
Sendung: 8. 1. 2003 ARD.

REPORTAGE: Andrea Militzer in *RP*, 27. 3. 2002 (siehe Textteil).

INHALT: Der Busfahrer Richard verliert nach und nach sein Gedächtnis. Das geht bereits soweit, dass er an bestimmten Haltestellen vergisst anzuhalten, oder er weiss plötzlich nicht mehr, was er gesagt hat. Eines Tages muss auch Sohn Jochen feststellen, dass sein Vater an Alzheimer erkrankt ist, und allmählich beginnt der langsame Abstieg …

Der Anwalt und sein Gast
SWF
Regie: Thorsten C. Fischer. *Drehbuch*: Jörg von Schlebrügge. *Kamera*: Theo Bierkens. *Schnitt*: Benjamin Hembus. *Musik*: Dieter Schleip. *Ausstattung*: Claus-Jürgen Pfeiffer. *Kostüme*: Anne-Gret Oehme. *Regieassistenz*: Thomas Herrmann.
Darsteller: Heino Ferch (Christian Weller), GÖTZ GEORGE (Frank Karmann), Claudia Michelsen (Katja Weller), Marie Zielcke (Juliette), Julia Jäger (Staatsanwältin), Fabio Beyer (Daniel Weller), Anne Rathsfeld (1. Sekretärin), Christian Tasche (Herr Reiter), Kirsten Block (Frau Reiter), Rainer Winkelvoss (junger Arzt).
Produzent: Markus Gruber. *Produktion*: Dr. Dietrich Merks SWF/Roland Wilaert Memento. 94 Minuten.
Uraufführung: 1. 7. 2002 (Münchner Filmfest).
Sendung: 29. 1. 2003 ARD.

INHALT: Karman gilt als ein gefährlicher Verbrecher, doch irgendwie glaubt der Rechtsanwalt Weller an seine Unschuld. Als aber Wellers Frau allzu sehr von Karman angetan ist, dreht Christian Weller durch …

Familienkreise

BR

Regie: Stefan Krohmer. *Drehbuch*: Daniel Nocke. *Kamera*: Gunnar Fuß. *Schnitt*: Stefan Krumbiegel. *Ausstattung*: Stephanie Wirth. *Kostüme*: Silke Sommer.

Darsteller: GÖTZ GEORGE (Raimund Parz), Hans-Joachim Wagner (Christopher Parz), Tobias Oertel (Mirko Parz), Jutta Lampe (Annemarie Parz), Sophie von Kessel (Anja Parz), Katja Gaub (Katrin).

Produzent: Nico Hofmann. *Produktion*: teamWorx für den Bayerischen Rundfunk.

Sendung: Herbst 2003 ARD.

INHALT: Der Auslandskorrepondent Raimund beendet seine Karriere und kehrt nach Deutschland zurück. Seine Rückkehr in die Familie verändert das eingespielte Leben seiner Frau und seiner beiden Söhne. Vor allem Mirko, der Ältere, leidet unter der Autorität seines Vaters. Sein Bruder versucht ihm zu helfen, aber es gelingt ihm nicht. Doch durch eine Katastrophe kommt der Vater wieder zur Vernunft.

Bühnenrollen

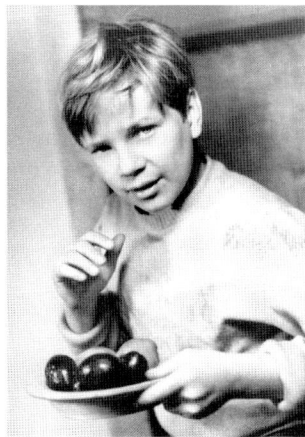

*Götz George in seiner ersten
Theaterrolle als Hirtenjunge in
»Mein Herz ist im Hochland«*

1950

Mein Herz ist im Hochland
William Saroyan
Rolle: Hirtenjunge
Regie: Walter Sueßenguth
Mit O. E. Hasse, Robert Taube
Hebbel-Theater, Berlin

1951

Wilhelm Tell
Friedrich Schiller
Rolle: Tells Sohn
Regie: Boleslaw Barlog
Mit Paul Esser als Tell
Schiller-Theater, Berlin

1953

Richard III.
William Shakespeare
Rolle: Prinz
Regie: Karl Heinz Stroux
Mit Berta Drews, Roma Bahn,
Wilhelm Borchert, Rudolf Fernau,
Horst Buchholz
Schiller-Theater, Berlin

*Deutsches Theater in Göttingen unter
Heinz Hilpert:*

1959/60

Der Held des Westerlandes
John M. Synge
Rolle: Christopher Mahon
Regie: Martin Ankermann
Mit Martin Hirthe, Klaus Behrendt,
Renate Heuser

Die Jungfrau von Orleans
Friedrich Schiller
Rolle: Raimond
Regie: Claus Leiniger
Mit Günther Ungeheuer, Eberhard
Müller-Elmau, Lizzi Reisenberger,
Kathrin Ackermann, Jöns Andersson

Der Tod eines Handlungsreisenden
Arthur Miller
Rolle: Happy
Regie: Ulrich Hoffmann
Mit Ernst Falkenberg, Phoebe
Monnard, Martin Hirthe,
Klaus Behrendt

Die heilige Johanna
George Bernhard Shaw
Regie: Heinz Hilpert
Mit Lizzi Reisenberger, Gunther
Ungeheuer, Martin Hirthe.

1960/61

Troilus und Cressida
William Shakespeare
Rolle: Ajax
Regie: Heinz Hilpert
Mit Martin Hirthe, Günther
Ungeheuer, Joachim Wichmann,
Klaus Behrendt,
Eberhard Müller-Eimau

Der rote Buddha
Erwin Sylvanus
Rolle: Das Opfer
Regie: Eberhard Müller-Eimau
Mit Jöns Andersson, Günther
Ungeheuer, Renate Heuser

Der gute Mensch von Sezuan
Bertolt Brecht

Rolle: Der Polizist
Regie: Eberhard Müller-Eimau
Mit Margret Homeyer, Klaus
Behrendt, Günther Ungeheuer,
Ingeborg Lapsien, Renate Heuser,
Marianne Prenzel, Ernst Falkenberg,
Martin Hirthe

Das Postamt
Rabindranath Tagore
Rolle: Der Milchmann
Regie: Dieter Munck
Mit Ernst Falkenberg, Marianne
Prenzel, Rainer Geldern

1961/62

Die Verschwörung des Fiesko zu Genua
Friedrich Schiller
Rolle: Bourgognino
Regie: Ulrich Hoffmann
Mit Günther Ungeheuer, Ernst
Falkenberg, Dunja Movar

Herrenhaus
Thomas Wolfe
Rolle: Eugene Ramsey
Regie: Joachim Brinkmann
Mit Günther Ungeheuer, Harry
Kalenberg, Marianne Prenzel, Rainer
Geldern, Adolf Roland

Die Uhr schlägt eins
Carl Zuckmayer
Rolle: Gerhard
Regie: Heinz Hilpert
Mit Dunja Movar, Günther
Ungeheuer, Margret Homeyer,
Marianne Prenzel, Hannelore Hinkel

Leben des Galilei
Bertolt Brecht
Rolle: Der kleine Mönch
Regie: Dieter Munck
Mit Eberhard Müller-Elmau

1962/63

Die Mutter
Maxim Gorki
Rolle: Semion
Regie: Eberhard Müller-Elmau
Mit Angela Salloker, Margret
Homeyer, Joachim Wichmann

Die Fliegen
Jean-Paul Sartre
Rolle: Orest
Regie: Peter Beauvais
Mit Ingeborg Lapsien, Eberhard
Müller-Elmau, Adolf Roland,
Joachim Wichmann, Oswald Fuchs,
Karin Anselm, Klaus Abramowsky

Tourneen/Gastspiele:

1965

All meine Söhne (Tournee)
Arthur Miller
Regie: August Everding
Mit Rene Deltgen, Alice Treff,
Loni von Friedl

Die tätowierte Rose (Tournee)
Tennessee Williams
Rolle: Alvaro
Regie: Charles Regnier

Der goldene Anker (Tournee)
Marcel Pagnol
Rolle: Marius

Troilus und Cressida (Tournee)
William Shakespeare
Rolle: Troilus
Regie: Ernst Schröder

1968

Russisches Roulette (Tournee)
Rolle: Sergan

1969

Kesselflickers Hochzeit
(Tournee)
John M. Synge
Rolle: Michael Byrne
Mit Kirsten Dene, Paul Edwin Roth

1970

Therese Raquin (Tournee)
Michael Voysey, nach Emile Zola
Regie: Otto Tausig
Mit Berta Drews, Loni von Friedl

1972

**Martin Luther und Thomas
Münzer**
(Gastspiel: Kölner Schauspielhaus)
Regie: Hansgünther Heyme
Mit Wolfgang Robert (Thomas Mün-
zer), Barbara Nüsse (Papst)

Der Werbeoffizier (Tournee)
George Farquhar
Regie: Axel von Ambesser
Mit Loni von Friedl

1974

*Götz George, Sonja Ziemann,
Brigitte Rau und Gunnar Möller in
einem Szenenbild aus »Endstation
Sehnsucht«*

Endstation Sehnsucht (Tournee)
Tennessee Williams
Rolle: Kowalski
Regie: Charles Regnier
Mit Sonja Ziemann, Brigitte Rau,
Gunnar Möller

1975

Mandragola (Tournee)
Niccolà Machiavelli
Rolle: Diener Siro
Regie: Heinz Wilhelm Schwarz

Die Macht der Finsternis
(Tournee Bühne 64, Zürich)
Leo N. Tolstoi
Rolle: Nikita
Regie: Rene Deltgen
Mit Berta Drews, Eva Kotthaus

1976

Der Teufelsschüler (Tournee)
George Bernard Shaw
Titelrolle

*Eva Kotthaus und Götz George
in »Die Macht der Finsternis« von
Leo Tolstoi*

1977/78

Herrenbesuch
(Renaissance Theater, Berlin/ Münch-
ner Tournee 1978)
Rolle: Dave
Regie: Harry Meyen

Der Bär/Der Heiratsantrag
(Berliner Tournee 1978)
Anton Tschechow
Rolle: Smirnov (Bär), Tschubukow
(Heiratsantrag)
Mit Caroline Gressmann

1979/80

Der Idiot
(Berliner Tournee 1979/80)
Dostojewski
Rolle: Rogoschin
Regie: Voitech Jasny

1981

Dantons Tod
(Salzburger Festspiele 1981)
Georg Büchner
Rolle: Danton
Regie: Rudolf Noelte
Mit Senta Berger, Mathieu Carrière,
Will Quadflieg, Christian Quadflieg

1981/82

Der Weibsteufel
(Bühne 64, Tournee 1981)
Karl Schönherr
Rolle: Grenzjäger
Regie: Ossie Fuchs

1983/84

Therese Raquin
(Bühne 64, Tournee 1983)
Emile Zola
Rolle: Laurent
Regie: Otto Taussig

1984/85

Die Macht des Geldes
(Berliner Tournee 1985)
(Originaltitel: **Das tolle Geld**)
Alexandr Nikolaj Ostrowski
Rolle: Wasilikow
Regie: Wolfgang Forester

1986/87

Der Revisor
(Berliner Tournee 1987)
Nikolai Gogol
Titelrolle
Regie: GÖTZ GEORGE
Mit Eberhard Feik, Helmut Stauss

1990

Platonov
(Berliner Tournee 1990)
Anton Tschechow
Rolle: Platonov
Regie: GÖTZ GEORGE/Helmut Stauss

Mit Eberhard Feik (Nicolaj Ivanovic Trileckij), Annelie Wagner (Anna Petrovna Vojniceva), Karl-Heinz Knaup (Sergej Pavlovic Vojnicev), Inge Blau (Sofia Egorovna), Yvonne Brüning (Alexandra Ivanovna Sasa), Marion Mitterhammer (Marja Emifovna Grekova), Helmut Stauss (Ossip), Günter Spörrle (Porfirij Semenovic Glagoljev), Stephan Kuno (Isaak Abramovic Vengorovic), Horst Köppen (Jakov)

Danksagung

Allen, die mit bei den Arbeiten an diesem Buch über die Jahre hinweg geholfen haben, möchte ich an dieser Stelle danken. Vor allem Götz George, mit dem es nach einer Hemmschwelle zu einer schönen, bis heute dauernden freundschaftlichen Bekanntschaft kam. Der inzwischen verstorbene gemeinsame Freund, Theodor Kotulla, hatte sich vor Jahren viel Zeit genommen, an diesem Buch und dem späteren Film mitzuarbeiten. Roger Willemsen sei Dank für den Nachdruck seines Gespräches mit George. Außer den Regisseuren und Schauspielern, die in diesem Buch zu Wort kommen, halfen mir Jan George und Ute Nicolai, Jürgen M. Thie, Eberhardt Spiess und Norbert Baensch, ehemals Deutsches Theater Göttingen, sowie Regine Baschny, Jürgen Dürrwald, Georges Freylinger, Mechthild Holter, Béla Jarzyk, Julia Kainz, Christiane Leithardt, Dieter Masling, Felix Neunzerling, Michael Schmid-Opach, Wolfgang W. Werner, Rosemarie Wich, Anke Zindler und zuletzt noch Daniel Kothenschulte, Andrea Militzer, Egon Netenjacob, Sigrid Schmitt, Katharina Blum, Rolf Thissen und viele andere.

Register der Bühnen-
stücke und Filme

Personenregister

Bildnachweis

Schwarz-Weiss-Fotos
S. 9, 147, 157 © ZDF
S. 12, 14, 20, 24, 27, 29, 41, 43, 62, 63,
    79, 98, 101 , 109, 113, 119, 121 ©
    WDR
S. 16, 35, 139, 140 © Bavaria
S. 31, 33 © MS Göwecke/Filmfabrik
S. 36, 38 © Next Film
S. 47 © D&D Film/Stefan Rabold
S. 49, 51, 53, 68, 169 © Archiv Jan
    George
S. 54 © UFA
S. 55, 58, 127 © Archiv Holger
    Lussmann
S. 57 © Rialto

S. 70 © Deutsches Theater Göttingen
S. 73 © Terra Film
S. 97 © Heiko R. Blum
S. 106 © Neue Constantin
S. 130 © Winston
S. 132 © Rialto
S. 133 © Procusa
S. 138 © Bioskop
S. 141 © Pantera
S. 143 © Helkon
S. 145 © SFB
S. 149 © NDR
S. 155 © De Campo
S. 161, 165 © SAT1
S. 170 (unten) © Archiv Frejlinger
S. 170 (oben) © Bühne 64

Farbfotos:
S. 81, 84, 85, 88 unten, 91 © WDR
S. 82, 83 © Rialto Film
S. 86 oben © Pantera Film
S. 86 © Laura Film
S. 87 © RTL2
S. 88 oben © Neue Constantin
S. 89 oben © Bavaria/van der Heydt
S. 89 unten © Ziegler Film
S. 90 © WDR/Uwe Stratmann
S. 92, 93 © D &D Film/Stefan Rabold
S. 94, 95, 96 © MS Göwecke/Filmfabrik